本书受国家社会科学基金资助

我国食品产业链安全风险防控的制度成本降低路径研究

郭迎春　马千惠　著

WUHAN UNIVERSITY PRESS
武汉大学出版社

图书在版编目(CIP)数据

我国食品产业链安全风险防控的制度成本降低路径研究 / 郭迎春,
马千惠著 . -- 武汉 : 武汉大学出版社, 2024. 12. -- ISBN 978-7-307-
24859-5

Ⅰ. F426.82
中国国家版本馆 CIP 数据核字第 2024UL7298 号

责任编辑:黄金涛　　　责任校对:汪欣怡　　　版式设计:马　佳

出版发行: **武汉大学出版社**　　(430072　武昌　珞珈山)
　　　　　(电子邮箱:cbs22@ whu. edu. cn　网址:www. wdp. com. cn)
印刷:湖北云景数字印刷有限公司
开本:720×1000　　1/16　　印张:19.25　　字数:309 千字　　插页:1
版次:2024 年 12 月第 1 版　　2024 年 12 月第 1 次印刷
ISBN 978-7-307-24859-5　　定价:88. 00 元

前　　言

　　食品安全问题一直是人民生活中最关注的问题。近年来，食品业的快速发展暴露出诸多问题，致使我国食品业面临严峻的考验。劣质食品、变质食品加工再销售、有毒添加剂、防腐剂等诸多风险事件的发生，不仅对食品业造成了重大打击，而且容易产生社会恐惧心理，甚至给人民生命安全造成严重危害。2019 年，中共中央、国务院关于深化改革加强食品安全工作的意见出台，提出要用最严谨的标准、最严格的监管、最严厉的处罚、最严肃的问责，进一步加强食品安全工作，确保人民群众"舌尖上的安全"。这表明国家对食品安全的高度重视，坚定做好食品安全工作的决心。

　　由于食品产业链具有复杂的结构和动态特征，因此食品产业链安全的风险防控是一项复杂的系统工程：

　　首先，食品产业链是具有高度分散化、复杂化特征的链式结构，在"从农田到餐桌"的整个流程中，食品产业链涉及原料生产、食品生产加工、分销、物流、零售以及消费等环节的众多利益相关者。这些分散、不稳定的利益相关者，形成了复杂的链式结构。

　　其次，食品产业链还是一个由多节点、多主体交互关系构成的网状结构。食品产业链上节点间存在着纵向与横向关联，这些相互关联的节点之间又存在着与多个主体间的相互作用关系，这种多主体的交互合作关系，形成了食品产业链复杂的网状关联结构。

　　最后，食品产业链还是一个动态化的网络。不同行动主体发展策略的调整会带来产业链上成员的进出，造成整个食品产业链网络结构以及相互关系的调整，使得网络具有动态性。食品产业链网络中的不同主体在信息交互、商品流通、资金流动、合作竞争的过程中进行动态博弈，以实现自身利益的最大化。

　　正是由于食品产业链复杂的结构特征，使得食品产业链安全的风险防控工作异常艰巨。从产业链内部看，由于产业链各节点的成员类型、层次、运作方式的不同，对食品安全风险的识别、控制和响应都具有较大的差异；从产业关联看，食品安全涉及食品生产经营相关企业、政府、消费者、行业组织等关联主体，食品安全风险造成的社会危害和风险损失也难以量化评估。所以，对于结构复杂的食品产业链进行食品安全风险防控，需要投入大量的人力、物力、财力等。

　　但另一方面，对于食品安全风险防控也不能不计成本地无限投入。从新制度经济学的视角来看，制度成本的核算能更科学地衡量经济效率与制度变革的意义。2016年国务院印发的《降低实体经济企业成本工作方案》中，进一步明确提出了六大目标任务，其中包括降低企业制度性交易成本等。因此，从制度成本的视角出发，研究食品安全风险防控相关制度、措施的执行和效率，具有现实意义和创新意义。

　　食品安全风险的防控既需要加强力度、投入相关的资源，又要兼顾风险防控相关方的利益，尽量减轻监管者与企业的资金压力，降低风险防控相关成本。为了权衡两方面的矛盾，本书将深入研究食品安全风险防控中制度成本的含义、构成，以及影响因素，在保证监管效果的前提下，探讨降低食品安全风险防控制度成本的路径与方法，为政府制定食品产业链风险防控的相关政策和措施提供借鉴和参考。

　　本书从理论研究、机制研究、实证研究、对策研究四个维度展开，对我国食品产业链安全风险防控制度成本进行了研究：首先对制度成本的基本概念和理论进行了分析和概括，并剖析了食品安全问题的经济学根源；在此基础上，对食品产业链安全风险防控制度成本进行了影响因素分析，并从宏观上对食品安全风险防控的制度成本进行了统计监测研究，以及从微观角度对食品企业相关制度成本进行了量化研究。在理论分析的基础上，研究了降低风险防控制度成本的机制，包括：企业信誉评价机制、产业链风险共担机制、产业链风险防扩散机制、产业链风险预警机制、监管绩效评价机制、社会协同共治机制等。

　　在机制分析的基础上，探讨由"点"到"链"，再由"链"到"网"的食品安全风险防控问题的解决方案，即分别从食品产业相关企业、产业链管理部门、政府职能部门以及社会治理等不同层面，研究我国食品产业链安全风险防控制度成本的降低路径及方法，具体包括九条路径：

首先，从"点"开始，构建食品企业信誉体系，以提高企业食品安全的自律水平（路径之一）。食品生产经营企业作为食品产业链的基本节点和最重要的组成部分，其生产经营状况与产品直接影响到安全食品的供给。建立食品企业的信誉评价体系，完善并拓展食品安全黑、白名单制度，对食品生产经营企业进行动态信誉等级评价，不仅有利于企业的自我规范和自我约束，从根源上降低潜在的食品安全风险，而且还有利于监管部门依据信誉等级进行分类别监管，从而降低风险防控的制度成本，提高风险防控效率。

其次，由"点"到"链"，从产业链角度，合理化产业链利益配比，实现产业链风险共担（路径之二）；降低产业链风险扩散效应，防止风险扩大化（路径之三）。食品产业的链条长而且复杂，包括原料生产、食品加工、运输、销售等多个环节，如果各环节的利润分配严重不合理则会增加食品安全的潜在风险。实现食品产业链上各环节合理的利益配比，加强产业链成员间的契约化管理，既可以降低由交易不确定性带来的风险，从而降低产业链的整体风险，并且有利于实现产业链上成员的合作共赢，良好的合作关系可有效降低风险防控的制度成本。

研究产业链的风险效应，对于加强风险的防控具有重要意义。路径三从产业关联角度分析食品产业链安全风险产生与扩散的机制，提高产业链的抗风险能力，进而采取有针对性的风险防控措施，降低产业链整体风险，从而有利于降低由于风险的扩大化产生的相关制度成本。

再次，由"链"到"网"的管理，主要是指政府层面的风险防控工作。政府部门是食品安全风险防控主要的领导者、组织者和监管者，工作既要全面又要深入。本书研究了政府部门降低风险防控制度成本的路径与方法，其中包括：完善食品产业链风险预警体系，降低风险的发生率（路径之四）；加大违法成本，实行同业担保及检查制度（路径之五）；实行绩效评价制度，提高职能部门的有效监管（路径之六）；分析风险防控成效的影响因素，寻找风险防控的有效途径（路径之七）。

路径之四：建立健全食品产业链的风险预警体系，将事后补救转为事前预防，从风险发生的源头加以控制，以减少食品安全事件的发生，能够有效降低食品安全风险，从而降低食品安全风险防控的事中应急成本和事后补救成本。由于食品种类繁多，需要针对每一大类食品，分类别建立风险预警体系，这是一项需要多部门合作的系统工程，需要政府牵头，组织不同行业的专家通力合作，才能实现高效的食品安全风险预警机制。

路径之五：食品安全风险防控制度的实施就是政府监管部门与食品生产厂商之间的博弈，而由此产生的博弈成本就是构成风险防控制度成本的重要组成部分。研究食品生产商与政府监管部门之间的博弈问题，可通过引入激励机制的途径来降低食品安全监管的制度成本。路径五研究了在鼓励政府激励的同时，引入同业担保和检查机制的博弈模型。同业担保和检查机制的引入丰富了政府的监管手段，扩大了监管范围，使食品生产商从被监管者转变为监管参与者，从而有利于降低政府监管的压力与成本。

路径之六：实行绩效评价制度，提高职能部门有效监管，以提高食品安全风险防控的绩效。食品安全风险防控既要保证相关的资源投入，又要尽量降低职能部门的相关制度成本，权衡两方面的基本方法是提高职能部门食品安全风险防控的绩效。由于食品生产经营的复杂性和多样性，协调各领域部门工作的协调成本是食品安全风险防控制度成本的重要组成部分，降低协调成本是降低制度成本的重要方面。通过建立科学的绩效评价体系，对监管主体的监管过程进行客观评估，发现监管过程中的问题与不足，以促进监管方式的创新、提高有效监管。

路径之七：分析风险防控成效的影响因素，寻找防控有效途径。要提高食品安全风险防控的绩效，路径七的思路是从食品安全风险防控成效的影响因素着手，研究食品安全风险防控的成效及其各影响因素之间的动态关系，在投入资源有限的条件下，抓住主要矛盾，根据影响防控成效的主要方面，寻找防控的有效途径，并提出相应的解决方案，以提高职能部门食品安全风险防控的成效，同时降低风险防控的相关成本。

最后，作为食品安全风险防控的有力补充，本书从社会治理角度研究了构建社会共治耦合系统，加强多元协同治理（路径之八），以及从新技术应用角度，研究了应用大数据技术，加强食品安全风险监控（路径之九）。

路径之八：研究食品安全社会共治耦合系统，分析了社会共治系统的耦合机制，以及对制度成本的影响，从而有效解决食品安全风险防控投入不足的问题。社会参与主体主要包括：行业协会、新闻媒体、民间组织以及消费者等。发动社会的力量参与制度的制定、执行和监督，有利于立法与执法的公正和公众守法的自觉性，为食品安全的监督提供便利，从而有利于降低政府监管的压力，同时有利于降低风险防控的成本。发动全社会力量参与监管的方法是构建社会协同共治体系。利用现代信息技术，搭建食品安全信息平台，实现社会多方主体的信息共享、高效协同，是社会共治的关键，也是降低风险防控制度成本的有效方法。

路径之九：应用大数据技术，加强食品安全风险监控。在信息化时代，社会公众对食品安全事件的关注可直接体现在网络舆情上，由于信息的不对称性，大多数公众对于食品安全问题缺乏专业的认知，使得食品安全舆情很容易被扩散放大，对社会经济造成不良影响，从而加大风险防控的相关成本。应用大数据技术，对食品安全事件舆情热度进行监测与分析，再应用文本挖掘技术对爬虫获取的报告进行食品安全风险因素识别与分析，发现食品安全问题风险因素主要方面，以便及时做好应对之策，控制食品安全风险后果，从而降低风险防控的事后成本。

总而言之，本书虽然取得了一定的成果，但研究还很有限，还有待于进一步深入。希望通过以上的研究，能够为政府在食品安全监管、企业在生产经营、消费者在消费的过程中降低不必要的成本，为实现安全放心且高效的食品消费环境做出微薄贡献。同时，真诚希望各位专家、学者和同行多多批评指正，我们一定会认真改进。

目　　录

第一章　绪　　论

第一节　研究背景

一、我国食品安全现状及风险防控的重要性

民以食为天，食品安全问题关乎每个社会成员的身体健康，关乎整个民族的健康水平和社会的繁荣与稳定。随着社会公众对食品的要求从"量"上升为"质"，食品质量及安全问题已成为人们普遍关注的问题。食品安全指食品无毒、无害，符合应该有的营养要求，对人体健康不造成任何急性、亚急性或者慢性危害。世界卫生组织将食品安全界定为"对食品按其原定用途进行制作、使用时不会使消费者健康受到损害的一种担保"。

近年来，在我国经济迅速发展的同时，食品安全问题也不断出现。为了追求利益最大化，很多不法商家制造假冒伪劣食品，损害消费者利益，例如 2006 年的白洋淀"红心"鸭蛋是违规添加了有害物质"苏丹红"后的"药蛋"；2008 年"三聚氰胺事件"造成了国人对国内奶粉的信任危机，使国内奶制品行业长期低迷。食品安全事件时有发生，如含有强致癌物的孔绿石海鲜、皮革牛奶、"地沟油"、"瘦肉精"、塑化剂、"僵尸肉"、外卖卫生等一系列典型食品安全事件，一次次引起人们对食品安全的关注和担忧。食品不安全给人们造成了极大的心理恐慌，不仅严重影响了人们的正常生活，甚至给整个社会造成极大危害。

一系列食品安全事件引起了社会的普遍关注，国家也采取了一系列措施治理食品安全问题，比如出台了食品安全法和许多食品安全行为准则，做到有法可依，并明确了各级地方政府对食品安全监管工作的职责，进一步完善和强化责任

制度与问责制度，以推动食品安全监管工作顺利进行。我国从 2009 年颁布实施了《中华人民共和国食品安全法》，建立了食品安全风险监测、评估、预警等制度，以"预防为主、风险管理"为工作原则，初步建立了基于风险分析的食品安全管理体系框架；党的十八大以来，我国在食品安全体制机制、法律法规、监督管理、技术研发等方面都采取了一系列重大举措；国家还多次修订食品相关法律法规，完善食品安全法律体系，初步形成食品安全的法律体系。

虽然我国出台了一系列的政策与制度，以加强食品安全监管，但食品安全问题依然大量存在。不法商贩盲目追求利益，铤而走险，不法经营，食品安全事件时有发生。2017 年的数据显示，食品药品监管部门共查处食品（含保健食品）案件 25.7 万件，货值金额 6.8 亿元，罚款 23.9 亿元，没收违法所得 1.6 亿元。责令停产停业 1852 户次，吊销许可证 186 件，捣毁制假售假窝点 568 个，移送司法机关 2454 件。

在 2017 年发生的食品安全事件中，由于造假、欺诈、指标不符合标准、超范围和超限量使用食品添加剂、添加使用非食用物质等人为因素造成的食品安全事件占食品事件总数的 51.21%。在人为特征因素引发的食品安全事件中，指标不符合标准的事件数量最多，占食品安全事件总数的 21.96%，其他依次为造假或欺诈（14.26%）、超范围或超限量使用食品添加剂（7.12%）、添加使用非食用物质（4.35%）、生产加工工艺问题（3.53%）等。这说明我国食品安全问题虽然有了较大的改善，但是目前存在的问题仍然很多（如图 1-1 所示）。

2019 年，中共中央、国务院关于深化改革加强食品安全工作的意见出台，提出要用最严谨的标准、最严格的监管、最严厉的处罚、最严肃的问责，进一步加强食品安全工作，确保人民群众"舌尖上的安全"。这表明国家对食品安全的高度重视，坚定做好食品安全工作的决心。2019 年第一季度的食品安全抽检显示，我国食品检验总体不合格率为 2.2%，特别是粮食加工品、肉制品、蛋制品、乳制品、食用油、油脂及其制品等大宗食品合格率稳定在 98% 乃至 99% 以上，由此可看出我国食品安全基本有保障。

虽然食品安全总体情况趋好，但仍不能忽视存在的潜在风险。由于我国居民消费基数巨大，1% 的不合格率都会导致巨大的风险，进而造成严重的后果。从抽检结果来看，农兽药残留超标、超范围超限量使用食品添加剂、微生物污染等

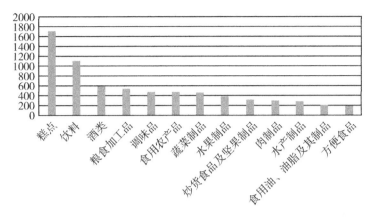

图 1-1　2017 年主要不合格食品数量(件)

数据来源：国家食品药品监督管理总局

问题仍然突出，导致消费者始终对食品安全存在信任危机。由于食品生产、加工、运输、销售的产业链条太长，食品安全很难做到"零风险"。在农业上，有些问题是无心之失，如农药、兽药残留超标，并不是种植户、养殖户故意滥用，而是农药兽药本身的质量就有问题，农户们即使按照说明书使用也会有毒素残留。但更多情况下，食品安全问题还是生产经营者责任落实不到位造成的。而这些企业和商家之所以不太重视食品安全，一方面是因为商家希望降低成本获得更高的利润，另一方面是当前食品安全查处力度不够，违法成本较低。

我国食品安全现状大致可以概括为以下几个方面：

(一)目前我国总体上没有较大规模的食品安全问题，但是小范围的问题却时有发生，需要加强细节管控。近十年来，食品卫生抽检合格率均保持在90%以上，与之前比较，有了很大的提升且呈现"总体平稳，趋势向好"的形势。

(二)食品安全问题主要源于商家的趋利性，即食品生产经营者追求利益最大化，压低成本，不惜以牺牲食品质量为代价。或生产经营假冒伪劣食品，以"劣币驱逐良币"，扰乱正常的社会经济秩序。

(三)我国食品安全问题的原因还有以下三个方面：一是源头性污染，如食源性疾病和化学物质污染。食源性疾病的致病因素主要包括微生物、动植物及毒蘑菇、寄生虫和混合因素等，化学物质污染主要表现在农药、兽药过量使用以及重金属造成的土地、河流污染；二是在生产、运输、贮藏过程中卫生条件不达标或者管理不当造成的污染，包括生产线、机器、包装等在使用前未经消毒以及未按规定定期校验、维护，或从事相关工作的人员未进行定期健康检查、及时培训等；三是基层监管人力不足或未尽职履行自己的监管职责，如出于人情或者畏惧权势而放松监管，对不达标的食品采取"人情执法"，使其流向市场。

由于食品行业的特殊性，一旦发生严重食品安全问题，就会产生巨大的社会危害，不仅对消费者的身体造成不可逆转的伤害，还会使社会公众产生对食品安全的信任危机，从而导致一系列负面效应，造成社会恐慌，严重扰乱食品行业经济秩序，最终破坏社会的和谐与稳定。因此加强对食品行业的监管和食品安全风险防控，从源头上杜绝食品安全风险是关乎国计民生的大问题，需要社会各方力量长期不懈的努力。

二、食品安全风险防控的复杂性

由于食品产业链较长，其环节较多且参与者众多，食品安全风险防控是一项复杂的工程，需要建立一套从生产到销售全产业链的风险防控体系，使各个环节都有所保障，才能确保食品安全。食品安全的监管是食品安全风险防控的一个重要环节。根据世界卫生组织（WHO）和联合国粮农组织的定义，食品安全监管是指："由国家或地方政府机构实施的强制性管理活动，旨在为消费者提供保护，确保从生产、处理、储存、加工直到销售的过程中食品安全、完整并适于人类食用，同时按照法律规定诚实而准确地贴上标签。"

食品市场主要涉及三方主体：政府、企业与消费者。政府作为食品质量安全的主要监管者，承担着为消费者保障食品质量与安全的责任，食品生产企业是责任主体，消费者为食品市场的买方群体。由于存在信息不对称、监管缺位与道德风险等因素，消费者很难鉴别出食品是否安全，使得食品安全风险事件时有发生，损害消费者利益。

由于我国食品安全风险事件仍时有发生，食品安全重大事件的发生概率依然较大，因此食品安全未知风险的防控形势仍然严峻。2021年4月，《中国市场监管报》提出要"加快完善食品安全风险管控体系，推进治理体系和治理能力现代化"①。食品安全作为我国公共卫生体系的重要组成部分，需要提高风险防范水平。

我国食品安全风险防控的复杂性主要来源于四个方面：

(一)食品产业链特性导致风险防控的复杂性。食品产业的链条长，环节繁琐且参与者众多，每一个食品的产生，都要经过原料生产与收购、食品生产和加工、运输和销售等过程，无论是哪一个环节存在潜在风险，都可能造成最终的食品安全问题；另一方面，问题食品的追根溯源也是一项复杂的工作。

(二)食品种类繁多，增大了风险防控的工作量。食品来源广泛，包括种植业、养殖业、畜牧业、农林业、生物制造业等，各个行业检测指标的多样性和复杂性，导致出现各种不同质量指标，食品生产加工业的行业规范和标准需要及时更新和推行，给食品原料的标准制定和检验带来较大的挑战。以消毒牛乳为例，相关检测指标包括：感官检查、相对密度、脂肪、消毒效果试验(磷酸酶测定)、掺碱试验、非脂固体、酸度、六六六、滴滴涕、汞、黄曲霉毒素等十余种，由此可见，各种检测标准的制定和更新，是任务繁重的工作。

(三)食品产业链参与者性质多样，数量众多，监管机构的人力、物力明显不足。据不完全统计，在我国食品生产企业中，10人以下的食品小作坊企业约占80%②。食品小作坊有着很强的流动性，这就导致无法对其进行有效的监管，在利益的驱动下，难免会出现不良商贩使用不符合标准的生产原料，生产假冒伪劣食品，导致食品安全事件发生。

(四)食品安全工作涉及的领域繁多，不同领域之间需要协同合作。食品安全风险防控涉及领域如图1-2所示，食品安全风险防控跨领域的协调是关键，我国已于2018年成立了市场监督管理总局，明确了各下属分管部门的分工，并协调各部门的工作。

三、食品安全风险防控的制度成本

虽然我国已于2018年成立了市场监督管理总局，以协调各部门的工作，但

---

① 来自2021年4月1日《中国市场监管报》第007版。
② 吴洪涛，高润国，马安宁等．我国食品安全领域问题重要性研究[J]．中国卫生事业管理，2016，33(10)：753-756.

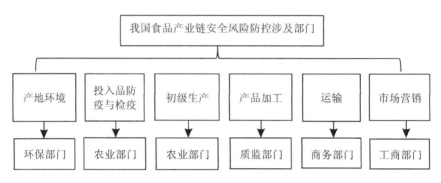

图 1-2　我国食品产业链安全风险防控涉及部门

是食品安全风险防控的效果还有待于提高，总局下属的各部门之间的协作工作需要进一步加强。另外，存在着食品零售和餐饮企业管理制度不完善、购销渠道不规范等问题。大部分问题都涉及监管不力的问题，而监管的效果受到人力、物力、财力等条件的限制。

　　一项制度的建立，在给社会带来秩序和进步的同时，也会带来一定的制度成本。制度成本作为一种客观存在的社会事实，是指投入在制度周期各个环节中的相关资源。在一个完整的制度周期中，每一个阶段都需要支付相应的成本，由此制度成本包括制度形成成本、制度执行成本、制度监督成本、制度变迁成本。各阶段的制度成本彼此之间不是孤立的，而是相互联系、相互影响的。一项制度实施必然随之产生一定的制度成本，制度成本是社会进步和发展的"摩擦力"，因此应设法尽量降低制度成本，使有限的资金用于社会最需要之处，发挥最大效用。

　　制度成本有其内涵和外延，但我们将研究的范围圈定在食品安全领域，具体研究食品安全风险防控的制度成本问题。在食品安全风险防控中，建立一套有效的风险防控制度是必需的。在风险防控制度的实施过程中，需要食品产业相关参与者付出相应的制度成本。食品产业涉及的利益主体有：政府、生产经营者和消费者。

　　政府为保障社会公众的利益而进行食品安全监管，维护社会稳定。近年来，我国在食品安全领域投入的逐年增加，说明执行食品安全风险防控的制度成本越来越高。食品成交量的快速增长，伴随食品质量问题增多，使得监督审查难度和工作量加大，需要投入更多的人力、物力、财力，从而带来制度成本的增加。当一项食品安全制度建立时，各方为自身利益最大化而相互博弈，产生制度成本。

从政府监管的角度来看，制度成本就是制定、推广、宣传、执行、检查和监督制度时的一系列付出，包含行政立法成本、监督管理成本等；从食品生产经营者的角度看，制度成本是根据相关法律法规，生产经营食品按要求必须完成的流程和手续，涉及食品安全人员设置及培训、技术设施的投入、实施规定的质量安全生产流程、自我检测及第三方检测成本、问题产品的处理以及赔偿等多方面的成本；从消费者角度看，食品安全制度成本是投诉、维权以及获得食品相关信息的所有付出。在这些成本中，有些是可观测到的，而更多的是潜在的、观测不到的。正是由于制度成本的复杂性和不易观测性，使得制度成本的研究具有较大的难度。本书的目的就是对食品安全风险防控领域的制度成本问题进行探索性的分析和研究。

四、问题的提出

在加强食品安全风险防控的研究中，一个分析的视角是从新制度经济学出发，对食品安全风险防控等问题做出新的分析和应用。在 2015 年底举行的中央经济工作会议中，首次提出了降低企业制度性交易成本的理念，提出要降低经济社会中的制度性交易成本，同时转变政府的职能、进一步简政放权，并把"降成本"列为 2016 年我国经济工作五大任务之一；2016 年 8 月，国务院印发的《降低实体经济企业成本工作方案》中，进一步明确提出了包括降低企业制度性交易成本等六大目标任务。因此，基于制度成本的视角出发研究食品安全风险防控的问题，具有现实和创新意义。

一项制度的绩效考核主要从成本和效益两方面来审核，在食品安全风险防控中亦是如此：一方面，需要加强风险防控，无论是政府部门还是企业本身都需要增加各方面的资源投入，以保障各个环节的食品安全；另一方面，又需要减轻企业、政府的压力，降低成本提高效率。两方面看似一对矛盾：既要加强食品安全风险防控，又要尽量降低制度成本。如何平衡二者的关系？如何在保障食品安全的前提下，尽量降低风险防控的制度成本？本书将就这些问题展开分析和研究。

　　为平衡加强风险防控与降低防控成本两方面的矛盾，本书将深入研究食品安全风险防控中的制度成本，进行影响因素研究，找到提高风险防控效率的针对性方案。但鉴于制度成本测算困难、不易量化，目前对测算食品安全风险防控中制度成本的相关研究非常少。因此，本书将以新制度经济学理论为基础，分析食品安全风险防控中的制度成本相关问题，并进一步研究降低风险防控制度成本的路径和方法。

　　本书的研究首先从新制度经济学的角度讨论食品安全风险防控领域相关的制度成本，包括食品安全风险防控制度成本的内涵、性质与构成；其次分析讨论食品安全风险防控制度成本的影响因素及统计监测；在理论分析的基础上，研究降低风险防控制度成本的机制，包括企业信誉评价机制、产业链风险共担机制、产业链风险防扩散机制、风险预警机制、监管绩效评价机制、同业担保及检查机制、社会协同共治机制等，以期为政府、企业及消费者在食品的监管、生产经营、消费过程中降低不必要的成本，为实现安全放心且高效的食品消费环境做出贡献。

第二节　研究目的及意义

一、研究目的

　　由于食品安全风险防控势在必行，一方面，需要进一步完善风险防控制度、加强监管、投入相关的资源，而另一方面，又要尽量减轻职能部门与食品企业的压力，降低风险防控成本提高效益。因此，需要对加强风险防控和降低防控成本两方面进行权衡，提出科学的解决方案，有效保障食品安全水平，从而有利于经济的稳定发展和社会的长治久安，这正是本书的研究目的。

二、研究意义

　　本书的研究意义，包括理论意义和实践意义两个方面：

　　理论意义：通过从完整的食品产业链角度，完成具有食品产业特点的"点→链→网"的全面剖析，分析食品产业链安全风险的防控成本，使得制度成本的理论研究更加深入和具体，发展了新制度经济学的应用研究。

实践意义：系统研究我国食品产业链安全风险的防控问题，通过研究食品产业链安全风险及其防控成本，提出降低风险防控制度成本的路径，为政府和食品产业管理者提供科学、可行的降成本的思路和方法，对于政府制定食品产业链相关政策和措施具有一定的应用价值。

第三节　国内外研究综述

一、对食品产业链安全风险的研究

食品安全经济学是一门新兴的经济学，是以风险分析理论和可追溯体系理论为主导的食品安全经济理论。在这两个主导理论的框架下，经济学者们的积极探索取得了丰硕的成果，其研究内容主要集中在产业链的追溯体系与认证制度、农田到餐桌的风险分析等方面。韩柱、麦拉苏①概述了国外较为成熟的食品安全经济学的理论及其发展过程，并对其研究动态进行了述评。强调从农田到餐桌的风险分析能够有效地确认食品危害的来源，有利于制定食品安全对策，也是将食品安全的风险分析纳入经济学研究框架，探索费用效果的研究方法。

食品安全风险评估是制定食品安全标准及控制体系的科学基础，而食品安全费用的多少取决于风险的大小，因此，风险评估也是测算风险防控成本的依据。陈秋玲、马晓姗等②基于突变模型和结构稳定性理论，从食品产业链视角设计食品安全风险评估指标，分别测度了食品的生产环节、流通环节和消费环节的风险度，得出我国近年来食品安全的总风险度，以评估我国食品安全风险；Papademas P、Bintsis T③提出食品产业需要积极主动地实施 HACCP（危害分析和关键控制点）以

① 韩柱、麦拉苏. 食品安全的经济理论及其研究动态[J]. 当代经济，2012(23)：152-154.

② 陈秋玲、马晓姗等. 基于突变模型的我国食品安全风险评估[J]. 中国安全科学学报，2011(02)：152-158.

③ Papademas P，Bintsis T. Food safety management systems (FSMS) in the dairy industry：A review. INTERNATIONAL JOURNAL OF DAIRY TECHNOLOGY，2010，63(4)：489-503.

确保食品安全；肖霄、褚小菊①将风险评估的思想整合到 HACCP 体系中，探讨了在食品生产加工企业引入新的风险管理体系，为食品生产加工企业构建风险评估的质控体系提供了参考；陈秀君、董花②研究了农产品安全的风险分析与评估，完善了农产品安全风险分析体系。

从全产业链的角度研究食品安全风险的文献有：吴华清、唐辉等③认为产业治理机制对区域产业链升级与发展产生重要影响，运用分形理论对复杂价值链体系进行解构，指出提升公共食品安全管理标准，充分发挥食品产业内部私人治理机制作用，在此基础上建立国家食品产业安全风险评估与监控管理体系，是解决国内食品安全问题的根本所在，并以奶制品产业为例深入分析国内食品安全问题；张虹④通过食品产业链和食品安全监管的双视角剖析了现存问题，并根据食品安全风险分析理论，提出营造以行政监管为主体的"多元共治"法治环境，健全独立的食品安全风险分析机构，建立便捷的消费维权机制，从国家安全的战略高度处理食品安全危机。

宋祺楠等⑤认为在食品供应链中存在严重的信息不对称，食品物流技术水平低，食品安全监管不力和食品物流相关法律法规缺失等问题，造成食品安全风险不断增加；张毅，金江军⑥阐述了食品安全信息失灵的主要表现，包括信息不对称、信息不完备、信息不准确、信息不及时，分析了食品安全领域出现信息失灵的主要原因，论述了食品安全信息失灵造成的后果，包括市场失灵、政府失灵和社会失灵，提出了化解食品安全信息失灵问题的对策措施。现有文献多是对风险

---

① 肖霄，褚小菊. 食品生产加工企业引入风险评估质控体系的理论探究[J]. 农业工程技术，2012(06)：40-43.

② 陈秀君，董花. 完善农产品质量安全的风险分析与评估[J]. 农业科技与信息，2016，(16)：33+35.

③ 吴华清，唐辉，周亚芳等. 基于区域产业链治理机制的我国食品安全监管模式研究——以奶制品产业为例[J]. 云南师范大学学报(哲学社会科学版)，2014，46(01)：87-96.

④ 张虹. 食品安全规制——从农田到国家安全的注解[J]. 福建论坛(人文社会科学版)，2012(02)：180-184.

⑤ 宋祺楠，童毛弟，王冀宁. 基于供应链视角的食品安全风险研究述评[J]. 中国调味品，2018，43(01)：184-188.

⑥ 张毅，金江军. 食品安全信息失灵问题及其化解方法研究[J]. 中国食品药品监管，2020(03)：60-65.

分析以及对策的研究,而对风险防控成本的研究尚不多见。而且加强各种方式的监管都会增加成本,目前这方面的研究尚少。

二、对食品产业链风险防控的研究

纵观世界各国的食品安全风险防控领域的相关研究,国内外学者已从不同角度对食品安全风险防控进行了深入的探索和研究,其中最早将风险分析引入到食品安全风险防控中的西方国家是美国。美国的食品安全风险分析起源于 1997 年发布的《总统食品安全计划》,其中主要指出风险分析是实现食品安全的重要理论支持。Antle① 运用经济学的分析方法对食品安全风险进行了系统的研究,从管理经济学和市场经济的一般理论出发,验证了企业在生产组织和管理层面上对食品安全的影响,并首次提出了防控食品安全问题的措施;Hotchkiss J H② 从改进风险评估技术和有效传达食品安全风险的角度上评估了美国当时的食品安全风险。Pinior B③ 等以乳制品产业为例,通过模拟交易污染食品对消费者的影响,研究了食品污染风险管理的应急计划和对策,以防止或减轻食品供应链污染风险的后果;Pant R R④ 等针对食品供应链网络提出一个可追溯性和透明性的框架,通过有效的可追溯系统来管理食品和风险预警。欧盟在 1997 年发布了《食品安全绿皮书》,提出了食品标准和法规的制定应以风险分析为标准,且在 2000 年发布的《食品安全白皮书》进一步完善了食品安全的监管体系。

近年来国内也非常关注食品安全风险的预警研究。2009 年由于众多食品安全事故的出现,国家颁布了《中华人民共和国食品安全法》,强化了食品安全的风险防控。对于食品安全风险防控的分析,基于供应链和法制监管两个角度的研

① John M. Antle, Donald C. Cole, Charles C. Crissman. Further evidence on pesticides, productivity and farmer health: potato production in Ecuador[J]. Agricultural Economics, 1998, 18 (2): 199-207.

② Hotchkiss J H. Assessment and management of food safety risks.[J]. Boletin de la Asociacion Medica de Puerto Rico, 1990, 82(2): 81-84.

③ Pinior B, Conraths F J, Petersen B, etc. Decision support for risks managers in the case of deliberate food contamination: The dairy industry as an example[J]. Omega, 2015(53): 41-48.

④ Pant R R, Prakash G, Farooquie J A. A Framework for Traceability and Transparency in the Dairy Supply Chain Networks[J]. Procedia- Social and Behavioral Sciences, 2015(189): 385-394.

究较多：周雪巍、郑楠①在对国内外主要组织机构建立的农产品、食品安全风险预警系统总结的基础上，以乳产品为例介绍了我国农产品安全风险预警研究现状；代文彬②以食品供应链中的企业为例，建构了食品安全风险防控策略体系；刘永胜③从行为视角上分析，构建了一个食品供应链安全风险分析模型，并进一步分析了风险防控的机制；从法律层面上，曾文革④通过确立法律监督权保障公众利益、调整食品安全监管权力配置模式，利用各种法律手段防控我国食品安全风险。

从新制度经济学角度出发，对于食品安全风险的成因研究，主要是来自监管缺失、信息不对称，进而引发的道德风险和逆向选择等几个方面。首先，周应恒等⑤认为由于市场中信息不对称的存在，使"市场"的作用在我国食品市场中失效；龚强等⑥的研究发现由于行政监管的局限性，加剧了市场中的机会主义生产行为；吴林海等⑦研究了食品市场存在的信息不对称问题，认为信息不对称是造成食品安全问题的主要成因。

目前针对我国食品产业链安全风险防控的研究多以定性的、静态的研究为主，本书将在已有相关研究的基础上，发展定量的、动态的食品产业链安全风险防控方法，更加深入地研究食品产业链的安全风险防控问题。

---

① 周雪巍，郑楠等．国内外农产品质量安全风险预警研究进展．中国农业科技导报，2014(03)：1-7.
② 代文彬，慕静，马永军．食品安全风险防控策略体系研究——食品供应链核心企业视角[J]．企业经济，2014(06)：63-67.
③ 刘永胜．食品供应链安全风险防控机制研究——基于行为视角的分析[J]．北京社会科学，2015(07)：47-52.
④ 曾文革，肖峰，黄艳．论我国食品安全风险防控制度构建的系统化进路[J]．东北师大学报(哲学社会科学版)，2014(05)：88-94.
⑤ 周应恒，霍丽玥，彭晓佳．食品安全：消费者态度、购买意愿及信息的影响——对南京市超市消费者的调查分析[J]．中国农村经济，2004(11)：53-59+80.
⑥ 龚强，张一林，余建宇．激励、信息与食品安全规制[J]．经济研究，2013，48(03)：135-147.
⑦ 吴林海，王淑娴，徐玲玲．可追溯食品市场消费需求研究——以可追溯猪肉为例[J]．公共管理学报，2013，10(03)：119-128+142-143.

三、对降低企业制度性成本的研究

制度是约束行为的一种规范，也是社会稳定发展的重要基础。诺思①认为"制度是为决定人们之间的相互关系而通过人为设定的一些制约"；张广利等②认为制度成本是实现不同主体之间利益博弈而产生的成本，即制度是从产生到变迁整个周期中所产生的一切耗费；李建德③认为制度成本是为在人们的意识中形成共同信息所必要的一种费用，并且包括人们在这种合作中由于信息不充分导致的某些成本损失。

所有的发达国家都有与经济发展阶段有关的生产要素成本和制度性成本两类成本，生产要素成本上升难以避免，降成本的出路就是降低制度性成本。企业的制度性成本，主要是指由政府制定的各种制度工具所带来的成本，即企业在遵循政府制定的规章制度时所需付出的成本（孙裕增④）。常耀中⑤分析了企业制度性成本的内涵并做了实证研究，认为制度成本可采用企业财务指标基于数据样本加以统计描述。降低企业成本的关键是降低企业制度性成本，这是供给侧结构性改革的关键环节。中央指出，消除企业成本居高不下的体制机制障碍，降低企业制度性交易成本是改革重点。徐田江提出应进一步加大"放管服"力度，加强降成本的顶层设计，加快生产要素价格改革等降低企业制度性成本的建议。

从产业链视角研究成本的相关文献有：韩薇薇⑥从食品生产链角度出发，根据不同的生产环节，研究企业如何在做好成本控制的同时，对生产环节严格把

---

① [美]道格拉斯·C.诺斯：《制度、制度变迁与经济绩效》，刘守英译，上海：上海三联书店，1994.

② 张广利，陈丰．制度成本的研究缘起、内涵及其影响因素[J]．浙江大学学报（人文社会科学版），2010，40(02)：110-116.

③ 李建德．论"制度成本"[J]．南昌大学学报（社会科学版），2000(01)：44-49.

④ 孙裕增．制度性交易成本演变与改革路径[J]．浙江经济，2016(23)：10-12.

⑤ 常耀中．企业制度性交易成本的内涵与实证分析[J]．现代经济探讨，2016(08)：48-52.

⑥ 韩薇薇．生产链视角下的我国食品安全风险防控成本控制研究[J]．食品研究与开发，2014(18)：235-238.

关，探讨了优化食品供应链安全体系等食品安全问题的防控对策；张晓琳①从财务管理角度分析了食品安全风险防控成本的构成，讨论了评估食品安全风险防控项目的方法，为确定相关的风险防控成本提供了依据；杜波、宋云②研究了食品安全责任保险的重要意义，对我国食品安全责任保险实施环境，政府推行食品安全强制保险的条件，并对如何实施食品安全强制责任保险进行了探讨。

但是如果政府推行食品安全强制保险，则必然给企业增加制度成本。汪玉凯③认为在降低企业成本尤其是制度性成本方面，政府担负着重要职责，应该发挥重要作用，围绕简政放权、放管结合、优化服务进行改革，转变政府职能。食品安全防控这一系统中，政府的角色更多的是一个监督者、管理者，而食品生产、加工企业追求利润最大化的特性决定了有些企业往往为了自身的经济利益而违反国家的制度和规定。这时，就需要政府颁布相关的法律法规，来约束食品企业的生产、加工等各个环节，这就势必增加制度成本。

本书研究食品产业链安全风险防控制度成本的降低途径与方法，以实现降成本、增效益的目的，而目前这方面的研究尚不多见。

四、文献述评

综上所述，目前国内外对于食品安全风险防控的研究除了在理论层面的分析外，大多数实证分析是基于供应链、违法成本等视角，少有基于新制度经济学视角的分析。而且目前对于制度成本的研究多以定性研究为主，少有定量研究。本书将在已有相关研究的基础上，进一步探讨定量的、动态的食品产业链安全风险的防控问题，以及降低制度成本的路径与方法。

在食品安全风险防控的研究中，政府、企业、消费者三方是认可度较高的三个层面，以往文献一般只关注一个层面，往往缺乏多方协同的研究。本书将结合现有文献对食品安全风险以及制度成本的相关研究，从食品安全风险防控相关的

---

① 张晓琳. 财务管理视角下的食品安全风险防控成本的研究[J]. 经营管理者，2016（01）：65.

② 杜波，宋云. 论我国食品安全强制责任保险制度的构建[J]. 食品安全质量检测学报，2013（01）：298-302.

③ 汪玉凯. 降低企业制度性交易成本[J]. 中国中小企业，2016（08）：16.

政府、企业、消费者三方层面进行综合研究，综合得出食品安全风险防控中制度成本的统计监测指标，构建统计监测体系，实现对制度成本的量化研究，并在此基础上进一步研究食品安全风险防控制度成本的降低路径。

第四节　研究内容及重点

一、研究内容

(一)食品产业链安全风险的案例研究。普遍调查与典型调查相结合，深入调查研究我国不同地域食品产业风险，分析研究食品业风险事件的典型案例，收集分析相关数据，探索食品产业链安全风险的规律。

(二)食品产业链安全风险的影响因素分析。以食品的生产过程为主线，按照食品"从农场到餐桌"的顺序，分析在原料生产、食品加工、物流运输、市场销售等产业链各环节风险形成的影响因素，提炼关键要素，建立风险评价指标体系。

(三)食品产业链安全风险测度模型及风险指数的构建。食品产业链安全风险测度模型是以各环节风险因子为自变量，以风险后果为因变量，应用计量经济学方法，建立数学模型。其中风险因子，是根据产业链生产、加工、流通、销售等各环节的检测报告，给出各环节的潜在风险程度的量化值；风险后果分为两个维度，即经济风险后果和社会风险后果：经济风险后果是指产业链实际平均收益率与预期收益率的差异；社会风险后果是指依据食品品牌的满意度调查，消费者满意度与预期满意度的差异。根据各环节的风险因子加权综合，定义产业链风险指数，用以量化产业链整体风险水平(如图 1-3 所示)。

(四)食品产业链风险防控制度成本的影响机制研究。借鉴国外食品产业链安全风险的先进管理经验，结合我国食品产业链的特点，研究食品产业链风险防控制度成本的影响机制。

(五)根据风险防控制度成本的影响机制分析，研究降低风险防控制度成本的路径与方法。分别从政府、企业、消费者角度研究食品安全风险防控及其相关成本，研究降低食品安全风险防控制度成本的路径与方法，提出具体的防控措施。

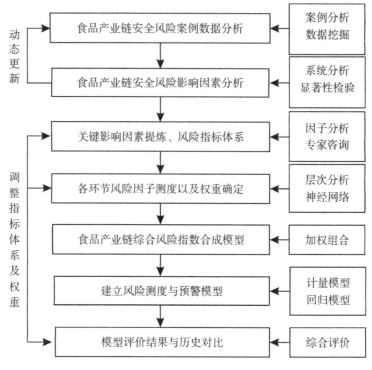

图 1-3　风险评估技术路线图

二、研究重点

本书研究我国食品产业链安全风险的防控及其制度成本问题，在此基础上，研究降低风险防控制度成本的路径与方法。研究重点为：

(一)定量测度我国食品产业链安全风险，设计风险指数，研究动态预警机制。对风险进行量化，不仅能够解释风险的关键因素对于风险后果的影响程度，而且还是风险防控的前提和依据；不仅要预测风险的等级，还要依据风险发生原因提出防控重点。

(二)对于我国食品产业链安全风险防控制度成本进行定量化研究，从宏观角度，对食品安全风险防控相关制度成本进行统计监测研究；从微观角度，对企业的相关制度成本进行测度研究。

16

(三)对于降低风险防控制度成本的机制进行分析，在机制分析的基础上，研究我国食品产业链安全风险防控制度成本的降低路径与方法。

研究的主要目标是得到食品产业链安全风险产生及演变的特点和规律，设计出食品产业链安全风险指数及动态预警机制，为做好风险防控提供科学依据；分析风险防控的制度成本，研究降低风险防控成本的机制，提出降低我国食品产业链安全风险防控制度成本的路径与方法，为政府、产业链管理者以及食品生产经营企业提供参考。

第五节 研究思路与框架

一、研究思路

本书将从理论研究、机制研究、实证研究、政策研究四个维度展开：首先，对制度成本的基本概念和理论进行分析和概括，并剖析食品安全问题的经济学根源；其次，对食品产业链安全风险防控制度成本进行影响因素分析，并从宏观上对食品安全风险防控的制度成本进行统计监测研究，以及从微观角度对食品企业相关制度成本进行量化研究。在理论分析的基础上，研究降低风险防控制度成本的机制，包括：企业信誉评价机制、产业链风险共担机制、产业链风险防扩散机制、产业链风险预警机制、监管绩效评价机制、社会协同共治机制等。

在机制分析的基础上，探讨由"点"到"链"，再由"链"到"网"的食品安全风险防控问题的解决方案。从食品产业相关企业层面：构建食品企业信誉评价体系，提高企业自律水平；产业链管理层面：合理化产业链利益配比，实现产业链风险共担；降低产业链风险扩散效应，防止风险扩大化；政府层面：完善食品产业链风险预警体系，降低风险发生率；加大违法成本，实行同业担保及检查制度；实行绩效评价制度，提高职能部门有效监管；分析风险防控成效的影响因素，寻找防控有效途径；社会治理层面：构建社会共治耦合系统，加强多元协同治理；应用大数据技术，加强食品安全风险监控。具体包括九条路径（见图1-4）。

二、研究框架

本书的研究框架如图 1-4 所示：

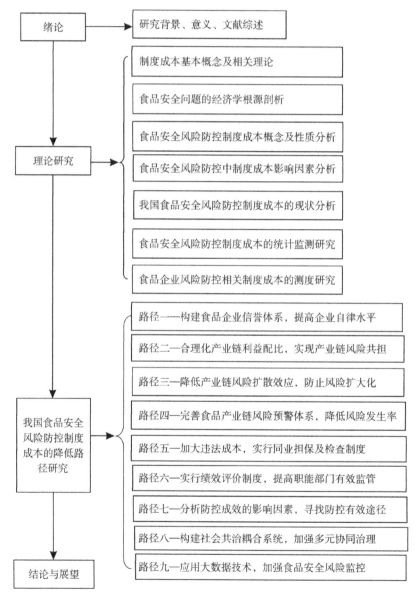

图 1-4　研究框架图

第二章　制度成本相关理论

第一节　新制度经济学相关理论

随着时代的发展和社会的进步，社会出现了新的特征，人与环境、人与组织、人与社会的关系产生了新的社会特点，这些是一般经济学所忽视的。新制度经济学(New Institutional Economics)的研究对象就是人、组织、社会之间的行为关系和规则，也就是新制度经济学所研究的制度问题。

一般认为，新制度经济学是由科斯的《企业的性质》这篇文章所开创的，是一个侧重于交易成本的经济学研究领域。科斯的原创性贡献，使经济学从零交易费用的新古典世界走向正交易费用的现实世界，从而获得了对现实世界较强的解释力。引入交易费用进行各种经济学的分析是新制度经济学对经济学理论的一个重要贡献。

新制度经济学包括的基本理论有：产权理论、交易费用理论、企业理论和制度变迁理论等。本书将基于这些理论，研究在食品安全风险防控领域制度成本的相关问题。

一、产权理论

新制度经济学家认为产权是一种权利，是一种社会关系，是规定人们相互行为关系的一种规则，并且是社会的基础性规则。产权是一个权利束，包括所有权、使用权、收益权、处置权等。当一种交易在市场中发生时，就发生了两束权利的交换，交易的产权束所包含的内容影响物品的交换价值。

产权理论的核心是：一切经济交往活动的前提是制度安排，产权制度实质上是一种人们之间实施一定行为的权利，经济分析的主要任务是界定产权，明确规定当事人什么可以做，然后通过权力的交易达到社会总产品的最大化。

产权制度，实质上是一套激励与约束机制。产权具有激励、约束、资源配置和协调等功能，其作为一种社会强制性制度，保护人们的权力，规范人们的经济关系，保障经济和社会生活秩序的有效运行。新制度经济学认为，产权安排直接影响资源配置效率，一个社会的经济绩效如何，最终取决于产权安排对个人行为所提供的激励。完善的产权制度，是社会资源效率配置和经济正常运行的保障和前提。

按照产权理论，食品安全风险防控的前提是需要明晰食品交易相关方的产权。食品交易市场涉及政府部门、企业、消费者等多方利益，只有明确了各方的权力和责任，食品安全风险防控工作才能够有效进行。

二、交易成本理论

交易成本是新制度经济学的一个核心概念，由著名经济学家科斯在1937年发表的论文《企业的性质》一文中首次提出。科斯认为，市场和企业是不同的交易机制，而利用价格机制是有费用的，必须去发现价格，要进行谈判、起草合同、检查货物、做出安排解决决议等，这些费用被称为交易费用。交易费用这一概念是由威廉姆森提出的，并系统的研究了交易费用理论。他将交易费用分为交易前签订契约的费用和签订契约后由于某些原因更改或退出契约所花费的费用两部分并提出交易费用的主要特征：交易商品或资产的专属性、交易不确定性、交易的频率等。交易费用就是交易成本。

交易成本包括度量、界定和保障产权的费用，发现交易对象和交易价格的费用，讨价还价、订立合同的费用，督促契约条款严格履行的费用等等。交易成本的提出，对于新制度经济学具有重要意义。由于经济学是研究稀缺资源配置的，市场的不确定性导致交易也是冒风险的，因而交易也有代价，从而也就有如何配置的问题。资源配置问题就是经济效率问题。

交易成本产生的原因，来自人性因素和交易环境相互影响下所产生的市场失灵现象，从而造成交易困难所致，交易成本来源于：有限理性、投机主义、不确定性与复杂性，资产专用性、信息不对称，以及交易双方信任程度等。

从新制度经济学角度来分析，在食品市场交易中也广泛存在着交易成本，食品安全风险防控工作要从提高交易双方信任程度、降低不确定性与复杂性、减少信息不对称等方面着手，以降低食品安全风险防控的相关成本。

三、企业理论

现代企业理论在三个方面拓展了新古典经济学关于企业的研究，企业市场合约的边界及其配置资源的效率；企业内部的治理和组织效率问题；委托-代理关系问题。科斯认为，市场机制是一种配置资源的手段，企业也是一种配置资源的手段，二者是可以相互替代的。在科斯看来，市场机制的运行是有成本的，通过形成一个组织，并允许某个权威（企业家）来支配资源，就能节约某些市场运行成本。

关于企业的性质，实质上是探讨企业存在的理由，科斯认为，由于企业管理也是有费用的，企业规模不可能无限扩大，其限度在于：利用企业方式组织交易的成本等于通过市场交易的成本。科斯认为：企业是一种协调机制，是一种能替代市场价格机制的组织。企业能存在是通过企业的指挥协调，以低于市场价格机制的成本来进行生产。当企业不能以低于市场价格机制来进行生产时，这种协调机制又会让位于市场价格机制。委托-代理关系源于对企业经理人员最大化行为的反思与分析；关于内部组织效率与内部治理的问题，源于如何激发员工的积极性和创造性，有效组织各种资源，使企业有效运转。

基于新制度经济学的企业理论，从事食品生产与经营的食品企业要利用市场机制，进行资源有效配置，加强企业内部的治理和组织效率，探索食品安全风险管理制度，在保障食品安全水平的条件下，尽量降低相关制度成本。

四、制度变迁理论

制度变迁理论是新制度经济学的一个重要内容。其代表人物是诺斯，他强调，技术的革新固然为经济增长注入了活力，但如果没有制度创新和制度变迁，并通过一系列制度（包括产权制度、法律制度等）构建把技术创新的成果巩固下来，那么人类社会长期经济增长和社会发展是不可设想的。制度决定着一个国家的经济增长和社会发展。诺斯的制度变迁理论认为制度变迁的内在动因是主体期望获得最大的"潜在利润"。随着外界环境的变化或自身理性程度的提高，现有的制度无法满足人们预期的收益，人们对新制度的需求不断提高，从而推动制度的变迁。在制度变迁的过程中，制度变迁的成本与收益起到了关键作用。当预期收益大于预期成本时，行为主体才会推动制度的变迁。

制度变迁的原因之一就是相对节约交易费用，即降低制度成本，提高制度效益。所以，制度变迁可以理解为一种收益更高的制度对收益较低的制度的替代过程。产权理论、国家理论和意识形态理论构成制度变迁理论的三块基石。制度变迁理论涉及制度变迁的原因或制度的起源问题、制度变迁的动力、制度变迁的过程、制度变迁的形式、制度移植、路径依赖等。

基于新制度经济学的制度变迁理论，在食品安全风险防控领域，需要各级政府部门根据实际情况及时完善和创新食品安全风险防控的制度，并关注制度的成本与效益，提高风险防控的水平与效果。防控制度的建立与实施要有利于统筹协调食品产业链所涉及的各行业领域，包括农业、工业、运输业、零售业等生产部门、监管部门、执法部门以及相关社会组织，积极探索食品安全风险防控制度创新与实践，提高制度效率，以较低的制度成本，保障食品安全水平。

第二节 交易成本的概念

一、交易成本的定义

诺贝尔经济学奖得主、美国芝加哥大学罗纳德·科斯[1]教授1937年在《企业的性质》一书中提出了"交易费用"的概念，它所包含的就是交易成本的内容。科斯将交易成本概括为在市场运行中，因价格机制运作而产生的成本，认为其包含两个方面的内容：首先是为了获得关于交易对象与市场价格的准确信息而付出的成本，其次是为了避免与交易对象在履行约定的过程中发生冲突而产生的谈判、缔约等成本。

---

[1] Coase R H . The Nature of the Firm[J]. Economica, 1937, 4.

不同的经济学家对交易成本给出了不同的定义，阿罗①将交易成本定义为经济制度运行的成本，指的是给定制度条件下，人们进行交易的代价，但不包括制度本身的代价。威廉姆森②更进一步认为，交易成本既包括给定制度条件下的交易的代价，也包括建立维持和改变基本制度框架的成本，是制度建立及运转成本。

巴泽尔把交易成本定义为与转让、获取和保护产权有关的成本，诺思把交易成本定义为规定和实施构成交易基础的契约成本，因而包含从贸易中获取收益而产生的政治成本和经济组织的所有成本。显然，这一界定是从较为宽泛意义上理解交易成本的。

在诺思③看来，交易成本不仅包括市场型交易成本，也包括管理型和政治型交易成本。张五常认为，交易成本包括一切不直接发生在物质生产过程中的成本，从而认为交易成本可以看作是一系列制度成本，包括信息成本、谈判成本、拟定和实施契约的成本、界定和控制产权的成本、监督管理的成本和制度结构变化的成本。在张五常看来，交易成本是作为总成本扣除物质生产过程的成本之后的一种剩余而存在的。

如果给交易成本下一个综合性定义，那么，交易成本是指为达成一笔交易需额外付出的成本，也是经济制度建立和运行的成本。

二、研究交易成本的意义

在新古典经济学中，认为市场是一个零交易成本的世界，也就是假设制度是给定不变的。对企业为什么存在，由什么决定企业的结构和规模边界等问题都无法做出解释。科斯交易成本理论突出的贡献就是把"交易成本"概念纳入经济分

---

① Arrow K J. The organization of economic activity: issues pertinent to the choice of market versus nonmarket allocation[J]. The analysis and evaluation of public expenditure: the PPB system, 1969, 1: 59-73.

② O. E. Williamson. The Economic Institutions of Capitalism[M]. New York: The Free Press, 1985.

③ [美]道格拉斯·C. 诺斯. 制度、制度变迁与经济绩效[M]. 刘守英译，上海：上海三联书店，1994. [Douglass C. North, Institutions, Institutional Changeand Economic Performance, trans. by Liu Shouying. Shanghai: Shanghai Joint Publishing Company, 1994.]

析中,认为市场运行同样是需要成本的,承认交易成本的存在,并确定了交易成本对不同的契约安排等生产制度的影响,从而使经济学获得了对现实经济问题的新的解释力。

科斯用交易成本完满地解释了企业存在的原因和决定企业规模的因素,并用它分析了企业与市场的差别与联系,他认为企业和市场是两种不同但又可以相互替代的交易制度。市场的交易由价格机制来协调,而企业的存在将许多原属于市场的交易"内部化"了。在企业内部,行政命令取代了价格机制成为生产活动的协调机制,企业通过市场"内部化"可以节省交易成本。

企业是生产成本和交易成本的统一。在与物质世界打交道过程中,获取的是一定的物质产品,支付的是在生产过程中的人、财、物的耗费,即生产成本。在与人打交道的过程中,人、财、物的耗费,就是交易成本。从动态角度看,交易成本渗透到交易活动的全过程中。现代社会,在企业的总成本中,交易成本的占比有可能高于生产成本占比,所以交易成本的概念有广泛的应用价值。许多学者把交易成本分成两类:一种是必要的交易成本,如谈判、签约、履约、监督经济绩效等费用,是制度存在的必要条件之一;另一种是非必要交易成本,是制度中存在的应予以消除的部分。例如由于机构臃肿、人员过多等引起的效率低下产生的交易成本。

交易成本是新制度经济学的核心概念。交易成本是机会成本,是协调成本,是资源的损耗,交易成本可以理解为经济社会的"摩擦力",是不能彻底消除的。但是制度和技术是降低交易成本的两种主要力量,制度提供了交换的结构,技术决定了交换费用与转化费用。而制度和技术的使用也是有成本的,不可能拥有无成本的制度和技术,从而需要进行比较研究,以降低社会的交易成本。

三、交易成本的成因

首先,交易成本的产生来自人的有限理性。人的认知能力和行为能力的有限性,使得人们在经济生活、社会生活中搜集信息、分析、决策等行为的执行都是有成本的。人们有可能达到理性的认识,但达到理性的行为能力是有限的。

其次,资产专用性产生交易成本。资产专用性是指在不牺牲资产价值的条件下,资产可用于不同用途和被不同使用者利用的程度。如果用于不同用途的程度和被不同使用者利用的程度越低，资产专业性就越强。资产专用性越强，交易成本越大。因为需要制定合约条款或防范措施，以避免资产专用性纠纷，从而产生交易成本。

第三，交易的不确定性产生交易成本。交易的不确定性是指与交易特性有关的各种内、外部条件的不确定性。其中，行为不确定性是由于交易内部的机会主义行为造成的，这种不确定性使得交易关系更加复杂化。

第四，信息不对称产生交易成本。交易中卖方相对于买方具有信息优势，卖方具有采取欺骗手段获利的倾向，而由于买方对卖方的信任程度低，买方就需要对交易品进行产品、价格等方面的信息搜寻，从而产生交易成本。

第五，机会主义行为产生交易成本。机会主义行为是指参与交易的各方为寻求自我利益而采取的可能含有欺诈的交易手段，从而增加了交易双方的不信任与怀疑，导致交易过程监督成本增加，降低了经济效率。信息不对称助长了机会主义行为的发生。

第六，商品和服务的多维属性也是交易成本的成因之一。商品和服务的多维属性使交易双方容易出现信息不对称的问题，不同性质的产品产生的交易成本不同，对于性质不易了解的复杂产品，存在较高的交易成本。

另外，交易的规范化程度也是产生交易成本的原因之一。交易制度、交易流程不完善，则交易不容易顺利进行，容易产生各种纠纷，从而产生较高的交易成本。而为了避免纠纷，需要对产品生产、加工及销售各环节进行规范化契约管理，这些都会产生交易成本。

第三节　制度成本相关研究

自人类文明发展以来，在不同时期都有相应的制度来维持社会稳定，促进社会发展。新制度经济学学者诺思①认为："制度是一个社会的游戏规则，更规范

①　道格拉斯·C·诺思. 制度、制度变迁与经济绩效[M]. 刘守英译. 上海：上海三联书店，1994.

地说，是为决定人们的相互关系而人为设定的一些制约"；凡勃伦①认为，制度是"个人或社会对有关的某种关系或某种作用的一般思想习惯"；康芒斯②则将制度定义成"集体行动控制个人行动"。综而言之，制度是一些行为规范和约束，用以指导人们的社会行为和维护社会秩序。对制度这一人类社会的基本现象进行研究是社会学、经济学、政治学等学科的主要课题之一。

制度作为一种普遍存在的社会规范，在发挥作用的同时必然需要投入相应的资源，即需要支付一定的制度成本。制度成本是一种客观存在的社会事实，伴随着制度的产生而产生，从人类社会发展之初就已经存在。制度成本来源于交易成本，当针对某种交易的制度产生时，交易成本就在这种制度范围内转化为制度成本。在食品产业链中，食品的生产、流通和交易都潜在一定的风险，这些风险有可能造成严重的后果，为了避免不良后果的发生，需要有食品安全制度的约束，从而产生制度成本。本节讨论制度成本的概念与主要影响因素，为后续研究食品安全风险防控制度成本奠定理论基础。

一、制度成本的概念

诺思在论述制度变迁时主要运用交易成本或交易费用的概念加以阐释，虽未直接提及制度成本的概念，但已在一定程度上涉及制度成本，他不仅指出制度最初设立时的初始成本是巨大的，而且认为正式规则的形成和实施通常需要动用大量的资源。

与交易成本相比，对制度成本的研究只是散见于一些学者的文献中，并未形成系统性的研究成果。汪丁丁③从机会成本的角度对制度成本进行了阐述，由于选择一种制度意味着必须放弃另一种可能的制度，因此，对制度的任何选择都是有机会成本的。他认为制度的成本是某个实现了的博弈均衡对每一个参与博弈的主体的主观价值而言的机会成本，而这个机会成本是由他所放弃了的那些经由他个人影响可能实现的博弈均衡的最高主观价值所决定的。

---

① 凡勃伦. 有闲阶级论[M]. 蔡受百译. 北京：商务印书馆，1981.
② 康芒斯. 制度经济学(上卷)[M]. 于树生译. 北京：商务印书馆，1962.
③ 汪丁丁. 从交易费用到博弈均衡[J]. 经济研究，1995(09)：72-80.

　　李建德①认为制度的本质是共同信息，因而制度成本就是社会在形成这种信息时所需要的费用。人类社会的特征之一是相互合作进行生产活动，而任何一种生产，就其技术而言都是某种信息。随着生产规模的扩大，人类需要掌握的信息量日益增加，而制度的本质是人类合作过程中不可缺少的共同信息。因此，在人们的意识中形成这一共同信息所必需的费用，以及在合作中由这一共同信息不足造成的损失就是制度成本。

　　张五常②认为，只要是一个人以上的社会，就会需要如何约束个人行为的规则，即需要制度。从广义的角度讲，制度是因为交易费用产生的，所以交易费用也可以叫作制度成本。

　　张旭昆③从制度演化角度出发，将制度成本分为创立过程中的成本和实施过程中的成本两类。制度创立过程中的成本包括失益成本、失序成本、适应成本和创立成本。前三项都是与原有制度的消失和改变有关的费用，第四项创立成本是指制度创新者为建立新制度所支出的直接费用和间接费用。实施过程中的成本可分为实施成本和维持成本。前者包括实施现行制度给个人带来的收益和成本，以及从社会角度来考察的实施收益和成本；后者指实施该制度所引致的各种费用，包括纯粹维持成本和防止成本，如监督、宣传、奖惩的费用。

　　社会学研究主要从社会资源的角度研究制度成本问题。布劳④在《社会生活中的交换与权力》中较早提出了制度成本问题，认为形成行为规范是需要投入资源的。建立一个正式程序要求一种资源投入，它保存社会行为和关系的模式并使它们固定化。在破除旧规则和推行新规则的过程中涉及更大的成本并使行动模式进一步具体化和稳定化。

　　杨光斌⑤则从新制度政治学的角度对制度成本进行了研究，分析了计划经济时期与转型经济时期的制度成本，认为权力制度化使进入市场的成本非常高昂，

　　①　李建德．论制度成本[J]．南昌大学学报(社会科学版)，2001(01)：44-49.

　　②　张五常．交易费用的范式[J]．社会科学战线，1999(01)：1-9.

　　③　张旭昆．制度演化分析[M]．杭州：浙江大学出版社，2007.

　　④　彼得·M·布劳．社会生活中的交换与权力[M]．李国武译．北京：华夏出版社，1988.

　　⑤　杨光斌．制度的形式与国家的兴衰[M]．北京：北京大学出版社，2005.

使得非生产性社会资源浪费非常惊人。中国的权力制度化所造成的制度成本，不仅具有与其他国家权力制度化相同的代价，如进入的成本、寻租的成本、腐败的成本，还有其特殊体制下的制度代价，如经济的大幅度波动和结构性经济资源配置问题。权力制度化所造成的巨大的交易费用和制度成本从根本上削弱了我们的制度绩效和制度竞争力。

张广利①从制度周期角度分析制度成本，认为在一个完整的制度周期中，每一个阶段都需要支付相应的成本，由此制度成本包括制度形成成本、制度执行成本、制度监督成本、制度变迁成本。各阶段的制度成本彼此之间并非孤立的，而是相互联系、相互影响的。

综上所述，一般认为制度成本是指在制度运行各个环节中投入的相关资源，是由不同主体之间的利益博弈而产生的。从制度的形成、执行、监督再到变迁，每个阶段都需要消耗一定的资源，形成制度成本。

首先，制度形成成本是指在制度的制定初期阶段中所产生的各种成本，如在制度形成过程中需要花费包括信息收集、加工的成本等；其次，制度在其执行过程中的成本包括必要的资源投入和额外增加的成本，如制度的执行必需要投入相应的人力、物力等资源；第三，制度要得到有效运行，必须进行相应的监督，相应的产生监督成本，包括监管部门的费用，实施监管过程中所需的各种设施、人才培训等相关费用。在制度变迁的过程中，会受到来自多方面的阻力，也需要付出成本。

另外，制度从其本质上说是不同利益主体之间的博弈过程，制度作为被制定出来的一系列规则，实质上是一种利益的博弈，每个个体、组织都存在以利润最大化为目标的博弈行为。博弈现象是普遍的，存在于制度制定者、执行者、承受者之间，不同的利益主体在相互博弈中会走向最终的均衡，在此过程中产生的博弈成本也属于制度成本的一种。

制度成本是一个与交易成本既相联系又相区别的概念。孙国峰②对交易成本

---

① 张广利，陈丰. 制度成本的研究缘起、内涵及其影响因素[J]. 浙江大学学报(人文社会科学版)，2010，40(02)：110-116.

② 孙国峰. 交易成本与制度成本的关系分析[J]. 西南师范大学学报(人文社会科学版)，2004(02)：68-72.

与制度成本之间的关系进行了研究，指出从交易与制度的静态关系来看，交易成本是一个大于或等于制度成本的概念。在没有形成制度以前，交易也是存在的，这时所存在的就只有纯粹的交易成本。即使是没有达成合作的交易，交易成本相对于每个交易主体仍是存在的。当针对某种类型交易的制度产生时，交易成本就在这种制度范围内转化为制度成本。新制度经济学中的交易成本，狭义来看，是指一项交易需要的时间和精力耗费；广义来说，交易成本是一系列包括谈判、执行和实施契约、界定和控制产权等的制度成本。

张广利（2010）认为制度成本是指以制度设计为起点、以制度变迁为终点的整个制度周期中所产生的一切耗费，是实现不同主体之间利益博弈而产生的成本。这一定义具有三个层面的含义：第一，任何制度的形成、执行、变迁等都要消耗一定的社会资源，即需要相应的人力、物力和财力的投入。各种社会制度产生的最终目的是为了取得相应的制度绩效，或者说制度收益应当大于制度成本。第二，从根本上说，制度是利益主体之间的较量和博弈。个人、各种组织包括正式组织和非正式组织，都是具有不同利益的主体，相互之间的利益冲突是必然的，而制度正是利益主体之间的一种博弈均衡。第三，与新制度经济学中的交易成本有所不同，制度成本根源于社会的各种制度反过来又会对社会产生种种作用和影响。制度不仅仅需要经济资源的耗费，而且还要有政治资源、社会资源等方面的耗费。

与交易成本一样，制度成本也是客观存在的一种社会事实。在一个完整的制度周期中，从制度的形成、执行、监督到制度的变革，其中的每一个阶段都需要支付相应的成本。由此制度成本包括制度形成成本、制度执行成本、制度监督成本、制度变迁成本。制度成本与交易成本之间的区别是前者研究的着眼点是整个制度周期，是在宏观视野下对制度过程中耗费资源的考察，这与后者侧重于市场交易过程有着明显差异。

制度形成成本是指制度在其制定过程中产生的各种耗费。在制度形成过程中需要花费一定的信息成本，包括信息的收集和加工成本，即一方面需要获取与制度相关的各种信息，另一方面由于各种信息庞杂，必须要对它进行相应的加工，产生信息加工的成本。制度形成是一个决策过程，制度制定的公开化、民主化，可能带来相对较高的成本。

制度在执行过程中，除必要的资源投入外，必须保证制度不走样，如果制定出来的制度得不到有效执行，那么必定会增加额外的执行成本。由于制度的硬约束力量不足，相关利益主体不遵守制度约定，并设法逃避相应惩戒，从而导致制度的执行成本大大增加。此外，由于利益主体的分散化和多元化，各主体之间的相互博弈也会影响制度的执行成本。

制度要得到有效运行，就必须进行相应的监督，有效防止上有政策、下有对策的现象发生。监督不仅需要成本，而且监督成本还是决定制度有效性的核心因素。制度的监督成本主要包括设立监管部门，以及实施监管过程中所需的硬件设施、组织运作、监管人员培训等相关费用。制度监督成本的高低主要取决于三个因素，即监督者的素质、监督机制的完善程度和监督对象的数量。具体而言，监督者的素质越高，监督机制越完善，监督对象数量越少，监督成本相应越低。

制度变迁的根本目的是增加社会效益，提高社会经济活力和社会成员生活水平。制度的变迁成本包括新旧制度的摩擦成本、新制度的宣传和推行、试点运行的费用，以及运行效果反馈和制度完善等相关成本。另外，不同的制度变迁形式产生的制度成本不同，渐进式变迁过程相对稳定，需要支付较高的时间成本；激进式变迁虽然时间成本相对较小，但社会风险较高，如处理不善，则可能制度变迁成本更高。

总之，制度形成成本、制度执行成本、制度监督成本以及制度变迁成本共同构成了一个完整制度周期中的制度成本。各阶段的制度成本彼此之间不仅相互联系，而且相互影响，其中制度形成作为整个制度周期的逻辑起点，对其后的各阶段具有显著的影响。制度的监督成本相对复杂，受到制度执行状况的影响。制度监督成本的高低是由多种原因造成的，包括监督体制是否健全、监督主体是否协调，包括人大、司法、行政、公众等在内的各方监督能否形成合力等。

二、制度成本的主要影响因素

有学者对影响制度成本的因素进行了研究，认为制度成本主要受有限理性、机会主义行为、资产专用性等影响，但很显然，这种观点沿用的是影响交易成本的因素，并没有超越交易成本的研究框架。制度成本与交易成本是有区别的，前者研究的着眼点是整个制度周期，是在宏观视野下对制度过程中耗费资源的考察，这与后者侧重于市场交易过程，有着明显差异，因而不能用影响交易成本的因素解释制度成本。

制度成本的高低是由多种因素共同决定的。一般而言，在其他条件不变的情况下，制度成本越低，意味着制度消耗的各种资源越少，制度越能够发挥相应的作用。然而，并不能因此简单地说制度成本越低越好，人类社会越发展，社会越复杂，则制度形成、执行、监督、变革等过程中所支付的成本就越高。因此，从历史角度看，当下制度消耗的成本很可能会远高于以前，但并不意味着以前的制度就一定比现行制度优越。

不同社会环境下的制度成本是不同的，经济环境、政治环境、文化环境等方面都会影响到制度成本。对于已进入工业社会的西方发达国家而言，市场经济体制发展充分，社会运行机制相对完善，社会成熟度也较高，其法律法规、政策规章在经过较长时期的运作修改后显然比较健全，因而制度成本相对较低。而对于发展中国家来说，法制观念和意识一般比较薄弱，法律、规章不够健全，市场经济体制未建立或未得以充分发展，社会保留着较多的传统做法，因而这些国家的制度成本相对较高。总体来说，在市场经济发展充分、法律制度较规范、社会相对成熟的国家中，制度成本相对较低。

在同一个国家的不同历史时期，同样存在制度成本的变化。20 世纪 70 年代开始的改革促使我国从计划经济体制向市场经济体制转变，经济体制经历了一次重大的变迁。改革开放后，经济发展取得了举世瞩目的成就，很显然，这是一次成功的制度变迁，其制度收益远高于制度成本。然而，由于各种社会制度不够健全，制度漏洞又在相当程度上增加了监督成本，从而使我们不得不承担较高的制度成本。近年来，虽然我国的经济有较快的增长，但同时也付出了较大的代价，包括较高的制度成本。从制度角度考虑，还有进一步提高制度效率、降低制度成本的空间。

不同主体之间的利益博弈是影响制度成本的另一个重要因素。制度作为被制定出来的一系列规则，实质上是一种利益的博弈。利益博弈现象是普遍的，每个个体、组织在利益的驱动下都存在着博弈行为。不仅存在于制度制定者、执行者、承受者之间，还发生于他们各自内部。这种利益的博弈分为恰当的和不恰当的，恰当的利益博弈是不同利益主体之间在合理范围内进行的博弈，有利于减少制度成本，而不恰当的利益博弈则会增加制度成本。

具体来说，制度成本还受到以下多方面因素的影响：

（一）法律法规的完善程度。相关法律越完善，各方的权利，责任界定越清晰，制度执行越顺畅；如果相关法律法规不完善，可能会有暗箱操作等违规行为，阻碍相关制度实施，从而增加制度成本。

（二）与其他制度的兼容性与一致性。制度在执行过程与其他制度协调，相互配合顺利，则制度成本较低。反之，若与其他制度存在冲突，那么在制度执行中协调各利益方会成本较高。

（三）非正式制度。非正式制度包含人的意识形态、价值观念，而制度的制定、执行等都会受到人的主观影响，制度成本的高低取决于人。

（四）人的优先理性和经纪人的利己追求。各利益主体若一味追求自己利益，则会增加监管部门的监管成本以及治理成本。

（五）对外域优秀制度的偏见。不借鉴学习他人优秀的制度和不学习他人的成功经验，那么自己的制度可能会运行不畅，可能会多次修改完善制度，从而增加制度的运行和完善成本．

（六）良好制度生态环境。一个制度结构合理，政府执行高效，社会公众素质良好的制度生态环境，有利于较少制度周期的资源耗费，制度成本较低。

（七）科学技术应用的先进性。生产经营可以利用先进设备进行更好地生产和管理，监管部门利用先进的技术进行监管制度实施，有利于降低相关制度成本。

三、食品交易市场的制度成本

食品交易市场一项制度的建立与执行，主要涉及三方的利益，即制度制定者和监管者（政府）、制度执行者（食品生产经营者）、制度承担者（消费者）。食品市场需要交易制度、食品安全风险防控制度等相关制度以保障交易的顺利进行，而这些制度的建立、后续执行和监管必然会产生各种相关的制度成本。

政府在整个制度周期中扮演的角色是多方面的，不仅是最初制度的制定者，还是后续的监督者，这其中的成本主要为制度制定成本与制度监督成本。制度制定成本是指制度在制定过程中产生的各种耗费，如制度形成过程中需要花费一定的信息成本，包括收集信息的成本和加工信息的成本；专家咨询、反复论证等的相关费用。另外，一项新的制度实施需要监管并及时做出相应的调整，而制定者对制度的监管、更新和完善，所造成支出费用以及各种劳力成本等，构成了制度监管成本和制度变迁成本。

食品生产经营者是食品交易制度的执行者。由于食品生产经营者追求自身利益最大化，在监管不力的情况下，食品生产经营者可能会违反相关制度规定，在某些生产经营环节存在食品安全潜在风险，最终导致食品安全事件发生，给社会带来巨大危害。食品生产经营者在执行食品市场相关制度过程中所涉及的制度成本，除了原料检验、产成品检验的相关设备投资、检验检疫费用、人员的配置与培训之外，还包括为了达到食品安全风险防控相关制度的要求，在生产、加工、销售等环节的各种投入。

食品消费者作为制度的承担者，涉及的成本主要为制度监督成本。消费者处于制度的下沿地位，为了保护自身合法权益，必须对制度的执行者行为进行监督，而这也要付出相应的成本。在信息不对称的条件下，消费者要想对食品的质量及安全性进行鉴别，就要获得足够的信息来对购买的食品进行甄别，获取信息的成本就是信息成本；交易双方的谈判、协商以及交易渠道、方式的选择等构成了消费者的消费成本；遇到食品问题消费者需要付出一定的时间、金钱和精力去举报和投诉构成维权成本，这些都属于消费者承担的制度成本。

第三章　食品安全问题的经济学根源剖析

食品安全问题是关系到人民生命安全的大问题，为什么食品安全事件时有发生且屡禁不止？无论是理论界还是实业界都在对这个问题进行广泛深入的研究和讨论。只有找到问题的根源，才能找到解决问题的根本方法。本章就是要寻找食品安全问题的经济学根源，以找到解决食品安全问题的途径与方法。

本章首先分析食品安全相关概念，在对食品安全的市场失灵、政府失灵分析的基础上，总结和分析以往关于食品安全问题根源的观点，然后深入挖掘食品安全问题的经济学根源，最后分别从生产经营者角度、经济活动管理者角度以及食品安全监督者角度，针对性地提出解决食品安全问题的途径与方法。

第一节　食品安全相关概念

关于食品的概念，我国的国家标准《食品工业基本术语》中对食品的定义是："可供人类食用或饮用的物质，包括加工食品、半成品和未加工食品，不包括烟草或只作药品用的物质"。我国 2021 年修订版《中华人民共和国食品安全法》第一百五十条对"食品"的定义是："指各种供人食用或者饮用的成品和原料以及按照传统既是食品又是中药材的物品，但是不包括以治疗为目的的物品"。基于此，本书使用的食品的概念是狭义上的食品，是指那些能够被人类食用或者饮用的具有不同营养价值的物品，包括自然可食用物质，初加工和深加工的可食用物质，不包括烟草和药物。

关于食品安全的概念，世界卫生组织 1996 年提出："对食品按其原定用途进行制作和食用时不会使消费者受害的一种担保。"我国在法律上对食品安全的定义也经历了不同阶段的发展变化，最初在 1995 年颁布的《食品卫生法》中对食品安全的界定是："食品应当无毒无害，防止食品污染和有害因素对人体的危害，保障人民身体健康，增强人民体质"；2009年颁布的《中华人民共和国食品安全法》，对食品安全的界定是："食品是安全的、食品是有营养的、食品是能促进健康的"；2021年修订版《中华人民共和国食品安全法》第一百五十条对食品安全的定义是："指食品无毒、无害，符合应当有的营养要求，对人体健康不造成任何急性、亚急性或者慢性危害。"从以上定义演变的过程来看，食品安全是一个不断发展的概念，由于食品安全的风险因素和风险程度不断变化，食品安全的内容和目标也在不断变化。综上所述，本书所提的食品安全是指基于食品的食用安全，防止食品污染和有害因素对人体的危害。

食品产业链是指食品经由生产、加工、流通，直至消费的整个过程，每个链条(或环节)都需要经过生产者(农业、林业、畜牧业、渔业)、食品加工者、流通者、销售者的传递，最终抵达消费者。这个过程也被形象地喻为"从农场到餐桌"的过程。显然，食品产业链中涉及食品的生产、加工、销售及服务等各个环节，其中的任何一个环节潜在的不安全风险因素都将使最终抵达消费者餐桌上的食品安全无法得到保障。食品安全不仅是生产企业自身的问题，而且还是整个产业链条的问题。食品产业链的链条长且复杂，食品安全的风险会在产业链上传递，并且扩散和放大，因此食品产业链安全风险的防控工作复杂而艰巨。

第二节　食品安全的市场失灵分析

经济学家一直致力于分析市场经济的运行及其影响：某商品的需求增加将导致该产品价格上升，由此引起资本、劳动力等要素流入该部门，产品供给增加，正是在这种不断地流动中实现资源的有效配置。但当存在信息不对称、外部性或垄断等情况时，市场价格机制配置资源的功能将出现失灵。

信息不对称是在交易过程中，交易双方所拥有的信息资源不平衡导致，其中一方获得的信息较多，处于信息优势地位，而另一方获得的信息较少，处于信息劣势地位。在食品市场中，生产者相对于消费者而言，掌握着关于食品、食品安全等方面更为全面的信息，而生产者作为理性的经济人，往往追求自身利益的最大化，从而降低食品原材料等生产成本以及食品质量的管控成本，容易导致食品安全风险的增加。由于食品产业的链条长，信息传递困难，在食品的原材料供应、生产、加工、销售等过程中，均存在着严重的信息不对称，任一环节出现纰漏都有可能造成食品安全问题的发生。

一、食品的特性分析

Nelson(1970)①根据消费者对商品信息获得途径以及信息不对称程度，将商品划分为三种类别：搜寻品②、经验品③和信任品④。搜寻品是指消费者购买商品时，通过观察就可以判断其质量；经验品是指消费者只有在购买使用后，才能获知商品质量；信任品是指消费者在使用后也可能无法获得关于商品质量的信息，在购买时主要依赖于对商品质量的信任。日益进步的技术以及精美的包装，使得消费者仅通过观察并不能判断出食品是否安全可靠，根据以上分类标准，食品主要属于经验品和信任品。

作为经验品的食品，意味着消费者虽然在购买使用前缺少相关的食品安全信息，但是能够通过多次购买的经验对其质量好坏、是否安全做出判断。在这种情况下，消费者的重复博弈在一定程度上消除了信息不对称带来的影响，此类食品的风险比较容易防控。

作为信任品的食品，意味着消费者对食品的购买无法通过经验判断，主要是出于对食品生产者的信任，只能被动地接受生产者所提供的相关信息，因此，买方获得的信息远不如卖方全面，食品市场质好价优的机制难以形成，可能导致质量相对较差、价格低廉的食品占据较多的市场份额。另外，由于食品进行安全认证的成本较高，包括机器设备等固定资产的投入、专业检测人员的技术培训等，食品厂商进行安全检测的意愿较低，信任机制的有效性也会降低。这种情况下，信息不对称难以得到改善，消费者容易被误导，面临着较高的食品安全风险。

在西方文献中，食品安全与社会性规制是一个重要的研究主题，具体的分析

---

①　Phillip Nelson. Information and Consumer Behavior[J]. Journal of Political Economy, 1970, 78(2)：311-329.

②　搜寻品是指消费者在购买之前就能知道商品的质量(譬如衣服)。

③　经验品是指只有在消费商品之后才能知道其质量(譬如餐馆的味道)。

④　信任品是指即使在消费之后，也很难知道其质量(譬如牙膏中氟化物的含量)。

往往与信息不对称相联系，这是因为对食品安全进行社会性规制的依据在于消费者与厂商信息的不对称。由于市场交易中监管资源的不足，致使监管缺位，会加重市场交易过程中的机会主义行为，从而加大市场的信息不对称。

食品作为经验品和信任品，由于食品消费者与食品生产销售商存在严重的信息不对称，安全事故频发引发信任危机。乔治·阿克洛夫（George A. Akerlof）早在1970年就分析了由信息不对称而产生的道德风险和逆向选择问题。因信息不对称所产生的道德风险和逆向选择不利于食品市场的发展，甚至会导致食品市场失灵。

二、道德风险导致食品市场失灵

道德风险是指在信息不对称条件下，不确定或不完全合同使得负有责任的经济行为主体不承担其行动的全部后果，在最大化自身效用的同时，做出不利于他人行动的现象。道德风险源于事后的信息不对称，掌握信息较多的一方为了增加自己的利益而使得另一方利益受损。有些食品生产者为追求自身利益不择手段，甚至不惜侵害消费者的身体健康和生命安全。在食品市场上，道德风险主要包括供应商为了增加利润而给生产者提供含有激素、农药、兽药残留的食品原料，或生产者为实现利益最大化而刻意降低产品质量、以次充好，并将这些产品提供给销售者进行售卖，这些行为不仅扰乱了食品市场，也提高了消费者面临的食品安全风险。不法生产者明知故犯，严重违背了社会基本道德。

道德风险是食品市场失灵的主要原因之一，食品交易市场存在着"道德风险"问题，使卖方自我治理机制失效。食品销售方利用食品购买方无法区分食品质量是高还是低的客观事实，将低质量食品与高质量食品混在一起出售，或以次充好，导致买主在屡遭欺骗后只愿意以较低的价格购买食品，从而形成低质食品驱逐高质食品，低质食品充斥市场，造成资源配置的错位。如果买方关于食品特性方面的信息劣势越明显，其所面临的购买到低质食品的可能性就越大，由此引起的市场失灵也就越严重。食品市场的失灵引起了人们对市场价格机制以外的其他"制度"的关注。

三、逆向选择导致食品市场失灵

逆向选择源于事前的信息不对称，指的是进行市场交易的一方如果能够利用较多的信息使自己受益而使对方受损，那么掌握信息较少的一方就难以顺利地做出买卖决策，从而使价格扭曲，使市场失去平衡供求、促成交易的作用，进而降低市场效率。

逆向选择是食品市场失灵的另一原因：逆向选择使信息劣势的一方难以正确地做出买卖决策，导致劣质品驱逐优质品，进而出现食品质量整体下降的现象。如果出现消费者频频以市场价格购买到不合格食品的情况，说明市场已经"柠檬化"了。

在食品市场上，消费者是处于信息劣势的一方，虽然希望通过各种途径获得充分的食品质量及安全方面的相关信息，但由于食品种类繁多、产业链复杂、溯源性差等方面的原因，消费者对食品质量及安全信息获取困难，食品生产者可能存在的欺诈行为不易被察觉，消费者难以做出准确的判断，容易导致劣质食品驱逐优质食品的现象，导致市场失灵。在这种情况下，如果对食品市场的监管缺失，且没有严厉的处罚措施，那么将给食品生产者和销售者提供采取不正当手段获利的机会，使得安全有效的食品市场难以形成。

另外，买方信息不完全、维权成本高，弱化了来自买方的约束。由于食品质量及安全信息的隐蔽性相当强，消费者很难从外观上了解到其真实情况，往往要等到食用过后才能知道。对于某些食品，即使在消费之后，也依然不能确定它是否安全。如果消费者完全不知情，也就根本谈不上向卖方主张自己的权利或实施抵制，即使消费者了解到所购食品存在食品安全问题，维权的成本也是相当高昂的，包括通讯交通费、检测费等货币支出及漫长的维权周期。因此，绝大多数消费者在遭遇伪劣食品之后，都会选择沉默。最终导致劣质的或不安全的食品充斥市场、食品交易量萎缩等一系列不良后果，进一步加重了市场失灵的程度。

第三节　食品安全监管的政府失灵分析

监管是一个难以精确定义的概念，众多的学者，特别是中国学者对监管的理解存在巨大差异。丹尼尔·史普博在《管制与市场》中，对有关监管概念的不同理解作了充分的评述和综合，给出了一个监管（管制）的定义：监管是由行政机构制定并执行的，直接干预市场配置机制和间接改变企业和消费者的供需决策的一般规则或特殊行为。早期的监管主要是经济性监管，监管的范围主要包括市场准入、投资、价格、收益、技术标准、服务等。随着技术进步、交易复杂化和市场扩展，关于市场运行中政府监管的理念、程序、手段和组织形式，逐渐拓展为政府参与矫正市场缺陷的一种一般方式，从理论分析到政策实践上都超出了原来的特殊领域行业监管的范畴。

在经济合作与发展组织（OECD）将监管定义为政府对企业、公民以及政府自身的一种限制手段，由经济性监管、社会性监管和行政性监管三部分组成。其中经济性监管直接干预企业行为与市场运行，社会性监管维护诸如健康安全、环境保护等社会价值，行政性监管关注政府内部的规程与运行机制。OECD 关于监管的界定包括由政府授予了监管权力的所有非政府部门或自律组织所颁布的所有法律、法规、正式与非正式条款、行政规章等，是政府为保证市场有效运行所做的一切。由此可见，监管是在市场经济环境中发育、用于校正和弥补市场失灵的一种行为和过程。

现代市场经济国家中，市场成为资源配置的主要手段。由于道德风险、逆向选择等原因造成市场失灵，导致了作为一种外部干预的政府监管的出现和发展。需要强调的是，这种监管是基于规则的监管，是政府按照合法的程序和透明的规则对企业交易活动进行的干预。这种基于规则的干预，目的是使所有相关者的利益都得到保障，各种交易得以正常进行。监管是维护市场规则的重要力量。从新制度经济学的角度看，政府的监管是交易合同中第三方强制性实施的一种机制，它同法庭、自律组织等其他第三方合约执行机制具有相同的作用和不同的成本，成为市场经济制度体系的有机组成。因此，监管问题的本质是政府与市场的关系。

在食品交易市场中，政府对食品安全进行监管，正是政府运用公共权力干预、制约食品市场，维护食品安全的重要手段。食品安全政府监管的收益包括食源性疾病风险的减少、食品行业的收益、消费者收益和政府收益。与此同时，政府监管食品市场也需要巨大的运行成本。基于政府的理性经济人假设，也会出现政府监管失灵、低效问题，导致政府供给公共产品的社会成本增加。食品安全监管的政府失灵可以从以下几个方面分析：

第一，食品安全监管的产权难以清晰界定。产权不清晰导致信息不对称，政府官员在缺乏有效的激励、机制制约下，很可能出现权力异化、出租和寻租，导致政府监管行为违背社会的公共利益。同时，政府在某种程度上是经济人，也是有限理性的，也要追求自己利益的最大化，在制定、运行相关的食品安全监管制度时，也要考虑成本收益，于是可能会为了政府利益而忽视个体利益、社会公共利益，使公共产品的供给违背初始目标。

第二，政府对食品安全监管的模式单一。公众对监管制度没有可选择性，政府在没有相应竞争压力的情况下，缺乏制度创新的动力，致使监管的效率低下，不能及时满足社会对食品监管的需求，出现制度需求和制度供给的不均衡。在新制度经济学看来，在制度供给和制度需求不均衡的情况下，产权难以界定清楚，社会资源会产生巨大的浪费，增加整个社会的交易成本。另外，食品安全监管直接关系地方经济利益的得失，使得地方政府对新制度抵制，阻碍新制度的实施。

第三，政府监管的成本巨大，导致政府不愿意或者没有能力监管。政府既是食品安全监管的供给者，又同时履行监管者的角色，没有相应的竞争机制的压力，在监管成本的约束下，政府缺乏食品监管制度供给的创新动力，导致制度供给与制度需求之间失衡。由于食品安全技术性、专业性很强，而受监管主体在技术上往往拥有信息优势，政府要想对受监管主体进行有效监管，必须在相关的技术、专业、行业投入巨大的人力、财力、物力、精力，形成庞大的官僚组织，导致政府监管成本的增加。政府考虑到财政预算、监管的成本和收益，往往不愿意或没条件提高监管能力。

第四，政府监管行为的单方性、强制性、刚性，导致监管行为不易接受。监管的强制性和刚性可能会造成受监管主体对监管行为不服，导致监管执行困难，增加监管的执行成本，同时也会引起不必要的争端，增加社会的诉讼成本；由于政府行为的单方性，信息不能在政府、受监管主体和消费者之间有效沟通，致使制度供给的非合作均衡，出现零和博弈或负和博弈，政府监管达不到帕累托最优效果。

第四节　食品安全问题的经济学剖析

本章前两节分析了食品安全的市场失灵、政府监管失灵的原因，但本书认为这些都不是食品安全问题的根源。本节在总结和分析以往关于食品安全问题致因的基础上，深入挖掘食品安全问题的经济学根源，为解决食品安全问题提供思路。

一、以往关于食品安全问题的致因分析

(一)惩罚力度不够

很多人认为食品安全问题的根源是由于政府对违法者的惩罚力度不够，导致一些不良分子明知故犯，铤而走险①。这虽然是导致食品安全问题的一个因素，但是称不上是问题的根源。政府管制是保障[2]，重罚确实能够起到一定的震慑作用，但并不能从根本上解决食品安全问题。如果做不到全面惩罚无漏网，则仍然会存在机会主义行为。而且惩罚是一种事后行为，是食品安全风险已经产生了严重后果之后采取的行动，即使再严厉的惩罚也挽回不了对人民生命安全造成的巨大危害。所以还需要挖掘根源性的致因，以预防食品安全事件的发生。

(二)国家监管不到位

有些人认为食品安全问题的根源是国家监管不到位②。在实践中，政府对食品安全的管理确实面临一系列的问题：例如一些地方政府及有关部门对食品安全问题的危害性认识不足；行业集中度较低，安全责任的可追溯性差；监管体系存在缺陷等。另外，政府的监管成本高也是监管不到位的原因。这里首先要明确国家监管部门的主要职责是：制定相关的法律法规及食品的生产标准，规范食品生

---

① 周柯，曹东坡. 食品质量安全的经济学分析[J]. 河南社会科学，2014，22(06)：77-80.

② 杨嵘均. 论中国食品安全问题的根源及其治理体系的再建构[J]. 政治学研究，2012(05)：44-57.

产经营者的行为，让食品生产经营者有法可依。追究有法不依的行为者的责任不是食品监管部门的主要职责，而应该是执法部门的职责。更何况社会上消费的食品成千上万种，生产厂商成千上万家，即使投入再多的监管人力和物力也不可能把所有的食品都监管到位。所以，监管不到位不是食品安全问题的根源，一味强调监管的话，不仅会无限增大社会的成本，而且导致找不到食品安全问题的正解。

（三）信息不对称

有些人认为买卖双方的信息不对称是导致食品安全问题的主要原因①。由于买卖双方掌握的关于食品质量及安全方面的信息不对称，卖方隐瞒产品的瑕疵，在买方面前做不实宣传，而买方处于信息不对称的弱势一方，买到的有可能存在问题的食品。这个原因看似是导致食品安全问题的因素，但这是个几乎不可能消除的矛盾，只要存在交易，就必然存在信息不对称的问题。如果将信息不对称看成是食品安全问题的根源，那么食品安全问题将是个无解的难题，这对于我们寻找食品安全问题的解决方案来说是毫无意义的。

（四）市场经济制度原因

有些人将食品安全问题归根于市场经济制度，认为以交易为目的的生产经营活动必然导致食品安全问题②，其实并非如此。食品安全问题并不是市场经济特有的，在计划经济时代也存在。我国计划经济时代生产力相对落后，在食品生产过程中也存在导致食品安全问题的因素，如超量使用对人畜有害的农药，致使农药残留超标；奶牛场的饲料、养殖条件各方面原因，导致原料奶的质量不达标等。只是当时人们关注的重点在于"吃饱"，而现在更关注的是"吃好"。另外，一些发达国家也是市场经济，他们的食品安全事件相对来说就很少。

这些都说明，食品安全问题并不是市场经济特有的现象，不能认为在市场经

---

① 孙兴权，姚佳，韩慧等．中国食品安全问题现状、成因及对策研究［J］．食品安全检测学报，2015，6（01）：10-16.

② 蓝志勇，宋学增，吴蒙．我国食品安全问题的市场根源探析——基于转型期社会生产活动性质转变的视角［J］．行政论坛，2013，20（01）：79-84.

济制度下，就不能有效解决食品安全问题。

综上所述，以上所总结的以往食品安全问题的致因都不能称之为真正的根源，这是一个值得探讨的问题。只有找到食品安全问题真正的根源，才有可能找到解决问题的正解。下面将从经济学角度剖析食品安全问题的根源，并在此基础上提出解决食品安全问题的途径与方法。

二、食品安全问题的经济学根源分析

什么是经济学？经济学简言之就是资源的有效配置，目标是以最小的投入获得最大的产出。本节将从经济行为人的角度分析厂商行为，找到食品安全问题的经济学根源，以求得食品安全问题的正解。

每个生产经营食品的厂商都可以理解为一个经济行为人，即从事生产经营活动的目的就是以尽量低的成本获取尽量高的收益。这对于每个厂商来说都是可以理解的。问题是厂商在追求个人利益最大化的同时，或有意或无意地损害到了社会公众利益。换言之，食品安全问题的根源在于：个人利益最大化与社会公众利益最大化之间的矛盾。关键是为什么会存在这样的矛盾？这个矛盾能不能化解呢？下面就来分析矛盾产生的原因。

（一）个体利益与整体利益的矛盾

一般来说，每个生产经营者都是一个经济行为人，在经济活动中都是立足于自己的立场，采取的生产决策都是谋求个体利益最大化，没有站在更高的层面考虑社会公众整体的利益。如果在追求个体利益最大化的同时，有意无意地损害了他人的利益，这就产生了负外部性，社会整体利益就不能最大化，从而产生个体利益与整体利益的矛盾。这个矛盾虽然理论上不容易消除，但是我们可以通过一些方法使得整体利益尽量最大化。

首先，我们要把这种负外部性分两种情况讨论。每个经济个体的经济行为只考虑到自身利益，理解为每个个体都是自利的。可能损害到整体利益的情况可分为有意和无意两种：有些食品安全问题是无意造成的，或是不能人为控制的，如一些危害性不明确的食品添加剂、多种食材混合时的化学反应等，这种行为属于个体能力达不到，治理起来相对容易，如可以通过科学实验和知识普及得到改善；还有一种是指主观上人为故意，明知故犯，制造假冒伪劣，以次充好的自私行为，或不采取措施防范，任由问题产品自由扩散，这种行为是应该重点治理的。

（二）生产及检验的技术水平落后

现阶段人们对食品的要求已从"吃饱"转向"吃好"，致使我国相对落后的生产及检验技术与人们对食品的高要求之间的矛盾日益突出。我国从事食品生产经营的厂商数量众多，生产资质参差不齐，技术水平整体相对落后，中小企业占比较大，企业本身并不是不想产出优质食品，而是生产水平、检测检验等技术条件达不到。例如在三聚氰胺事件曝光之前，国内并没有三聚氰胺的检测技术，有的乳制品企业根本不知道三聚氰胺的严重危害，致使乳制品生产行业蒙受巨大损失。技术支撑是关键，如果各种食品添加的相关知识和检测技术都能跟上，这种风险事件是可以避免的。任何企业都不会冒着倒闭的风险去做违法违规的事，尤其是已经上了规模的大企业。国外发达国家食品安全生产及检测技术水平先进，在很大程度上预防了食品安全事件的发生。

（三）经济行为的机会主义

经济行为是要考虑机会成本的，如果从事违规生产经营的机会成本低，则厂商就会选择违规生产；而如果违规生产经营的机会成本高，则厂商就会选择诚信生产。比如：生产同类型食品，违规生产获利 200 元，诚信生产获利 100 元（由于诚信生产原材料等成本较高，因而获利较低），此时违规生产的机会成本为100 元，而诚信生产的机会成本为 200 元，所以厂商就会选择机会成本较低的违规生产。

基于此，可以通过提高违规生产的机会成本来降低厂商的机会主义行为。比如加入惩罚措施，则违规生产获利 W1 = 200 元 - P * 罚款，其中 P 为被查处的概率。诚信生产获利 W2 = 100 元，如果 W1>W2，则厂商还会选择机会成本较低的违规生产；如果 W1<W2，则厂商则会选择机会成本较低的诚信生产。由于食品生产经营的厂商众多，监管机构力不从心，监管不到位，违规生产被查处的概率以及罚款较低，致使个别厂商机会主义，明知故犯，冒险做违法之事，造成食品

安全风险。

第五节　解决食品安全问题的途径与方法

基于对食品安全问题根源的剖析，以下将从三个角度探讨解决食品安全问题的途径与方法。

一、从生产经营者自身角度

解决食品安全问题最根本的途径还是从食品生产经营者自身找办法，毕竟解铃还须系铃人，矛盾产生的根源是生产经营者。由于我国精神文明建设的步伐落后于物质文明建设，所以一些厂商"利"字当头，缺乏社会责任意识，一味追求个人利益最大化，致使社会公众利益受到损害。解决这个矛盾的根本途径是提高生产经营者的自律意识。而提高自律是一个相对漫长的过程，需要社会力量的有力推动，可能需要几代人的努力。

提高自律的具体方法是建立社会信誉机制，以推动整个社会公民的自律。文明社会必须是信誉社会，没有信誉就没有秩序，没有良好的秩序，一切都没有保障。在一些发达国家，每个经营者和每个公民都有自己的信誉记录，这里不只是银行支付信用，信誉包括方方面面。例如在租房网上，每个寻租者都可以看到出租者的信誉记录，而每个承租者也都会被出租者评价，即双方互评。差评较多的经营者或公民在社会活动中会受到很多的限制。当然这样的评价应该保证是如实评价，不应虚假好评和恶意差评。

我国的网络体系并不落后于发达国家，也有条件建立起全国联网的信誉机制。首先应由国家食品安全防控部门搭建起网络平台，并进行网络维护；所有具有经营许可的食品厂商都必须在平台上注册，食品监管部门对注册厂商做初始评估，其中包括信誉等级、风险等级等，并发布官方信息；然后定期在平台上发布后续的质检信息，让进货商和消费者能够方便快捷地获得产品相关信息，毕竟消费者还是最相信由权威部门发布的信息。

另外，平台还要设置由企业发布信息的企业入口，以及由消费者进行评价和投诉的消费者入口。当然，网络监管部门要及时对不实信息做甄别，及时消除错误导向,并对恶意诽谤者进行严肃处理。这样,建立起信息沟通的桥梁,不仅可以督促厂商为了保护自己的信誉而诚信生产,还可以有效降低信息不对称和机会主义行为。

二、从经济活动管理者角度

政府是国家公权力的拥有者,具有管理食品生产的职能和义务,为生产经营者做规范指引,最终目的是帮助厂商培养自律意识。政府领导下的各级食品监管部门的角色应该是服务者,而不是高高在上的统治者,其主要职责应包括:

(一)制定食品安全标准、生产规范、安全生产法规等。这些规章的制定需要由专门的技术人员、对各食品领域有深入了解的专家来完成。还要与时俱进地更新相关标准,适应各食品领域的新情况、新发展,使厂商有行为的依据,及时更新换代。

(二)定期、定批地做产品抽样检查,做好公平公正的评价以及产品认证;应做好长期、稳定的检查,避免跟风似的搞突击,应付差事;及时准确地发布食品相关信息,收集数据并进行分析,做好风险的前期预警以及风险事件的后期处理,做到信息发布的公开、公正、透明;破除地方保护主义,抱着早预防、早发现、早改进的态度帮助企业做大、做强。

(三)做好先进生产技术、检测检验技术的支持与推广。在资金上支持企业,在技术上帮助企业,提高中小食品企业的经营环境,多方面为企业创造条件,提升食品行业的整体水平,而不是有问题就罚款这样的简单管理。

(四)重点抓产业链的源头管理,如食品原材料的生产与控制,完善食品追溯体系。由于我国环境污染问题严重,致使一些食品加工的原料,如乳制品的原奶,就可能存在质量安全的隐患,生产的成品很可能就是问题产品。这时候需要生产加工企业要对原料做好等级分类,生产出来的产品分等级销售,从而让消费者明白消费。当然,对于不合格的原料,应该妥善处理,尽量降低原料生产的损失。国家可以设立专门的途径处理问题原料与废料,从源头防控食品安全风险。例如日本就设有专门的地沟油处理专项计划,不允许泔水乱倒,必须由专门的组织收集和处理。我国也正在向这方面努力,加强食品风险源头的管理,但需要投入更多的技术和人力、物力。

三、从食品安全监督者角度

管理者和监督者应该是分开的，起到权利制衡的作用，不能既执行又监督。监督不是指责挑毛病，而应该是及时发现问题，提醒并督促管理者改进管理、生产者改进生产等，包括建议改进标准和规范、督促问题企业及时整改等，当然还包括曝光食品安全问题。监督者除了要有国家专门的监督机构外，还要动员社会一切力量，行使监督的权利，包括行业协会、消费者协会、消费者和新闻媒体等。

（一）行业协会应由本行业的专家、企业代表、专业技术人员按合理的比例构成，立足点是有利于行业健康持久发展，而不是联合起来坑害消费者。行业协会对行业的发展现状最有发言权，可以及时发现本行业的问题，制定行规，并督促行业内生产经营者按照规定经营；为了维护行业正常的生产经营秩序，对不按照行规生产的厂商要提出严正警告，对拒不整改者要结合法律手段实施惩罚，如停业整顿、取消其生产经营的资格等。

（二）消费者处在食品产业链的末端，对食品质量有切身体会，能够提供食品消费的一手信息，要有维权意识。各级食监部门都要广开渠道，为消费者提供方便快捷的举报之门。消费者在产业链上是弱势群体，由于没有时间和精力对所需食品进行深入了解，即使是问题食品一般也只能被动接受；一旦发现问题，小问题就不了了之了，大问题才不得已花时间和精力去投诉。所以食监部门一定要重视消费者投诉，尽量把危害降到最低。

（三）新闻媒体的任务是如实报道、曝光问题产品，应批评和表扬并举，对质量过硬的食品也要大力宣传，树立榜样，弘扬正能量，提高企业行为的正外部性。当然，要避免虚假宣传、恶意曝光，扰乱视听者必须受到法律的严惩。

总之，无论是管理者还是监督者，任务就是提醒和督促生产经营者，哪些应该做，哪些不该做，提高自律意识，最终目的就是规范厂商行为，推动其养成自律习惯，最终达到无需国家耗费大量人力、物力的监管和风险防控，生产经营者都能够按照规范诚信生产和经营的境界。全民信誉机制体系的构建如图3-1所示。

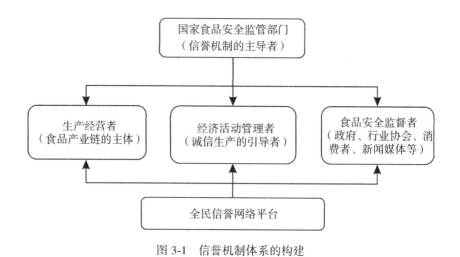

图 3-1　信誉机制体系的构建

第六节　本章小结

本章首先分析了食品安全相关概念，在对食品安全的市场失灵、政府失灵分析的基础上，总结和分析了以往关于食品安全问题根源的观点，然后挖掘了食品安全问题的经济学根源，最后针对性地提出解决食品安全问题的途径与方法。

本章认为食品安全问题的经济学根源在于个人利益最大化与社会公众利益最大化之间的矛盾。产生矛盾的主要原因是：个体利益与整体利益的矛盾、生产及检验的技术水平落后、经济行为的机会主义等。针对食品安全问题的根源，从生产经营者自身角度、经济活动管理者角度以及食品安全监督者角度三个方面，研究了建立社会信誉机制的途径与方法，在防控食品安全风险的同时，逐渐推进我国精神文明建设。

食品安全问题的解决任重而道远，不是一蹴而就的，而是一个全社会公民共同努力的过程。我们每一个公民都有责任、有义务为此贡献自己的一份力量。人人为我，我为人人，我们相信，我们的国家一定会向着更安全、更诚信、更和谐的美好未来迈进。

第四章　食品产业链安全风险防控制度
成本问题分析

本章首先界定食品安全风险防控制度成本的概念，之后展开对食品安全风险防控制度成本的构成分析以及影响因素分析，最后在对我国食品安全风险防控制度成本现状分析的基础上，提出降低食品安全风险防控制度成本的路径与方法。

第一节　食品安全风险防控制度成本相关概念

一、食品安全风险防控制度成本的含义及性质

在食品交易市场中，食品的交易以及交易双方相互交往，都依赖于某种信任。信任以秩序为基础，而要维护这种秩序就要依靠各种禁止不可预见行为和机会主义行为的规则，称这些规则为"制度"。本章基于新制度经济学的制度内生、有限理性、交易成本为正、局部均衡等理论假设的基础上，分析食品安全风险防控制度的构成与运行的成本。

近年来，我国已经制定了一系列的制度、法规，用以防止和控制食品安全风险，而这些制度的建立与运行都需要付出相应的成本。食品产业链安全风险防控的制度成本是指：为防范食品安全风险、维护食品市场秩序，食品产业链的相关主体在食品安全风险防控规章制度运行各个环节中投入的相关资源，包括食品安全相关制度的制定、执行、监督以及更新变迁等整个制度周期中所产生的一切消耗。这些消耗没有转移到社会最终产品中去，而是完全消耗于社会的非生产活动中。

从博弈论的角度，食品产业链安全风险防控的相关制度成本是实现食品产业

链多方利益主体利益博弈而产生的成本。从食品产业链整体的角度看，食品安全风险防控制度的建立与执行，必然涉及与食品产业链相关的多方利益主体，包括制度制定者和监管者（政府职能部门）、制度执行者（食品生产经营者）、制度承担者（消费者）。由于政府部门、食品生产经营者和消费者都是具有不同利益的主体，相互之间存在利益冲突，制度成本正是利益主体之间博弈均衡的形成、维持以及变迁需要付出的成本。在各方的利益博弈下，逐渐建立有利于各方权益均衡的制度体系，而制度成本就是制度参与者利益博弈过程中产生的成本。

食品安全风险防控制度成本是必须付出的，是不可消除的。为了保证民众的身体健康及生命安全，加强食品安全风险的防控，建立并实施相关的食品安全管理制度是必不可少的。只有制定和实施合理的食品安全风险防控制度，规范市场行为，才能避免由食品市场秩序混乱而导致的社会恐慌。食品生产经营者为了追求利益最大化，往往以牺牲食品安全为代价，导致食品安全事件屡禁不止。为了不让"公地的悲剧"①在我国食品领域出现，我们必须要做好各项防范工作。食品市场就是"公地"，如果人们都肆意妄为，就会使得食品市场秩序混乱，导致社会恐慌，必须制定合理的制度，以规范市场行为，防范各种食品安全风险。

所以加强食品安全风险的防控，建立并实施相关的食品安全管理制度是必不可少的。只要有制度的实施，规范人们的行为，就要社会的各方付出一定的成本，所以制度成本对于维护社会秩序、稳定社会发展是必不可少的，因而相应的制度成本也是必须要付出的。

但是，另一方面，制度成本与生产经营成本不同，构成制度成本的那些投入没有转化到社会最终产品中去，并没有创造出更多的社会财富，而是在社会活动过程中被浪费掉的资源，这种资源的浪费可以说是社会经济发展的一种"摩擦力"，这种"摩擦力"伴随着制度的运行而产生，直接影响社会经济发展的速度，"摩擦力"过大会减慢社会发展和前进的步伐，所以应尽量降低制度成本才能够更有利于社会经济发展。

---

① 1968年英国教授哈丁的《公地的悲剧》一文中曾提到"公地的悲剧"理论："公地"制度是英国当时的一种土地制度，封建主在自己的领地中划出一片尚未耕种的土地作为牧场，无偿提供给当地的牧民。然而，由于是无偿放牧，每一个牧民都想尽可能增加自己的牛羊数量，随着牛羊数量无节制地增加，牧场最终因过度放牧而成了不毛之地。

　　食品安全风险防控制度的实施并非没有成本，实际上成本往往很高。长期以来这方面的研究很少，并不是这个问题不重要，而是因为制度成本过于复杂且难以统计，现今尚没有这方面较详实的统计数据，研究起来非常困难。本书对制度成本的研究基础源自于新制度经济学中的信息不对称、委托代理、产权等理论。

　　在经济学的领域，信息不对称是影响产业发展和市场稳固的重要因素。在市场发展过程中，每个商家之间的竞争关系推动着市场的发展，因为每个个体在经济学理论中都是自身最大利润的追求者，根据自身的情况制定经济发展策略。但是因为市场中存在着大量的信息不对称的现象，故完全竞争的状态在现实中基本不存在，商家个体手中所掌握的并不是市场全部的信息。厂商之间的不完全竞争造成企业制度成本的增加。

　　在食品市场上，一般来说，食品的生产与经营企业较消费者而言获得的信息更多，因此处于比较优势的地位。食品生产和销售方占有市场信息的 70% 以上，而相对于食品的购买者则只有 20% 的信息量（韩薇薇[1]，2013）。这种信息配比就对食品生产和销售方产生了一定的利益驱使，利用消费者对信息的不知情进行食品质量上的蒙骗，导致食品安全问题的产生，因此信息不对称导致买方制度成本的增加。

　　20 世纪 30 年代委托代理理论是由美国经济学家伯利和米恩斯提出，主要内容是：让渡企业的经营权利，倡导企业所有权与经营权分离，保留剩余索取权。在食品安全风险防控的研究中，政府监管部门受消费者群体的委托，对食品生产企业监管承担着社会责任，保障消费者食品安全。食品安全问题一方面是因为企业社会责任的缺失、有些不法分子因为追求个人利益而做出损害大众利益的事，而另一方面是因为食品安全有效制度和监管的缺乏。为了提高食品安全的监管水平，需要政府职能部门在食品安全风险防控中投入的人力、物力、财力等，从而产生食品安全风险防控的制度成本。政府职能部门在食品安全风险防控的制度成本主要表现在以下几个方面：

　　①　韩薇薇，王殿华. 中国食品安全风险防控成本理论研究[J]. 学术交流，2013(07)：111-114.

首先，需要完善并有效执行食品市场管理制度。食品行业通常带有隐藏的负外部性，在监管不严及信用缺失的情况下，假冒伪劣食品经常充斥市场，产生"柠檬效应"，即劣质食品挤走优质食品。劣质食品生产成本低，而又以正常的市场价格出售，引起生产成本外溢。这种情况下，生产伪劣食品厂商的收益远远大于其损失。一旦这种投机行为未被制度有效遏制，其他人就会竞相效仿。为避免这种情况，需加强食品市场的有效管理，从而产生相关制度成本。

其次，需要制定和完善各种食品安全标准。食品安全标准具有多样性、时变性，如果食品安全标准不完善、检测标准不能及时更新，或没有相应的法律保障，那么对食品的安全以及各种添加剂的使用缺乏检测依据和制度保障。需要借鉴 ISO、WHO 等先进标准，开展食品安全标准的技术创新研究，为保证食品安全提供技术支撑，这些投入都属于食品安全风险防控制度成本的范畴。

第三，需要进行食品安全的全产业链监管。食品产业链的复杂性决定了食品安全风险防控工作复杂而艰巨，不仅要对企业进行监管，还要对整个产业链以及与食品相关的产业进行监管。由于食品安全风险具有传递性、扩散性，这使得食品安全风险防控的制度成本往往很高。

二、食品安全风险防控制度成本的成因

食品安全问题中存在的外部性问题产生食品安全风险防控的制度成本。其主要体现在以下两个方面：一方面是食品市场上的正规厂商（生产优质产品的）对消费者和非正规厂商产生的正的外部性，另一方面是非正规厂商对于消费者和正规厂商产生的负的外部性。外部性是非排他的，通过市场机制自动设置价格来管理会导致"市场失灵"。具体来说，由于正规厂商没有因为产生外部利益而得到补偿，而非正规厂商没有因为产生外部危害付出代价，其结果是如果仅仅依靠市场的价格机制，不法食品供应商的行为可以损害他方，而无须考虑招致损害的机会成本，同时还可得到正规厂商带来的边际收益。正规厂商的情形则相反。价格机制的失灵也即市场的失灵，在这种情况下，政府干预就成为必要，食品安全风险防控相关制度的制定与实施，从而产生制度成本。

食品安全问题中存在的信息不对称问题产生食品安全风险防控的制度成本。食品作为经验品和信任品，卖者和消费者之间存在严重的信息不对称现象。在市

场机制下，外部经济的得益者(不法的个人或厂商)没有动机去披露他们真实的情况。由于食品种类繁多，品质的差异性极大，因此商标、品牌的不同也不能有效地解决食品安全问题。在品质存在很大差异的情况下，消费者去获得这些信息的成本过高。而且，食品的品质是很容易变化的，这就更加加重了信息的不对称。对食品质量安全相关信息的搜寻，产生的信息成本也属于制度成本的范畴，是食品安全风险防控制度成本的成因之一。

食品安全的信息状态有四种情况。第一种情况是消费者具有产品的完全信息；第二种情况是消费者购买前信息不完全但购买(消费)后可得知；第三种情况是消费者无论购买前和购买后都缺乏完全信息，而生产者具备；第四种情况是购买前后消费者和生产者都缺乏完全信息。在第一种情况和第二种情况下，安全食品能够通过市场调节，而不是政府监管的办法来获取。在第三种情况下，可以通过使用标签的方法来解决，但需要通过立法对标签内容作强制性规定，这就需要市场与政府共同起作用。在第四种情况下，也就是市场完全失灵的情况下，政府的监管就成了主要手段。不同情况产生的制度成本不同。

食品安全的公共物品属性产生食品安全风险防控的制度成本。公共物品属性是指：该商品的效用扩展于他人的成本为零，因而也无法排除他人共享。在宏观层面，食品安全与农业安全、粮食安全等密切相关，每个公民对食品安全的享用不会排斥其他公民的享用权利，因而，食品安全的生产和消费具有公共品的属性；在微观层面，食品市场参与者所需要的信息本身就是公共品，生产者或消费者对信息的享用不影响他人享用。因此，提供食品安全这种公共物品，任何人得到的边际效益都小于边际成本，以致私人企业不可能主动提供，这种责任只能由政府来承担。传统理论认为，政府监管是食品安全监管的主导力量。在食品安全这一公共领域，作为社会公共利益的主要代表者，政府公权力是必须涉入的，运用政府公权力对食品安全监管，在立法、执法、法律救济、法律监督上的投入均属于食品安全风险防控制度成本的范畴，产生相关制度成本。

另外，根据新制度经济学的理论，食品安全监管立法权、执法权、司法权是一种纯粹的公共产品，它的资产专有性程度高，提供替代产品的成本代价高昂，并且很难获得法律上的权威性。食品安全监管关系到国计民生、政府职能的实现、社会的稳定，若由市场主体或社会中间层主体提供食品安全监管立法、执法、司法的供给，它的经济成本、社会成本是巨大的，不能发挥政府权力在这一领域的规模成本优势、政府公信力优势，并且一旦失控，可能造成社会巨大的损失。

三、涉及食品安全风险防控的制度成本

食品安全风险的防控体系主要由政府部门、食品生产经营企业、消费者、社会组织和新闻媒体等主体构成。各方主体所担负的制度成本取决于各方在食品安全风险防控体系中的角色以及相互关系。

（一）政府部门的食品安全风险防控制度成本

我国作为政府宏观调控下的市场经济国家，政府部门一直在我国食品安全风险防控方面起着主导作用。从委托代理角度上分析，政府部门受消费者的委托，承担着对食品安全风险防控的主要责任。其职能一方面是要制定相关食品安全法律法规，保证食品市场的秩序；另一方面还要对食品安全进行监管，包括监管检验部门的基础设施建设、相关检测人员的技术培训、食品的抽样监测等，这些工作的相关投入都属于政府部门食品安全风险防控的制度成本。

食品安全的监管成本是从制度的监管者角度考虑的制度成本，是食品安全风险防控制度成本的重要组成部分，其中不仅包括政府部门监管成本，还包括行业协会、社会组织、媒体、消费者等付出的监管成本。例如消费者协会收集消费者投诉信息，调查取证，反映食品安全问题，都需要付出相应的成本，这些都属于食品安全风险防控制度成本的内容。食品安全风险防控制度成本除了监管成本以外，还包括在风险防控制度的制定、执行以及变迁过程中需要付出的相关成本，所以食品安全风险防控的制度成本比监管成本内容更多、更广。

鉴于政府在社会中的影响力，政府监管能力和执法力度不仅直接影响食品企业所产出食品的安全性，而且直接影响社会舆论的倾向性。随着生产技术水平的提高，产品的多元化，导致政府的监管成本不断提高。但是由于政府监管部门在监管人员、技术等方面的不足，往往导致监管覆盖面不足、检测水平偏低的问题，风险防控显得力不从心。

（二）食品生产经营者的食品安全风险防控制度成本

生产经营者在食品安全风险防控相关的制度成本是指生产经营者在执行食品安全相关制度时必须的资源投入。例如人员成本包括：食品安全的人员及岗位设置、员工的食品安全教育与培训等；生产环境与检测技术成本包括：生产周边、生产车间、生产线的定期卫生维护、食品安全设备购置费用、食品质量自我监控与检测费、第三方检测费等成本。另外，如果生产经营者违规生产而出现安全事故，所带来的成本将会是：没收违法所得、罚款以及赔偿等费用。

食品生产经营者的制度成本还体现在与上游、下游的生产经营者之间进行交易时的各种成本。例如食品生产企业对于生产原料质量的信息搜寻、相关契约的签订，以及为达到食品运输和销售中的制度规范要求而付出的成本等。此外，企业还要进行本企业已销售食品的安全监测、客户维护、处理食品安全相关的反馈和投诉事件等，以及严格控制食品安全问题的发生率，以保证食品的安全，这些都会导致食品生产经营者风险防控制度成本的增加。

（三）消费者的食品安全风险防控制度成本

对于制度承担者——消费者来说，在市场上搜寻符合自己要求的食品是要花费一定成本的，购买前对食品必要的检查、鉴别、比较等，对食品的安全性进行初步的鉴定与判断是决定是否购买食品的重要步骤，而想要做出比较准确的判断，具有一定的食品安全知识是前提，消费者需要花费一定的时间、精力甚至金钱学习了解有关知识，并在需要时补充或者更新这些知识，这都会造成消费者制度成本的增加。另外，如果食品出现问题，维护自身权益、进行退换货以及投诉、索赔也会产生成本。虽然有些食品企业对食品的安全做出保证，但这些保证附加在食品中的相应费用也较高，这些费用会导致消费者相关制度成本的增加。

另外，还包括一些隐性的消费者制度成本。由于问题食品退换货以及投诉、索赔比较耗费时间和精力，大多数消费者选择放弃追究生产厂家及销售方的责任，而默默承受问题食品的危害后果，这就造成了消费者隐性的损失，也属于消费者的制度成本。

第二节　食品安全相关制度成本的构成分析

为了便于深入研究制度成本，本节将按照三种不同的分类方法对制度成本进行构成分析：按内容划分，制度成本分为信息成本、协调成本、博弈成本；按制度周期划分，制度成本分为制度的形成成本、运行成本、变迁成本；按参与者划分，制度成本分为政府职能部门成本、生产经营者成本、消费者成本（如图4-1）。

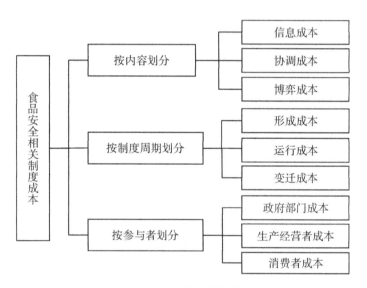

图 4-1　食品安全相关制度成本构成

一、按内容划分

（一）信息成本

信息不对称是造成食品安全问题的一个主要原因，这主要是由于交易双方对于食品相关信息的掌握量不同造成的，而这种信息不对称是难以彻底消除的。交易中处于信息弱势的一方就需要付出一定的成本以获得食品相关信息，这部分付出就是信息成本。例如，政府对食品生产经营者的监管必须在建立在充分掌握食品相关信息的基础上，而为获取这些信息如抽样检查等付出的人力、物力、财力，包括收集信息的成本和加工信息的成本都是制度成本中的信息成本；再例如，在食品交易过程中，由于食品种类繁多，且品质的差异性极大，往往买方处于信息弱势，消费者要想买到自己满意的食品需要花费一定的精力去获得食品信息，消费者获取这些信息的投入也属于制度成本中的信息成本。

（二）协调成本

制度运行过程中，相关参与者之间谈判、协商以及达成协议过程中所消耗的资源就是协调成本。食品监管和食品交易可以看成是人与人之间、部门与部门之间的交往，例如政府职能部门上下级之间、监管不同职责部门之间需要协调统一、政府监管部门需要与食品生产经营企业沟通协商、食品产业链上下游的相关企业之间的谈判与协商等。随着社会分工的细化，食品安全涉及的部门之间关系复杂化，协调成本也随之上升；另外，在追求个人利益最大化的驱使下，相关企业或个人之间的谈判和协商难以达成，这就导致协调成本的增加。

（三）博弈成本

食品市场上存在很多博弈，如政府职能部门与食品生产经营者之间的博弈，食品生产经营者与消费者之间的博弈等。政府强调社会利益最大化，而企业强调自身利益最大化，造成了一种博弈现象，双方的博弈产生博弈成本。这种长期的动态博弈导致相应的食品安全的制度成本有所提高。例如食品安全生产和管理制度，是由国家制定的法令和规定，是食品生产经营者从事食品生产经营过程应遵循的一整套规则。但一些食品生产商为了谋取超额利润而降低生产经营成本，甚至不惜制造、销售假冒伪劣食品，采取"劣质取胜"的策略。与此同时，国家的相关规定例如要求食品生产商对其生产出的产品进行质量检测等，与生产经营者追求利润最大化相博弈，在这种博弈下，他们的趋利心理会导致想方设法减少检测成本，甚至弄虚作假，从而造成潜在的食品安全问题，导致监管成本增加。另外，食品生产经营者与消费者之间应对策略的选择如食品及商家选择、讨价还价、交易谈判等也属于博弈成本。

此外，一项新制度的实施必然会使社会各方做出相应的调整，制度制定者会去推动这种改变，制度涉及者将采取相应的措施适应新制度，在新的博弈过程中所支出的费用以及各种劳力成本等，均属于博弈成本。

二、按制度周期划分

（一）形成成本

制度形成成本是指制度在其形成过程中产生的各种消耗。制度形成初期需要一定的投入进行调查研究和多方论证。风险防控制度的建立和创新阶段成本包括：接受、传递、创新有关制度和方案设计等费用，制定各种食品安全风险防控制度及方案。一般食品安全制度形成主要采用两种形式，一种是由少数具有权威性的专家代表制定，这样耗费的成本较低，但却不容易兼顾到各方的利益，也不能了解所有人的意愿；另一种是将政府、生产经营者、消费者意愿进行收集、整合，这种方式虽然兼顾到各方意愿，但制度的形成成本较高。一项新的制度形成需要制度制定者去努力推行这种制度，如新制度的宣传、推广、试点运行等，所需要投入的人力、物力、财力等，构成了制度形成成本。此外，新制度的建立和实施必然会使社会各方做出相应的调整，在此过程中需要付出的成本，亦属于制度的形成成本。

（二）运行成本

制度在运行过程中，需要政府、生产经营者、消费者分别按照制定的行为规范进行市场交易，包括制度的执行和监管。在此阶段所需要付出的成本，属于制度的运行成本。制度运行阶段成本包括：对旧制度的破除费用、消除实施阻力费用、组织实施费用、利益受损者不配合或抵制造成的费用以及随机成本等，比如，政治事件等造成制度费用的增加。此外，为保障制度顺利运行的制度的维护成本，包括防范和纠正制度缺陷的监督和治理成本，需要投入监督和治理成本使得制度有效运转。例如：制度的运行监督费用、制度的修改完善费用、对违规者惩戒发生的费用。另外政府职能部门需要按照职能要求对企业进行生产规范的实地检查、对产品进行出厂检测及市场抽检等；生产经营者须要按制度要求保证生产环境达标、执行生产流程规范、设置食品安全岗位及人员培训、定期体检等；

产品的自检和第三方检测；发生食品安全事故后的善后处理及补偿等，这些均是制度的运行成本。

（三）变迁成本

在制度运行一段时期后，由于时代不断发展变化，现行的食品安全制度需要与时俱进、不断完善与更新，才能保证食品安全风险防控的有效性。人们对食品质量的要求不断提高，对食品安全的要求也不断提高，这些需求倒逼生产经营者更新换代生产技术与工艺；与此同时食品的生产标准需要不断完善更新，食品的检测和检验技术也必须随之更新，同时需要更新食品安全风险防控相关制度，这些完善与更新所付出的成本均属于制度的变迁成本。

三、按参与者划分

按参与者划分，制度成本分为政府职能部门成本、生产经营者成本、消费者成本，如图4-2所示。

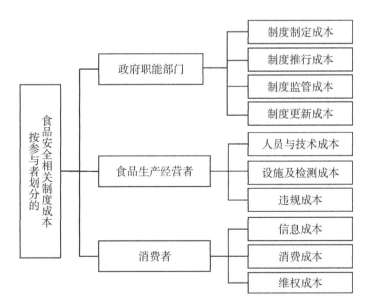

图4-2　按参与者划分的食品安全相关制度成本构成

（一）政府职能部门的制度成本

作为制度的制定及监管者，政府职能部门在食品安全风险防控的成本是多方面的，包括最初制度的建立、后续制度的执行与监督等投入的大量人力、物力、财力。具体包括：制度制定成本、制度推行成本、制度监管成本和制度更新成本，付出的成本往往是巨大的。首先，食品安全制度制定是一个决策过程，需要建立在大量的调查研究基础上，并结合食品领域专家的经验与专业知识，将制度可能涉及的多方意愿进行整合，并权衡各方利益，这些投入为制度的制定成本；其次，制度的执行需要大力地宣传和培训、选择试点试运行、总结试点经验进行推广等，这些构成了制度推行成本；第三，政府职能部门对生产经营者的监管，必须在相关方面投入巨大的人力、财力、物力，形成庞大的监管体系，这些投入构成制度的监管成本；最后，政府在制度的完善与更新过程中的投入为制度的更新成本。

（二）生产经营者的制度成本

作为制度的执行者，食品生产经营者的制度成本是在执行各项食品安全规章制度时所付出的成本，包括在食品安全风险防控、生产环境与流程规范、食品检测以及问题产品的处理与补偿等方面形成的相关成本。

当生产经营者遵循规章制度，符合规定生产时，所涉及的成本主要为食品安全风险的预防、生产环境与技术投入以及食品质量检测方面的成本。食品安全风险防控成本包括：食品安全岗位人员设置、员工食品安全生产规范的教育与培训、食品质量安全保障设施、食品质量监测体系如 HACCP 体系的实施等；生产环境与检测技术成本包括：生产周边、生产车间、生产线的定期清洁维护、食品质量安全设备购置费用、食品质量自检费用、第三方检测费用等成本。另外，若生产经营者违规生产而出现安全事故，所带来的成本将会是没收违法所得、高额罚款以及赔偿等违规成本。

（三）消费者的制度成本

作为制度的承担者，消费者角度的制度成本主要包括三个方面，即信息成本、消费成本、维权成本等。在信息不对称的条件下，消费者要想对产品的安全性进行鉴别，就要获得足够的产品信息来对购买的食品进行甄别，获取信息的成本就是信息成本；交易双方的谈判、协商以及交易渠道、方式的选择等构成了消费者的消费成本；遇到问题食品消费者需要付出一定的时间、金钱和精力去举报和投诉构成维权成本。消费者无论是面对政府职能部门，还是食品生产经营者，都具有高度分散性的特点，这使得消费者力量相对零散弱小，遇到食品安全问题往往难以有效解决，这种情况更增加了消费者在食品安全风险方面的制度成本。

第三节 食品安全风险防控制度成本影响因素分析

本节分析食品安全风险防控制度成本的影响因素，从影响因素着手研究食品安全风险防控过程中降低制度成本的途径和方法。总体来看，制度成本的高低受到政治、经济、社会等多方面因素的共同影响。

一、制度成本与社会监管体系的完善程度相关

社会监管体系的完善程度对制度成本有阶段性影响，社会监管体系包括行政的、法律的、民间组织以及新闻媒体等。监管体系建立初期，需要投入大量的人力、物力、财力构建基本的监管体系，从中央到地方各级监管机构和人员的配置、食品安全管理人员的培训、机构公务开支等，成本逐渐上升；监管体系建立起来后，需要进行制度的执行和监管，成本会在一定水平上保持平稳；监管体系建成一定时间后，社会各方逐渐形成一定的自律，食品安全相关行为规范已经被人们自觉遵守和执行，此时无需投入大量管理成本，食品安全程度较高，制度成本将会逐渐下降，并维持在较低水平。二者的关系如图4-3所示。

二、制度成本与产业集中度、产业结构相关

制度成本与产业集中度大致呈负相关，即产业集中度越高，越容易监管，食品越安全，制度成本相对较低；反之，产业集中度低，中小企业较多，甚至一些食品企业无证经营，食品问题较多，造成监管困难，制度成本相对较高。

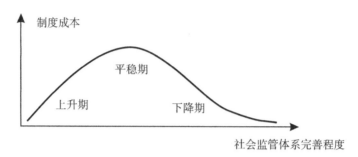

图 4-3　制度成本与社会监管体系的完善程度相关图

　　另外，制度成本与产业结构的合理程度大致呈负相关。这里产业结构是指食品产业链上下游的空间结构、产品结构等，如果原料供应、产品生产及销售等上下游的衔接顺畅协调，同业竞争良性有序，才能够称得上产业结构合理。产业结构越合理，生产和交易越便利，同业间良性竞争，此时制度成本相对较低；反之，产业结构不合理，产业链纵向及网络关系不经济，同业间恶性竞争等情况下，制度成本相对较高。制度成本与产业集中度、产业结构关系如图 4-4 所示。

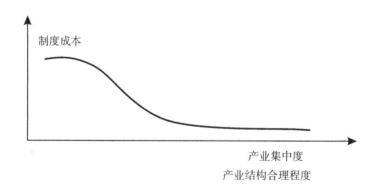

图 4-4　制度成本与产业集中度、产业结构相关图

三、制度成本与社会公民的文明程度相关

食品生产经营者追求个人利益最大化，如果社会责任感欠缺，往往在利益的

驱动下，不惜采用不正当手段降低生产成本，出售"假冒伪劣"产品，造成食品安全问题频发，从而致使政府及消费者为此付出更多的代价。由此可见，社会公民文明程度与制度成本大致呈负相关：公民文明程度较低时，生产经营者个人利益优先，社会责任意识差，需加大管理费用和监督费用，制度成本相对较高；公民文明程度较高时，自觉遵守法律法规，制度成本相对较低，关系如图 4-5 所示。提高公民的文明程度和社会责任意识，可以从根本上降低食品安全风险防控的成本。

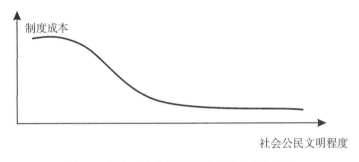

图 4-5 制度成本与社会公民文明程度相关图

四、制度成本与风险预警体系的发展健全程度相关

制度成本与风险预警体系的发展健全程度大致呈负相关，整体来看，风险预警体系越健全，食品安全风险防控的成本越低。从事后的监管补救，转为事前的风险评估与防范，是风险管理必然的方向。如果食品生产经营者有以预防为主的管理思想，对食品质量安全实施风险关键点控制规范，就会防患于未然，从根本上杜绝食品安全事件，从而有效防止危害发生而付出的高昂代价。

另一方面，政府职能部门建立统一的食品安全预警信息平台，系统采集食品安全隐患信息，对各种食品安全风险信息进行汇总、评估、综合分析，及时对潜在的风险发出预警，就能够尽早化解潜在的社会风险，从而降低事后补救的社会成本。当然，预警体系建立之初是需要投入一定的建设成本的，制度成本相对较高；但是从长期角度来看，预警体系为社会稳定发展起到保驾护航的作用，是社会发展的趋势，其积极的效果会逐渐显现。

五、制度成本与社会的透明度相关

制度成本与社会的透明度大致呈负相关，即社会透明度越高，制度成本就越低。因为当社会透明度高时，信息采集成本相对较低，无论是政府、生产经营者还是消费者都可以快速低成本地获取食品相关信息，节省成本并做出更有利的决策和行动，从而提高了交易效率。当然，社会的透明度需要一定的技术支撑。在网络发达的现代社会，提高社会透明度并不是一件困难的事，而且边际成本几乎可以忽略。

六、制度成本与现代科学技术应用程度相关

制度成本与现代科学技术应用程度大致呈负相关，例如现代信息技术和检测技术的应用程度越高，就会大大降低食品安全管理的成本，制度成本就越低。例如大数据技术、数字标识防伪技术、网络地理信息系统（Web GIS）技术、食品安全快速检测技术等。这些现代科学技术的广泛应用降低了信息揭示的成本，大大减少了管理者、生产经营者、消费者之间的信息不对称，使监管、交易更加方便快捷，效率更高，从而有效降低食品安全风险防控的成本。

第四节　我国食品安全风险防控制度成本的现状分析

一、我国食品安全风险防控的制度变迁

我国食品安全管理的发展历史，开始于 20 世纪 60 年代《食品卫生管理条例》的颁布，这标志着我国在食品安全管理方面由单项管理方式转变为全面管理方式。在 20 世纪 70 年代，原卫生部先后组织开展了食品中污染物、有毒物等材料的风险评估，是我国食品安全风险防控的最早的评估工作。2009 年实施《食品安全法》后，我国建立了食品安全风险评估制度，此时，风险评估体系初步建立完成，提升了我国食品安全管理的科学化水平。

在监管机构的层面上，国家药品监督管理局在 1998 年组建完成；国家监督检验检疫总局于 2001 年组建完成。国家食品药品监督管理局在 2003 年组建完

成，可以依法组织开展对重大事故的查处，表明了近几十年来我国监管机构的建设历程。

在 2004 年，国务院《关于进一步加强食品安全工作的决定》中首次提出：要进一步理顺有关监管部门的职责，首先要按照一个监管环节由一个部门监管负责的原则，采取分段监管为主、品种监管为辅的方式。2007 年后，中央进一步调整我国的食品安全监管体系，总的思路是使监管者的权责更加明确。到 2010 年，又成立了以副总理为组长的国务院食品安全委员会，使食品安全监管的权责进一步集中。

2018 年 4 月 10 日，国家市场监督管理总局正式挂牌成立[①]，负责市场综合监督管理和协调，明确了职责分工，包括组织制定食品安全重大政策并组织实施，建设食品安全应急体系，指导重大食品安全事件应急处置和调查处理工作，建立健全食品安全重要信息直报制度。在食品安全风险防控方面的具体工作包括：建立覆盖食品生产、流通、消费全过程的监督检查制度和隐患排查治理机制并组织实施，防范区域性、系统性食品安全风险；推动建立食品生产经营者落实主体责任的机制，健全食品安全追溯体系；组织开展食品安全监督抽检、风险监测、核查处置和风险预警、风险交流工作；组织实施特殊食品注册、备案和监督管理。国家市场监督管理总局下设食品安全风险防控方面的机构有：

（一）产品质量安全监督管理司

拟订国家重点监督的产品目录并组织实施。承担产品质量国家监督抽查、风险监控和分类监督管理工作；指导和协调行业、地方和专业性监督；承担工业产品生产许可管理和食品相关产品质量安全监督管理工作。

（二）食品安全协调司

拟订推进食品安全战略的重大政策措施并组织实施；承担统筹协调食品全过程监管中的重大问题，推动健全食品安全跨地区跨部门协调联动机制工作。

---

① 新华网［引用日期 2018-04-10］。

（三）食品生产安全监督管理司

分析掌握生产领域食品安全形势，拟订食品生产监督管理和食品生产者落实主体责任的制度措施并组织实施；组织开展食品生产企业监督检查，组织查处相关重大违法行为；指导企业建立健全食品安全可追溯体系。

（四）食品经营安全监督管理司

分析掌握流通和餐饮服务领域食品安全形势，拟订食品流通、餐饮服务、市场销售食用农产品监督管理和食品经营者落实主体责任的制度措施，组织实施并指导开展监督检查工作；组织实施餐饮服务安全提升行动；指导重大活动食品安全保障工作；组织查处相关重大违法行为。

（五）特殊食品安全监督管理司

分析掌握保健食品、特殊医学用途配方食品和婴幼儿配方乳粉等特殊食品领域安全形势，拟订特殊食品注册、备案和监督管理的制度措施并组织实施；组织查处相关重大违法行为。

（六）食品安全抽检监测司

拟订全国食品安全监督抽检计划并组织实施，定期公布相关信息；督促指导不合格食品核查、处置、召回；组织开展食品安全评价性抽检、风险预警和风险交流；参与制定食品安全标准、食品安全风险监测计划，承担风险监测工作，组织排查风险隐患。

国家市场监督管理总局的成立是我国食品安全生产及管理制度的重大变迁，标志着我国的食品安全管理进入了新阶段，其制度效果也将逐渐显现。

二、政府职能部门制度成本

据不完全统计，我国现有数十万家食品生产者和数百万家食品经营者，还有无法统计的小摊贩、小餐饮点等，大部分为手工作坊式经营，工艺落后，卫生条件差，生产经营者的法律意识和道德水准的参差不齐给食品监管工作带来了难题。

　　另一方面，我国在食品安全管理方面存在监督体系不完善，食品安全标准、规制涉及的内容还不全面，在食品流通环节的监管还存在空白等。食品安全专业性很强，生产经营者在专业、技术上往往拥有信息优势，政府的监管力度和效率受监管技术和成本的制约。

　　政府的财政投入是保障相关政策法规具体落实的资金支持，会直接影响政府食品安全问题监管的效果。我国每年用于市场监督管理方面的投入已经很高，国家市场监督管理总局 2019 年一般公共预算拨款 421746.06 万元，年度总支出756387.35 万元，包括一般公共服务支出 510549.18 万元，其中监督管理事务支出 510364.53 万元。2019 年一般公共预算基本支出 78450.43 万元，其中人员经费 46852.83 万元，公用经费 21597.60 万元，"三公"经费①预算为 4211.72万元。

　　虽然2019年"三公"经费预算已按统一要求压减了3%，并且进行了结构优化调整，但是从数据可以看出，我国在食品市场监督管理的投入还是非常高的，也说明了国家对食品市场监管的重视(如表4-1和图4-6所示)。

表 4-1　**2017—2019 年我国市场监督管理总局预算拨款与支出(单位：万元)**

	2017 年	2018 年	2019 年
一般公共预算拨款	1383848.65	1821877.37	421746.06
年度支出合计	1577541.93	2837622.52	756387.35
一般公共服务支出	1308020.74	2518340.70	510549.18
监督管理事务支出	1307870.74	2298436.20	510364.53

　　数据来源：国家市场监督管理局官网。

　　我国财政支出决算数据显示，2010 年全国用于食品安全财政投入约占财政总支出的0.34%。同年美国政府年决算案中仅"健康研究和食品安全"一项就占

---

　　①　"三公"经费是指财政拨款支出安排的出国(境)费、车辆购置及运行费、公务接待费这三项经费。

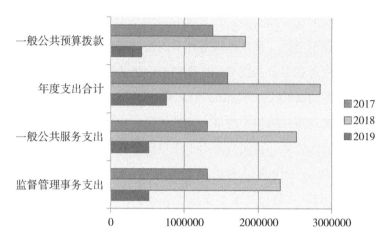

图 4-6　2017—2019 年市场监督管理预算拨款与支出图(单位：万元)

到美国财政总预算的 1.10%，保证食品数量与营养安全的"食品和营养援助"项目更是占到 2.75%，两项合计约占财政总预算的 3.85%(胡虎林①)。美国政府在食品安全的财政投入比重是中国的 11.3 倍。相比发达国家而言，我国对于食品安全的财政投入还显得十分薄弱。但由于国情不同，我们不能只一味地增加投入，这需要我们更应该注重食品安全制度效率的提升。

另外，国务院印发的《"十三五"国家食品安全规划》首次把风险预警作为食品安全风险防控的基石和重要工作。预警体系要求食品安全信息不仅能在各级之间上下流动，还应该能够实现跨级流动和横向互动；不仅能收集宏观层面的食品安全信息，同时也能够接收省级甚至市级传来的信息，实现系统内信息的多向交互、广泛覆盖，以达到风险预警的效果。预警体系的建立需要专业人员、技术、设备、资金等的大量投入，成本也是很高的，但是目前尚没有这方面的统计数据。

三、生产经营者制度成本

生产经营者在食品安全风险防控相关的制度成本是指生产经营者在执行食品

---

① 胡虎林．当前食品安全存在的问题、原因及对策——以浙江省为主要视角[J]．法治研究，2012(05)：62-69.

安全相关制度时必须的资源投入。例如人员成本包括：食品安全的人员及岗位设置、员工的食品安全教育与培训等；生产环境与检测技术成本包括：生产周边、生产车间、生产线的定期卫生维护、食品安全设备购置费用、食品质量自我监控与检测费、第三方检测费等成本。另外，如果由于问题产品导致安全事故发生，所面临的成本将会是：没收违法所得、罚款以及赔偿等费用。

当前国际上较为广泛接受的食品安全控制体系是"食品企业 GMP 规范"（Good Manufacturing Procedure，良好操作规范）和在此基础上的"HACCP 控制体系"（Hazard Analysis Critical Control Point，危害分析和关键控制点）（李洁①）。然而 GMP 规范以及 HACCP 体系我国都没有被广泛采用，一个主要原因就是成本太高。一些大型食品企业都没有真正启用，更不用说众多的中小企业了。但是我国规范的企业都在实行着质量监控流程。作为大国，我们应该适应国际趋势借鉴并吸收 GMP、HACCP 的可取之处，向国际规范靠拢，但是这些质量控制体系的实施会提高企业相关的制度成本。

我们的调查人员通过企业调查了解到，随着我国对食品安全重视程度的加深，企业需要投入多方面的成本以达到国家质量标准要求。例如通过对河北某乳业有限公司的调查，了解到该公司用于食品安全方面的成本主要包括三个方面：食品安全机构与人员的设置费、仪器设备费、试验检验费等。在机构、人员设置方面，为保证食品安全，公司在生鲜乳进厂检验、原料及辅料包装、材料检验、生产过程在线质量控制、产成品出厂检验、销售终端品质管控等各个环节都配备了相应的人员把控，每年人员工资、培训方面成本约为 43 万元；在仪器设备方面，近三年来不断增加检测仪器和设备，共花费 263.76 万元；在试验检验费方面，为了达到更高的标准，公司投入费用从 2014 年的 120 万元升至 2017 年的260 万元。调研的结果说明我国食品企业面临的食品安全制度成本较高的问题如下：

（一）检测设备、耗材投入较高

因部分国产设备的准确度、稳定性不能满足检测需要，主要依靠进口设备，

---

①　李洁．食品安全保障系统 HACCP 简介[J]．上海预防医学杂志，2001（01）：41-42.

而进口设备本身价格、配件耗材及设备保养成本等均远高于国产设备。这部分成本虽然可以降低，但是需要国家扶持国内专业的仪器仪表企业技术攻关才能实现。

（二）快速检测试剂成本高，消耗量较大

一方面随着国家对食品质量标准的提高，需要检测的项目越来越多，付出的样品、试剂、检测费用逐渐上升；另一方面，为提高检测结果出具速度，对于检测抗生素、兽药残留等快速检测试剂盒，试纸条等，也大部分依靠进口，成本较高。要提高产品检测的效率并降低检测成本，需要国家在相关生物科技领域的技术公关才能实现。

（三）食品安全技术人员数量需求多、专业人员培养成本高

食品安全控制员需要有相关的专业知识和技能，需要企业付出一定的培训成本。降低这部分成本可以通过专业技术人员的应聘实现，但社会上往往缺乏相应对口的人才。如果通过企业与对口的技术学校对接，将培训前移，实现专业技术人员的在校培养，可有效降低这部分人员成本，但目前这种校企衔接机制尚未有效建立。总之，食品企业在设备、技术、人员等方面都承担着较高的制度成本。

四、消费者制度成本

消费者制度成本包括信息成本、消费成本和维权成本。随着无线网络的普及，人们购物越来越方便，足不出户就能实现食品的选择和购买，大大节省了获得信息和进行交易的成本，这里重点说的是维权成本。前些年，在"三鹿奶粉"等诸多食品安全事件中，消费者维权的劣势地位彰显无疑。究其原因，大致可以分为三种：一是大多数消费者维权意识和法律水平不够；二是由于消费者维权的成本相对过高，他们需要付出大量的时间和金钱成本；三是消费者作为个体，所购买的商品是少量的，大多会选择忍气吞声，而不愿耗费更多的时间与精力去举报和投诉。对问题食品的沉默并不是没有成本，而往往是沉重且难以估量的，对个体消费者来说除了承受身体、精神上的损失，还有就是由于问题食品潜在的风险有可能会带来更大的社会成本，造成社会范围内的广泛影响。

通过调研发现，虽然我国食品监管部门众多，但是这些监管部门中，仅是其中的少数部门的几个人真正从事食品安全监管工作，而且负责全市或全县的食品安全。监管比例过低必然导致消费者维权问题往往得不到及时解决，需要消费者投入较多的时间和精力。由于维权困难而带来成本的增加，致使消费者维权意愿下降，导致举报、维权等措施不能有效地开展。

通过对消费者的调查发现：绝大多数公众表示对环保、食品安全、卫生安全等问题极为关注，其中公众最关注的监管内容为食品安全监管，这说明公众对食品安全监管关注度非常高；当问及遇到环境危害、食品卫生安全等问题将采取什么行动时，大多数公众选择向政府有关职能部门投诉、向媒体反映和向法院起诉等通过国家机构解决，这表明公众希望通过各种方式解决遇到的食品安全问题；但是当问及遇到食品安全问题时是否知道应该找哪个部门解决时，相当多的人表示不知道或只有一些了解，只有少数人表示知道；对于参与食品安全管制是否收到效果时，只有少数回答肯定有效果，大部分人回答几乎没有效果，还有小部分人持不确定态度。这说明，尽管公众的参与热情较高，但对参与的效果预期较低。

第五节　食品安全风险防控制度成本降低路径分析

针对我国食品安全风险防控的现存问题，本节讨论降低制度成本的路径和方法，以期为政府、企业及消费者在食品的监管、生产、消费过程中降低不必要的成本，为实现安全放心的食品消费环境提供思路。更进一步深入具体的研究内容将在后续的章节中详细展开。

一、建立企业信誉评价体系，提高企业自律

食品生产经营企业是食品产业链上的基本单元，食品安全风险防控要抓住根本，首先就必须从食品生产经营企业入手，做好食品产业链上每一个节点的风险防控。提高企业自律是降低食品安全风险防控制度成本的最基本路径。

面对利益诱惑，需要食品生产经营者提高自身素质和社会责任感，用法律和道德来约束自身行为，规范生产经营过程。例如对农户和养殖户进行食品安全的

教育，避免购买和使用超标的农药和饲料等，从而控制食品安全问题的源头；提高企业从业人员文化素质与卫生意识，降低其流动性，做到体检合格、持证上岗工作；提高食品生产经营者的社会责任感和道德水平，以正规的渠道、正规的生产，正规的交易完成生产经营活动，将食品安全风险降至最低。

提高企业自律的方法，一方面要加强全民食品安全法律法规宣传，另一方面就是建立企业信誉评价体系，以指导企业自律和督促其改进提高。

二、优化食品产业结构，提高产业集中度

食品产业链是一个有机整体，除了每一个节点对整条链有影响以外，节点间的关系与结构也决定着整条产业链是否能够健康运行。食品产业的产业结构与产业集中度是优化食品产业链的两个重要方面，直接影响食品安全风险防控的制度成本。

目前来看，我国食品市场在产业结构和产业集中度方面还存在一些问题：我国食品行业中小企业众多，企业总体规模小，产业的集中度不够高，农业生产以家庭为单位分散经营和食品工业规模过小带来监管难题。由于市场份额高的品牌具有良好的信誉和市场规模，责任容易追溯，较容易监管，监管成本相对较低；而对于零散的食品生产厂商而言，没有建立品牌的市场规模，其产品质量安全责任难以追溯，是质量安全管理的难点。

因此，进一步优化产品结构、地域结构，对同一种食品的产业链进行优化组合才能使产业更具竞争力，食品产业链才能够更安全。在生产环节上，应当积极推进农业产业化和食品工业企业的联合重组，以减少食品生产单位的数量，降低监管成本。在这方面，乳制品产业现状较好，形成了市场份额以伊利和蒙牛为主的状态，较高的产业集中度有助于乳制品产业的健康运行，也使乳制品的安全程度大大提高。市场份额较高的龙头企业以身作则，努力维护自身招牌和名誉，往往严格按照国家标准生产和销售食品，这样一方面给政府监管减轻了压力，降低了监管成本；另一方面给消费者带来食品消费的满足感和食品卫生的安全感，增加了消费者对企业的信任度，从而降低消费者的交易成本。同时，消费者的正向反馈会通过消费者之间的口碑等途径传递给其他的消费者，从而给企业带来更高的经济效益和社会效益。

在流通环节上，则应当配合生产组织规模的扩大和经营能力的增强，减少农产品和加工类食品的流通环节，实现"农超对接"和"农消（消费者）对接"，以便于准确查清伪劣农产品和加工类食品的来源，依法追究相关责任人的法律责任和经济责任，为消费者依法维权提供制度保证。食品企业规模经营是提高食品质量、降低监管成本的有效途径。

提高产业集中度的方法是进行食品产业资产和结构的优化组合，整合相关企业资产，形成合力，激发出产业发展的新动力。这需要国家相关部门的建议和推动，行业协会的组织和协调以及相关企业的大力配合，有可能短期会有利益损失，但从长期来看势必会带来产业竞争力的提高。

三、加强食品全产业链的治理，规范契约降低风险

加强食品生产经营链条内的治理，提高产业链韧性，使食品产业链更加安全和稳定，从而降低食品生产经营者的相关制度成本。契约治理是一般交易治理中比较常见也是比较重要的一种治理机制。交易双方通过签订正式的契约来确定各方的权利义务、交易标的、标准和规范、交易价格、违约责任、争议解决办法、契约变更条件等内容，以便约束双方按照事先商定好的要求和条件完成交易。利用正式的契约可以降低交易关系中的风险和不确定性，每个契约都有促进交易和减轻机会主义威胁的目的，尤其是对于那些投资资产专用性较强的经济活动来说防范机会主义更显重要，这种机会主义风险以及对未来频繁冲突的预期使得双方有必要在交易启动之前就明确制订双方的责任与权利，缔结尽可能完备的契约，以阻止机会主义，降低交易风险。

在食品的交易中，契约治理是必要的治理机制。食品产业的资产专用性较高，而且随着食品安全标准的提高，资产专用性也逐渐增强，交易成本呈增加的趋势，如果交易一方违约或者取消交易，另一方转寻其他交易的成本会很高。因此，只有在确定交易可以按照预期进行的前提下，投资方才能够严格按照食品安全要求的标准新建或者改建厂房、购买或者改造相关设施设备。

另外，食品产业对从业人员有专门要求，根据食品安全相关法律规定，从业人员应当达到食品行业的身体健康标准以及应当接受上岗前的培训和在岗期间的定期培训，人力资产专用性相对较高，进行人员的定期身体检查和从业知识培训

都会带来制度成本的增加。在交易频率方面，如果购买方一直按照不低于交易之初确定的食品安全标准与出售方进行交易，则出售方在一开始投入的厂房、设备、人员等资产就会始终得到有效使用，否则因购买方标准改变可能会使部分资产闲置，造成资产成本的无效益损耗，变相增加出售方的总体成本。因此，为保证交易双方严格遵循交易意图、遵守交易约定，需要以正式契约形式将双方的交易目的、食品安全标准以及标准的持续性予以明确，以保证食品安全相关的投入能够得到有效利用，防止企业相关成本的无谓提高。

现代的农业和食品工业技术使得食品交易的不确定性大大增加，同一个名称的食品或者食品原料因为生产技术的革新会出现多品种、多特性(包括大小、形状、颜色、质地、味道等)，使得食品质量标准难以全面覆盖或及时更新，这使得食品生产经营及管理者需要及时掌握所生产经营食品的相关要求，更新技术，以满足食品安全的标准，这些都需要投入成本；另外，农药、添加剂、转基因技术的使用使得食品安全问题多样化、隐蔽化。对于前述这些问题需要通过正式契约就有关生产工艺、质量标准、检验指标进行明确约定，减小供货方利用不当或者非法技术掩盖瑕疵、以次充好的可能性。所以，加强食品产业链条内的契约治理，可有效降低由于交易的不确定性带来的企业制度成本。

四、完善风险防控体系与机制，提高政府监管效率

由于食品产业链涉及的行业较多，包括农业、工业、运输业、零售业等，所以食品安全风险防控涉及的相关管理部门也很多，多部门容易互相推诿责任，出现问题往往不能得以很好的解决。改组后的市场监督管理总局虽然明确了下属各部门的职权，但是由于食品生产经营的复杂性和多样性，监管的效果还未充分显现，如何协调各领域部门的工作仍是监管面临的首要问题，协调成本属于食品安全风险防控制度成本的一部分。

另外，监管机构的庞大容易形成监管部门效率低下，势必会增加政府监管成本。我国食品安全管理机构呈现"倒三角"形，管理部门多，而底层管理人员缺乏，大量不必要的事务性开销增加了制度成本。所以在完善风险防控体系的同时，更要注重提升监管效率，提高监督管理事务支出在总支出的占比。

降低政府职能部门的制度成本，必须要保证食品安全监管的力度，不能一味

减少食品安全风险防控的投入。应进一步完善风险防控体系，提高政府监管效率。提高监管效率的方法是对各监管部门实行绩效评价。实行绩效管理的目的是在保证监管效果的前提下，尽量降低成本。定期的绩效评价，会加强部门的责任感和紧迫感，亦能促进工作水平的提高和工作效果的提升。

五、实行合理的惩罚与奖励机制，强化示范效应

在食品安全领域，惩罚性赔偿是维系食品监管者、生产经营者和消费者之间平衡关系的重要保障。我国食品安全法对生产经营不符合食品安全标准的食品等违法行为做了明确规定，"消费者除要求赔偿损失外，还可以向生产者或者销售者要求支付价款 10 倍的赔偿金"。这些规定目的是惩治违法，更好地保护消费者的合法权益①。但是往往 10 倍价款的赔偿金对于生产经营者来说，很可能起不到惩戒的作用。赔偿金的确定需要再进行科学的调研论证，尽量平衡生产者和消费者双方的利益。完善食品生产经营者的惩罚性赔偿制度，科学合理地制定赔偿标准；必要时，追究违法者的刑事法律责任，并向社会通报，以对违法者起到警示作用。

强化示范效应的另一方法，是完善并拓展食品安全黑、白名单制度，对食品生产经营企业进行动态信誉等级评价。对信誉等级低的企业提出整改意见，期限内未达到整改要求的企业勒令停业整顿；对信誉等级高的企业提出鼓励和表扬，可通过颁发优秀企业奖、给产品标识等级等措施，并在行业内及社会范围广泛宣传。树榜样、立标杆是对信誉良好企业的鼓励，也是为行业树立示范，引导行业向好发展。为了避免弄虚作假，可以采取政府牵头并督导、行业协会组织并实施、消费者广泛参与评价的公开透明的社会监督体系，以对食品以及生产经营者做出客观真实的评价。

六、构建社会协同共治体系，发动全社会参与监管

对比国外，我国食品行业的食品安全信息公开制度不够完善，缺乏关于食品安全完整的详细数据和信息披露，而发达国家的各种法令和行政命令的制定执行

---

① 信春鹰：《中华人民共和国食品安全法释义》，法律出版社 2009 年版，第 243 页。

都有一套程序，以公开、透明和互动的方式向公众公开。这种公开透明的工作方式，发动了社会的力量参与制度的制定、执行和监督，有利于立法与执法的公正和公众守法的自觉性，为食品安全的监督提供了便利，降低了政府监管的压力，从而降低了监管成本。

发动全社会力量参与监管的方法是构建社会共治体系。利用现代信息技术，搭建食品安全信息平台，实现信息共享快速通道，从而实现社会共治。共治体系包括政府、企业、行业协会、民间组织和新闻媒体等。风险防控共治体系如图 4-7 所示。

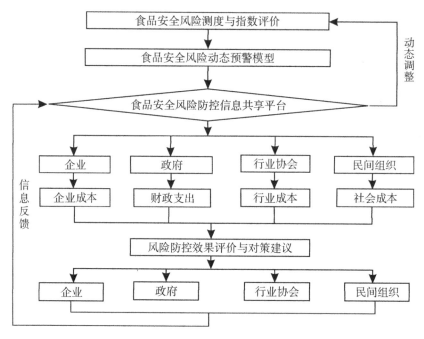

图 4-7　风险防控共治体系设计图

七、推动现代科学技术应用，探索新型风险防控模式

随着现在科学技术在食品领域的应用，使得食品可以实现从农场到餐桌全程的信息记录。在这些技术中，值得注意的有四项：一是数字标示防伪技术。国际商品条码(UPC 和 EAN)系统商品条码技术，是利用光电扫描设备来识别商品信

息，并实现将商品信息输入电脑的一种特殊代码，商品条码成了商品的"身份证"，没有条码的食品不能出口，也不能进入超级市场销售。实行商品条码制还有附带的防伪效果（褚汉等①，2019）。对于有整齐外包装的食品，适合于采用商品条码。我们可以进一步发展这种信息技术，例如二维码技术等，将食品的产地、原料、以及生产过程等相关信息链接，让消费者一扫便知，大大降低了交易成本和追溯成本。

二是网络地理信息系统（Web GIS）技术。该技术对空间环境、农药使用情况实施动态监测，降低食品安全环境信息成本，强化宏观监控能力，可以处理大量与食品生产相关的海量信息，建立产地环境的动态数据库。互联网的开放共享性，大大扩展了信息的可通达性，降低了传递成本，减少了生产者、管理者、消费者之间的信息不对称。网络地理信息技术有望成为宏观管理的重要手段。

三是食品安全快速检测技术。它降低了信息揭示的成本，如果市场摆放了快速检测设备，就会大大减少监管者、消费者与生产经营者之间的信息不对称，大大降低对食品安全管理的制度成本。我国在食品快速检测方面还有待于进一步的技术攻关。

四是大数据技术。应用大数据技术可以有效减少信息不对称，降低信息成本；通过大数据技术对食品安全事件舆情热度的监测与分析，可以及时发现食品安全风险事件的苗头，快速研究应对之策，有效控制食品安全风险后果，从而降低风险防控的事后成本。

综上所述，我国的食品安全问题虽与过去相比有了较明显的改善，但与发达国家仍有不小的差距。监管体制及监管效率、生产经营自律以及消费者维权等诸多方面还存在着进一步改善的空间。因此，降低制度成本，政府应当充分发挥市场"无形的手"的作用和有形的各种途径和方法，合理调动一切社会资源，完善机制，提高制度效率。可以想象，如果全社会的生产经营者都诚信生产合格食品，各种监管、检查制度会成为人们的行为规范，此时无需投入大量的制度成本，最终达到"无为而治"的理想境界。

---

① 褚汉，陈晓玲．我国食品安全预警信息平台构建研究［J］．蚌埠学院学报，2019，8（04）：44-47.

第五章　食品安全风险防控制度
成本统计监测研究

由于制度成本测算困难、不易量化，所以尽管已有很多专家学者对食品安全风险防控进行了相关研究，但其中少有对制度成本的研究，尤其对制度成本统计测算与监测的相关研究更为少见。本章尝试对制度成本进行量化分析，从宏观视角研究我国食品安全风险防控制度成本的统计监测问题，并研究其影响因素，对于提高食品安全风险防控的监管效率、降低食品安全风险防控的制度成本具有重要意义。

本章从食品安全监管的三方责任主体入手，利用结构方程（SEM）的思想，研究我国食品安全风险防控中制度成本的统计监测：首先应用 DEA 模型和熵权法得出我国近年来食品安全监管的效率水平；其次分析确定食品安全风险防控制度成本的统计监测指标，构建我国食品安全风险防控制度成本的统计监测体系，并利用结构方程思想构建多指标多原因（MIMIC）模型，间接测度近年来我国食品安全风险防控制度成本的相对规模。

第一节　引　　言

一、制度成本测度的相关研究

从理论和实际层面上来看，目前文献对于食品安全风险防控中制度成本的研究不多，对于相关制度成本的测度的相关研究更是少见。

基于张广利[1]、李建德等学者们对于制度成本的分析，这里对食品安全风险

---

[1]　张广利，陈丰. 制度成本的研究缘起、内涵及其影响因素[J]. 浙江大学学报（人文社会科学版），2010，40（02）：110-116.

防控制度成本的内涵大体分为三个层面：第一，在食品安全风险防控中相关的制度形成与执行等过程所消耗的社会资源；第二，不同利益主体相互博弈所耗费的成本；第三，社会是复杂的，制度成本的形式是多种多样的，既包含经济资源方面的耗费，也有相对应的政治与社会等方面的成本。

对于制度成本、制度性交易成本和交易费用等隐性成本的测度，一般分为直接测度和间接测度。直接测度是通过对成本的标准定义，计算人力、物力、财力三方面费用的总和。Wallis 和 North[1] 早在 1986 年就提出了交易部门的交易费用的概念，并通过交易部门的划分测量交易费用。但有学者认为交易成本与其他成本之间往往是相互影响的，直接测量必然会低估总额(笪凤媛等[2])。鉴于制度成本的不可观测性以及统计数据的局限性，直接测度结果的准确性和有效性值得怀疑，因此，本章选择间接测度方法。

间接测度，区别于直接测度，即基于经济事件发生后的表现，通过现有指标建立指标体系，将不易直接测度的变量通过几个可观测到的变量推算得到。其中，对于交易成本这类不易被直接观测的隐形成本的观测，结构方程模型中的多指标多原因(MIMIC)模型是一种常用的间接测度方法。笪凤媛通过构建 MIMIC 模型，测度出了我国非市场交易费用的规模；还有学者采用 MIMIC 模型估计近年来未被观测到的经济相对规模。基于 MIMIC 模型对于隐性变量测度的适用性，本章采用 MIMIC 模型间接测度食品安全风险防控制度成本。

二、本章的研究思路与框架

(一)研究思路

从新制度经济学的角度分析我国食品安全风险防控的制度效率。首先，基于食品安全风险防控的理论分析和制度成本概念的界定，从政府、食品企业和消费

① Wallis and North, 1986, Measuring the Transaction Sector in the American Economy, 1870-1970[C]. In Long-term Factorsin American Economic Growth, Edited by Stanley L. Engerman and Robert E. Gallm University of Chicago Press. pp. 95-161.
② 笪凤媛，张卫东. 我国 1978—2007 年间非市场交易费用的变化及其估算——基于 MIMIC 模型的间接测度[J]. 数量经济技术经济研究，2009，26(08)：123-134.

者三方出发分析统计监测指标，并构建监测体系；其次，利用 MIMIC 模型对制度成本这一潜变量进行量化研究，测度我国近年来食品安全风险防控中制度成本的相对值。

（二）研究框架

本章主要框架如下：首先分析我国食品安全风险防控制度成本的影响因素，应用 DEA 模型结合熵权法测算我国近年来食品安全防控效率的变动趋势；根据影响因素分析，确定统计监测指标，构建食品安全风险防控制度成本的统计监测体系；在此基础上，应用结构方程中 MIMIC 模型间接测度我国食品安全风险防控中制度成本的规模；最后根据实证分析得出结论，提出相关对策建议。研究框架如图 5-1 所示：

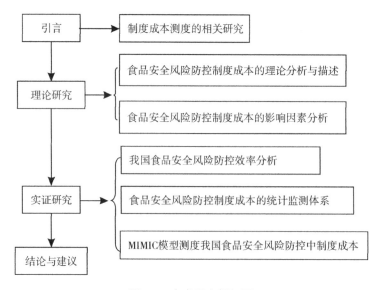

图 5-1　本章研究框架图

三、食品安全风险防控制度成本的监测问题分析

本章将食品安全风险防控的制度成本总结为包括政府监管食品安全的行政成本、食品生产企业的诉讼费用与管理费用、媒体和消费者的关注程度等指标的综

合。最终食品安全风险防控制度成本的转化效率可从食源性疾病和群体食物中毒事件发生频率等指标表现出来。

在食品安全成本的指标设定方面，本书认为食品安全的相关成本主要包括政府监管部门相关成本、企业执行相应制度的成本、消费者相关的成本等。基于"社会共治"的治理理念，需要三类责任主体——企业、监管者和第三方监管力量在食品安全中发挥作用(张曼等①)。根据相关研究，本章将食品安全的责任主体分为政府监管部门、食品生产经营企业与消费者三个层面，进行食品安全相关制度成本的监测体系的构建。

(一)政府监管部门相关成本

缪仁炳等②学者基于国民经济核算框架、交易人员数量测算出我国1978—2000年的交易费用，验证了交易费用与经济增长之间存在正向关系；金玉国③以监管者消费支出占GDP的比重、监管者从业人员占职工总数的比重、行政管理费用占财政支出的比重三个变量作为相对政治型交易费用的观测指标；刘鹏④选择了食物中毒事件数与人数、食物中毒死亡人数、食品抽检合格率等指标作为食品安全标准的判断指标；杨卫等⑤在对全国食品质量安全评价时，主要选择了平均罚款金额、食品抽检力度，以及食品抽验合格率几个指标作为衡量指标；王能等⑥在研究食品监管的相对效率时，投入指标设置为监督频次、食品安全抽检率以及行政处罚率，产出指标为食品中毒率和产品合格率，用DEA方法进行了相对效率的分析。

基于以上文献研究，本章选择食物中毒事件数、食物中毒人数、食品监测数

① 张曼，唐晓纯，普蕊喆等.食品安全社会共治：企业、监管者与第三方监管力量[J].食品科学，2014，35(13)：286-292.

② 缪仁炳，陈志昂.中国交易费用测度与经济增长[J].统计研究，2002(08)：14-21.

③ 金玉国.中国政治型交易费用的规模测算与成因分解——一个基于分位数回归模型的实证研究[J].统计研究，2008，25(12)：46-52.

④ 刘鹏.省级食品安全监管绩效评估及其指标体系构建——基于平衡计分卡的分析[J].华中师范大学学报(人文社会科学版)，2013，52(04)：17-26.

⑤ 杨卫，万广珠.我国食品安全监管效率研究——基于超效率DEA模型和Malmquist指数分析[J].食品工业，2018，39(10)：260-264.

⑥ 王能，任运河.食品安全监管效率评估研究[J].财经问题研究，2011(12)：35-39.

据、食品安全抽检数据等指标作为政府监管层面指标。另外，考虑到制度的形成过程，补充加入食品安全相关的国家标准制定数量作为测度政府监管层面制度成本的指标。

(二)食品生产经营企业相关成本

食品生产经营企业是食品安全的主要责任者，有效防范食品供应链中核心企业的食品安全风险，以保障食品质量与安全已成为备受关注的问题。常耀中[1]研究了企业制度性交易成本的内涵，选择了管理费用和销售费用等占比作为协调成本和交易成本的指标；金银亮[2]发现产权保护、政府管制对企业制度性交易成本有显著性影响，由此，企业基于产权保护、信息不对称、政府管制等付出的诉讼费用也可作为制度成本的间接表现。另外，还有文献引入风险交流，如王志涛等[3]基于风险交流和交易成本理论的分析框架，研究食品企业中导致破产风险的原因和其风险的形成原理。

据此，食品企业为了食品安全风险防控付出的制度成本，一般是指遵循各种制度、规章、政策而付出的成本。由于企业在食品安全风险防控方面的相关成本不易统计，故本章在相关文献研究的基础上，选择食品企业的管理费用和诉讼费用作为企业食品安全风险防控制度成本的替代指标。

(三)第三方监督相关成本

扩大第三方的监督范围，可以减轻政府职能部门的监管压力，有利于加强监管力度和覆盖面，以及食品生产企业治理效率的提高(张国兴等[4])。因此，从第三方监督主体来考虑食品安全风险防控，对于提高食品安全水平、降低风险防控制度成本具有重要实践意义，其中第三方监督主要包括消费者、行业协会以及新

---

①　常耀中.企业制度性交易成本的内涵与实证分析[J].现代经济探讨，2016(08)：48-52.

②　金银亮.林业企业制度性交易成本成因与经营绩效研究[D].南京林业大学，2020.

③　王志涛，王翔翔.食品企业的风险交流、交易成本与破产风险——基于我国上市公司的经验证据[J].经济经纬，2017，34(02)：116-121.

④　张国兴，高晚霞，管欣.基于第三方监督的食品安全监管演化博弈模型[J].系统工程学报，2015，30(02)：153-164.

闻媒体。

在食品市场上，消费者会通过各种渠道搜寻食品质量信息。全世文等①基于委托代理模型分析了我国消费者获取食品安全信息的现状。由于在食品安全风险防控体系中，难以获得消费者的信息成本数据，故暂将消费者的制度成本定为其投诉、维权的费用。由于消费者投诉食品安全的事件基本上与食品生产企业相关联，故便于数据的查找，将其归纳到企业层面的投诉费用中。

新闻媒体监督基于自身的行业地位，属于一种自发行为。媒体作为第三方监督主体，其市场化程度相对较高，外部治理的效果优于其他措施，而且媒体监督具有成本低、覆盖广的优势。周开国等②从中国上市公司违规频率的角度，认为媒体监管能够显著降低企业违规行为的发生率；倪国华等③构建包括新闻媒体的五方利益主体的模型，研究结果认为，降低媒体监管的交易成本将提高社会食品安全的监管效率；王志涛等④⑤认为媒体的报道数量以及正负报道对于食品企业安全风险的影响显著，其激励行为可以促使食品企业努力提高食品安全程度，并有效降低其破产风险；周开国等⑥将食品安全事件特定环境与媒体监督机制结合起来，基于媒体关注度，从不同时间维度，评估食品安全监督的效果。

综上，普遍认同媒体关注的程度越高，则认为媒体监督的作用越显著。以上文献对于媒体关注度的衡量，采用新闻搜索引擎收集媒体报道的次数、报道摘要等指标，本章也采用这两个指标为依据，用于对食品安全风险防控中媒体监督在整个监测体系中成本的测算。

---

① 全世文，曾寅初. 我国食品安全监管者的信息瞒报与合谋现象分析——基于委托代理模型的解释与实践验证[J]. 管理评论，2016，28(02)：210-218.

② 周开国，应千伟，钟畅. 媒体监督能够起到外部治理的作用吗？——来自中国上市公司违规的证据[J]. 金融研究，2016(06)：193-206.

③ 倪国华，郑风田. 媒体监管的交易成本对食品安全监管效率的影响——一个制度体系模型及其均衡分析[J]. 经济学(季刊)，2014，13(02)：559-582.

④ 王志涛，梁译丹. 交易成本、风险交流与食品安全的治理机制[J]. 科技管理研究，2014，34(24)：204-210.

⑤ 王志涛，苏春. 风险交流与食品安全控制：交易成本经济学的视角[J]. 广东财经大学学报，2014，29(01)：35-43.

⑥ 周开国，杨海生，伍颖华. 食品安全监督机制研究——媒体、资本市场与监管者协同治理[J]. 经济研究，2016，51(09)：58-72.

另外，第三方监管还包括行业协会和民间组织。行业协会是由相关行业的技术人员、专家、企业家组成的，对本行业的产品标准、生产技术水平有较为全面、专业的了解，所以行业协会在食品安全风险防控中应该发挥重要作用；民间组织也是社会中食品安全监管的一个方面，例如消费者协会等组织，每年都在为消费者提供信息和帮助。但是由于这些方面的数据难以获得，故本章暂时不加入这方面的指标，将来有条件再进行指标体系的完善。

第二节　我国食品安全风险防控制度成本的描述分析

在加强食品安全风险防控的同时，也要兼顾相关的制度成本。在此矛盾下，食品安全风险防控的效率成为人们关注的问题，食品安全风险防控的效率成为衡量投入成本及其收益的综合指标。根据前面章节的论述，本章将食品安全风险防控中的制度成本分为政府层面、食品企业和第三方监管三个方面，共七个三级指标。由于部分指标只能获得 2012—2018 年的数据，这里应用熵值法得出 2012—2018 年我国食品安全风险防控制度成本的监测指标综合得分，待有条件后再进行数据更新。

一、政府层面的制度成本

政府作为食品安全的主要监管者，承担着对食品安全的规范、检测、检查以及发生食品安全事故的处罚等责任，也是食品安全风险防控的主要力量。政府层面主要是指食品安全监管部门，直接负责对食品质量做出合格或不合格的判断。基于监管者的角度，在食品安全监管指标的选取上，制度成本体现在两个方面：一是制定食品安全标准的成本，主要反映在食品安全国家标准制定个数；二是抽检力度，即食品安全监督的频率，主要反映在食品相关的监测和抽检数据上。

于是，以政府相关食品安全部门的食品安全国家标准制定数、监管部门对食品检测的件数作为监管者对于食品安全风险防控的投入成本；以食源性疾病的爆发情况等指标作为食品安全风险防控的产出效应，将监管者在食品行业的投入产出效率代表其风险防控的能力。

数据包络分析(DEA)方法主要是用来评价多投入多产出模式下决策单元间相对有效性的一种非参数方法。考虑到数据的可获得性，主要选取食品监测数据量和食品安全国家标准制定数作为投入的两个指标，监测数量越大，对食品安全越能起到监督作用；食品安全标准越多，对食品生产者越能起到警示作用，有利于促进食品安全。食品安全监管的产出是指政府以及食品安全监管部门进行监管活动取得的效果，选取食源性疾病暴发事件数与患者数为产出指标，数值越低则表明风险防控越有成效。

由此，本章将食品中化学污染物及有害因素和微生物的监测数据量和食品安全国家标准制定数作为投入指标，以食源性疾病暴发事件数和食源性疾病暴发患者数作为产出指标，运用 DEA 效率评价方法对 2012—2018 年对我国的食品监管效率进行了评价分析，如表 5-1。数据来源于《食品药品监督管理统计年报》和《中国卫生与计划生育统计年鉴》。

表 5-1　　　　　　　　　　**食品安全风险防控效率的投入产出指标**

指标类别	指标名称	变量
投入指标	食品中化学污染物及有害因素及微生物的监测数据量(个)	X_1
	食品安全国家标准制定数(个)	X_2
产出指标	食源性疾病暴发事件数(个)	Y_1
	食源性疾病暴发患者数(个)	Y_2

注：其中食源性疾病是指食品中致病因素进入人体引起的感染性、中毒性等疾病。

采用数据包络分析中的 VRS 模型对我国食品安全风险防控的规模有效性和技术有效性同时进行分析，将投入产出的相关数据分别导入 DEAP2.1 软件，测算 2012—2018 年我国食品安全监管效率值，并得出的 DEA 有效性评价结果，具体评价结果见表 5-2。

表 5-2   **2012—2018 年我国食品安全监管效率值**

年份	技术效率变化	纯技术效率	规模效率变化	规模报酬
2012	0.6	0.9	0.7	递增
2013	1.0	1.0	1.0	不变
2014	0.4	0.9	0.4	递增
2015	0.4	0.7	0.5	递增
2016	0.8	1.0	0.8	递减
2017	0.9	1.0	0.9	递减
2018	1.0	1.0	1.0	不变

由模型结果可知：我国食品安全监管在 2013 年和 2018 年的指标值均是相对有效的，其他年份的规模报酬递增或递减，递增说明食品安全监管的投入不足；2014 年技术效率大幅下降，2015 年之后技术效率呈递增趋势，但增速缓慢，2017 年达到相对有效后，保持不变；2014 年比 2013 年的规模效率值减少了，以后几年逐年增加，直到 2018 年达到相对有效，说明虽然年年投入增加，但是大部分没有达到规模有效。其中技术效率的变化可能是由于多部门监管存在职能交叉与相互之间的协调问题，所以技术效率比之前的集中监管阶段明显减小了，而后随着各种制度的健全，技术效率也逐渐增加，见图 5-2。

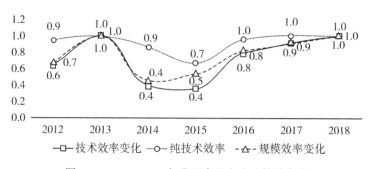

图 5-2 2012—2018 年我国食品安全监管效率值

二、食品企业层面的制度成本

食品生产加工和经营者在防控食品安全风险中，往往是作为一个被动者的角色，是食品安全风险防控制度的执行者，需要按照既定的制度要求进行生产经营，为此需要付出相应的制度成本。

基于前文对制度成本的分析，本节将食品企业所付出的制度成本分为两个方面，一是对于企业自身生产经营活动的非生产性成本，暂时用管理费用与销售费用作为其指标；二是企业为了应对企业外部各方，包括政府、第三方机构、消费者、媒体等，所花费的相关成本。这两个方面的成本实际上不属于生产经营的成本，但是受到食品安全风险防控的制度要求和社会大环境的影响，企业对于这两方面的成本投入往往较多。因此，本章将从对外诉讼、管理费用等研究企业的制度性成本，具体的指标采用食品行业上市公司管理费用与销售费用的占比、企业平均诉讼成本暂时替代食品企业对于食品安全风险防控付出的制度成本。

本章以上市公司为典型代表，以食品相关行业企业的管理费用在销售费用的占比、相关诉讼成本作为食品安全风险防控企业层面的制度成本。这里选择我国上市食品企业作为我国食品企业样本的原因是：一方面是数据的可获得性，上市公司相关数据可从国泰安数据库获得，其他中小型食品企业的相关数据较难获取；另一方面，根据 2020 年沪深 AB 股中 115 家食品饮料行业上市公司公布了的财报、业绩预报或业绩快报等，得到这 115 家食品饮料行业上市公司营收共计7910.19 亿元，占到中国食品制造业 2020 年营业收入的 40%，具有一定的代表性。食品相关行业按照行业标准划分为食品制造业，酒、饮料和精制茶制造业，农副食品加工业，餐饮业四大行业。本章的数据来源于国泰安数据库中 2012—2018 年食品相关行业上市公司的相关信息，指标主要包括管理费用、销售费用与企业的诉讼案件数、诉讼金额等。

（一）管理费用（管理费用在销售费用中的占比）

根据数据透视表和相关趋势图得出 2012—2018 年的食品行业上市公司的管理费用及其在销售费用中占比的整体趋势，如图 5-3 所示。

由图 5-3 中可以看出，随着时间的推移，企业的管理费用和销售费用的绝对

图 5-3 2012—2018 年食品行业上市公司的管理费用与占比情况

值都呈现不断增长的趋势。整体而言，管理费用在销售费用中的占比在 40% 至 50% 之间，并且比例在缓慢的降低；另外，管理费用的绝对值与占比（简称费比）呈现相反的趋势变化，说明食品相关企业在不断提高技术效率，降低制度成本的消耗，提高企业整体的经营效率。

（二）平均诉讼费用

根据数据透视表和相关趋势图得出 2012—2018 年的食品行业上市公司的诉讼费用、涉案事件数、相关上市公司数量，并得出平均诉讼费用的指标，如表 5-3 所示。

表 5-3 **2012—2018 年食品行业上市公司的诉讼费用等指标**

年份	诉讼费用/万元	涉案数/件	相关上市公司数量/家	平均诉讼费用/万元
2012	37 995	15	59	2 533
2013	38 672	10	60	3 867
2014	205 386	82	99	2 505
2015	955 381	170	108	5 620
2016	852 961	302	118	2 824
2017	692 307	184	133	3 763
2018	950 348	313	136	3 036

随着时间推移,上市公司数量在不断增加,同时相关企业的诉讼费用和涉案事件数的绝对值也呈现增长的趋势。整体而言,2015 年、2017 年的诉讼费用绝对值较高,2016 年、2018 年的涉案事件数较多。由图 5-4 可知,在 2012—2018 年,平均诉讼费用 2015 年最高,2014 年最低,期间呈现上下波动、总体没有减缓的趋势,说明涉及关于食品安全的诉讼成本并没有降低,侧面反映出社会各方对食品企业的监督持续增加。

图 5-4　2012—2018 年食品行业上市公司的诉讼费用与上市公司数量

三、第三方监管层面的制度成本

新闻媒体监督中的制度成本对于食品安全监管效率的影响,是非常重要的。对于第三方监管层面的效率研究,主要按照新闻媒体的关注度,即报道数量、报道倾向为指标。以"食品安全"关键词的出现频率与"食品"在新闻摘要中出现的频率的比例作为第三方监督对于食品安全的关注度,即作为食品安全监管的制度成本。

数据来源于国泰安数据库,选自 2012—2018 年关于食品行业上市公司的新闻摘要与标题中的文本数据,将摘要中包含"食品安全"的关注量与新闻摘要中包含"食品"的比重作为大众对于食品安全的重视程度。

通过文本筛选功能得出媒体对于"食品安全"的关注量,由此得出媒体对于食品安全的关注度。由图 5-5 可知,新闻中食品安全在食品相关信息中的关注度约在 10%左右;媒体对于食品安全的关注度在 2013 年和 2014 年最高,达到 16%和 15%,在 2014 年之后,整体关注趋势慢慢下降,如图 5-5 所示。

图 5-5　第三方对于食品安全的关注度

第三节　我国食品安全风险防控的效率分析

一、食品安全风险防控制度成本监测指标的选取

在综合评价研究中，一个重要的问题是确定指标权重。熵权法通过各指标样本数据的离散程度，用信息熵来确定指标权重。采用熵权法对各指标进行赋权，可以减小主观因素对评价结果的影响，克服主观赋权法的臆断性、非一致性等问题。本节对我国食品安全制度成本的监测体系进行效率评价，采用熵权法对食品安全风险防控中制度成本的指标赋权，其中包括监管者、食品企业和媒体三个层面的四个指标，指标体系如表 5-4 所示。

表 5-4　　　　　　　　　食品安全风险防控制度成本的监测指标

指标	指标分类	指标名称	权重
制度成本 监管指标	监管者相关成本	监管技术效率	0.32
	企业相关成本	管理费用/销售费用	0.10
		平均诉讼成本	0.36
	第三方监管成本	食品安全关注程度	0.22

二、数据获取与处理

对 2012—2018 年近 7 年我国制度成本各项指标数据进行预处理。由于指标的量级和单位之间的差异，需要对指标做预处理使其能够进行比较和汇总。制度成本的增加相当于损失了社会福利，对于制度成本而言，公司管理费用与诉讼费用越高、消费者关注度越高，则制度成本越高，所以消费者关注度、公司管理费用与诉讼费用为正向指标；技术效率是负向指标，因为技术效率越高，则制度成本越低。

（一）先要对原始数据标准化，对指标 x_{ij}（$j=1$，2，3，4 为不同指标；$i=1$，…，7 为不同年份）的进行标准化处理：

$$\text{正向指标 } x_{ij}，\quad x'_{ij} = \frac{x_{ij} - \min(x_{ij})}{\max(x_{ij}) - \min(x_{ij})}$$

$$\text{逆向指标 } x_{ij}，\quad x'_{ij} = \frac{\max(x_{ij}) - x_{ij}}{\max(x_{ij}) - \min(x_{ij})} \tag{5-1}$$

（二）将各指标同度量化，计算制度成本各项指标的比重，其中，第 j 项指标下第 i 年该指标比重计算公式为：

$$y_{ij} = \frac{x'_{ij}}{\sum_{i=1}^{7} x'_{ij}}，\quad （i \text{ 为年份}，j \text{ 为指标}，0 \leqslant y_{ij} \leqslant 1） \tag{5-2}$$

（三）计算出各项指标的信息熵，其中，第 j 项指标信息熵的计算公式为：

$$I_j = -k \sum_{i=1}^{7} y_{ij} \ln y_{ij}，\quad （j=1，2，\cdots，4）；\quad k = \frac{1}{\ln 7}， \tag{5-3}$$

若 $y_{ij} = 0$，则 $y_{ij} \ln y_{ij} = 0$；

（四）计算第 j 项指标的信息效用价值，即差异系数为：

$$d_j = 1 - I_j，\quad （j=1，2，\cdots，4） \tag{5-4}$$

（五）对差异系数归一化，计算出第 j 项指标的权重为：

$$w_j = \frac{d_j}{\sum_{i=1}^{7} d_j}，\quad （j=1，2，\cdots，4） \tag{5-5}$$

（六）根据权重计算结果，计算 2012—2018 年食品安全风险防控的制度成本综合得分，计算公式为：

$$level_i = \sum_{j=1}^{4} w_j * x'_{ij}, \quad (i = 1, 2, \cdots, 7) \tag{5-6}$$

由(5-6)式计算得出 2012—2018 年我国制度成本各项指标权重结果及各年份综合得分如表 5-5 所示。

表 5-5　　　　2012—2018 年我国食品安全风险防控制度成本的监管效率

年份	政府监管食品的技术效率变化	消费者食品安全关注度	食品行业上市公司费比	食品上市公司平均诉讼费用	综合得分	排序
2012	0.64	0.08	0.53	0.25	0.37	6
2013	1.00	0.16	0.50	0.39	0.55	1
2014	0.38	0.16	0.50	0.25	0.30	7
2015	0.36	0.13	0.51	0.56	0.40	5
2016	0.79	0.12	0.50	0.28	0.43	4
2017	0.91	0.09	0.49	0.38	0.50	2
2018	1.00	0.09	0.43	0.30	0.49	3
权重	0.32	0.22	0.10	0.36		

三、基于 DEA 的食品安全风险防控效率分析

根据表 5-5 结果所示，在制度成本监测体系中，企业平均诉讼费用的权重最高，为 0.36；权重的排序为监管的技术效率变化、消费者关注度、食品企业费比（管理费用在销售费用中的占比），权重分别为 0.32、0.22 与 0.10。企业一方在制度成本中的权重总共占到 0.46，其次是政府监管，消费者权重最低。结合实际，对于食品安全风险防控成本的监测主要是对食品企业的成本监测，如果企业能提高自己正规化生产，实现食品安全的目标，就能够大幅降低食品安全风险防控的成本。

由图 5-6 所示，2012—2018 年我国食品安全制度成本总体呈现出前期波动而后期增长的趋势，以 2014 年为平稳-波动分界线。其中，具体表现为 2012 年至 2014 年先增后降，2013 年达到最大值，2014 年为最低值。在 2014 年之后，制度成本的综合得分缓慢且平稳增长，其中 2016 年和 2017 年增长幅度明显，平均增长速度为 11.8%；2018 年有所降低，但整体保持较高的水平；2014—2017 年间平均增长速度约为 13%。

在 2014 年之后，我国在食品安全风险防控上的投入逐年增多，其中大部分是食品企业应对风险防控制度造成的制度成本。结合第二节对于监管成本的 DEA 效率分析，也与图 5-6 的波动趋势表现出一致性，在 2013 年和 2014 年都出现了较大的波动，而后几年的趋势逐渐缓增，说明全社会提高了对食品安全的重视程度，加大了相关制度成本的投入，同时其效率也在不断提高。

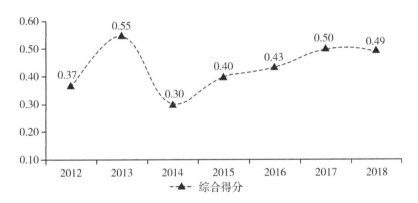

图 5-6　2012—2018 年我国食品安全风险防控制度成本的监测综合得分

第四节　食品安全风险防控制度成本监测体系的构建

一、食品安全风险防控制度成本的影响因素

本节从社会发展水平、政府职能部门监管、食品企业与第三方监督四个方面，分析食品安全风险防控中制度成本的影响因素。

社会发展方面的影响因素有：经济的发展水平、居民消费结构、通信水平和公民素质水平等。人类的发展历史和食品生产、消费的规律显示，一个国家食品安全问题的主要诱因和突出表现均与其经济发展水平密切相关。随着经济的增长、教育的普及，消费结构的变化，人们对食品的种类、质量要求、口味偏好等需求也会随生活水平的提高而改变，这种变化会影响食品生产企业的生产规模、生产决策、生产模式等，同时也会影响食品安全风险传播的途径与方式，从而影响食品安全风险防控的相关制度成本。

政府职能部门监管是食品安全风险防控的主体。政府监管方面的制度成本主要由制定食品相关法律法规的投入以及政府监管的人力、物力、财力的投入构成。在防控重大食品安全风险的过程中，政府监管相关的人力、物力、财力属于制度成本的内生性变量，可以直接反映相关成本的变化。在降低重大食品安全事件发生风险的同时，合理配置食品安全监管的各项投入，健全相关的法律法规、食品标准，提升食品安全监管效率，减少食源性疾病的事件，确保食品安全的有效监管，进而推动食品安全整体水平的提升。

食品企业是食品安全制度的执行者，其制度成本主要是在执行国家规定的法律法规时需要付出的人力物力财力等。企业相关制度成本主要受法律法规的多少以及执行的难易程度的影响。另外，食品行业的产业结构以与产业集中度也对制度成本有较大影响。随着食品生产规模及品种的增加，食品交易市场的不确定性风险也不断增大。食品生产企业作为食品安全的主要责任体，如果监管部门的监管缺位，会加剧食品生产经营企业的机会主义行为，可能会为了自身利益而降低投入成本，增大食品安全风险。为了研究食品行业以及企业对于食品安全风险防控中制度成本的影响程度，需要引入企业自身相关成本的变量。

第三方监督方面包括新闻媒体、行业协会、民间组织及消费者。考虑到数据的可得性，本章暂以新闻媒体监督为代表。新闻媒体对食品安全监督的作用不容忽视。基于自身的行业性质，新闻媒体会自发的追寻与食品安全相关的事件，以期获取相应的社会关注，同时降低了消费者与食品生产企业之间的信息不对称。另一方面，新闻媒体监督还能提高监管部门的监管效率，督促食品生产企业提高食品安全水平，因为一旦媒体暴光食品安全问题，就会引起大量的民众关注，从而提高企业和政府的相关成本。因此，新闻媒体监督对食品安全制度成本具有较大影响，在监测体系中应予以考虑。

二、食品安全风险防控制度成本的监测指标

由于制度成本是不可直接观测的潜变量，基于上述对食品安全风险防控中制度成本影响因素的分析，要对制度成本进行监测需要进一步找到匹配的、可度量的相关指标。

1. 经济发展水平

经济水平的提高使得食品市场规模不断扩大，交易主体之间的交易越来越复杂，相应的商业法律和契约的需求也会因此而增加，政府需要建立和完善司法组织，花费更多的资源用于法律的制定和市场的监管；随着工业化经济的发展，不完全竞争市场问题更加突出，势必会导致政府监管范围的扩大、介入程度的加深，因此如果不考虑其他因素的影响，经济的发展会带来制度成本的增加。另一方面，社会经济发展带来新技术应用，使得食品安全风险防控技术水平和效率得到提升，在很大程度上可以降低相关制度成本。基于此，本章以"人均国内生产总值"指标，作为我国的经济发展水平的指标，数据来源于国家统计局。

2. 恩格尔系数

恩格尔系数是指居民家庭中食物支出占消费总支出的比重。一般而言，恩格尔系数会随经济的发展而降低，这一趋势表明人们的消费水平在提高。居民购买食物不只是为了充饥，而是对食品质量的要求不断提高，并且会更加关注食品的营养价值和质量安全，为了满足人们日益增长的对食品质量的需求，食品安全风险防控的相关制度成本也随之增加。因此选择恩格尔系数作为指标，反映居民消费水平对食品安全风险防控中制度成本的影响。这里以国家统计局"城镇居民家庭恩格尔系数"与"农村居民家庭恩格尔系数"为基础计算出"居民恩格尔系数"。

3. 食品工业产值比重(食品工业产值/工业总产值)

食品产业的发展以及社会分工的细化，导致大多数食品需要经过食品产业链上的多个企业生产才能完工，最终提供给消费者。从 1987 年到 2019 年，食品工业产业增长绝对值持续提高，而增长相对值总体呈现先减后增的趋势。食品工业产值的变化一方面影响政府在食品安全监管中所投入的成本，另一方面影响企业

为了保证自身食品安全所付出的相应成本。产业结构能够反映出食品企业的产出在社会总产出中的占比,本章选用食品工业产值占工业总产值比重来表示食品行业的发展水平,数据来自《中国工业统计年鉴》和国家统计局。

4. 城镇化率

城市化水平的提高,使社会的结构不断完善,城市的发展会产生规模效应,这有助于科学技术的进步和信息化的推进,使现代化大城市成为科技的创新基地和信息的交流中心。城镇化过程中农村人口向城镇迁移,这就要求农村人口素质相应的提高,从而提高社会人口的结构,而人口结构的提高就会提高食品生产经营者的法律意识和自律水平,从而降低食品安全风险的发生,因而有利于降低食品安全风险防控中的制度成本。基于此,本章选取反映我国城镇化率的"城镇人口数占全部人口数的比重",作为反映人口结构对食品安全风险防控中制度成本的影响。数据来源于国家统计局和《中国统计年鉴》。

5. 网络化发展水平、交通发展水平

信息化和网络化发展水平、交通发展水平的提高可能会降低风险防控中的制度成本。因为当通信设施、信息化和网络化整体水平提高时,社会交易各方之间的交流、交易成本会降低;同时信息沟通渠道的增加,会减少信息不对称和沟通成本;交通的便利提高了交易活动的便捷性,降低了交易成本。本章选取"网民占总人口的比重"反映我国信息及网络化发展水平,选取"交通运输、仓储和邮政业增加值占 GDP 的比重"反映我国的交通发展水平,指标数据来源于国家统计局。

6. 平均受教育年限

Walters 和 Rubinson(1983)认为个人素质的提高会降低整体制度成本。人口素质的提升会提高食品生产经营者的法律意识和自律水平,有利于提升社会共治水平,从而降低食品安全风险的发生,因而教育平均年限的提高有可能会降低制度成本的相对规模。故本章选取我国公民的"平均受教育年限"指标,以反映我国人均素质水平,数据来源于国家统计局、《中国统计年鉴》、《中国教育统计年鉴》,计算公式如表5-6所示。

表 5-6　　　　　　　　食品安全风险防控中制度成本的监测指标体系

一级指标	二级指标	计算公式	数据来源
经济发展水平	人均国内生产总值	GDP/总人口数量	国家统计局
	城镇化率	城镇人口/总人口数量	国家统计局
食品消费水平	恩格尔系数	食品消费水平/居民消费水平	国家统计局、《中国统计年鉴》
食品产业结构	食品工业产值比重	食品工业产值/工业总产值	国家统计局、《中国工业统计年鉴》
食品法制程度	食品安全国家标准制定数	——	2013—2019 年《中国卫生统计年鉴》
交通信息水平	交通发展水平	交通运输、仓储和邮政业增加值/GDP	国家统计局、《中国统计年鉴》
	信息化发展水平	网民/总人口	国家统计局
公民素质水平	平均受教育年限	平均受教育年限计算公式（注）	国家统计局、《中国统计年鉴》、《中国教育统计年鉴》
消费者与媒体	新闻对食品安全关注程度	新闻摘要中包含"食品安全"的比重	国泰安数据库
企业制度成本	食品上市公司的管理费比	食品行业上市公司的管理费用/销售费用	国泰安数据库
	诉讼成本	食品行业上市公司的诉讼费用	国泰安数据库
政府制度成本	食源性疾病暴发患者数	——	2013—2019 年《中国卫生统计年鉴》
	食品中化学污染物及有害因素和微生物的监测数量	——	2013—2019 年《中国卫生统计年鉴》
	国家监督抽查食品企业数量比	抽查食品行业企业数/所有抽查企业数	国家统计局、《中国卫生统计年鉴》

注：平均受教育年限=（文盲人数＊1+小学学历人数＊6+初中学历人数＊9+高中和中专学历人数＊12+大专及本科以上学历人数＊16）/6 岁以上人口总数。

7. 媒体关注度

鉴于数据的可获得性，本章使用新闻中大众对于食品安全的关注程度作为媒体监管的指标，以关键词"食品安全"的出现频率与"食品"在新闻摘要中出现的频率的比例作为第三方监督对于食品安全的关注度。数据来源于国泰安数据库，选自2012年至2018年期间关于食品行业上市公司的新闻摘要与标题中的文本数据。

8. 食品上市公司的管理费占比、平均诉讼成本

企业制度成本是企业因制度性因素产生的非生产性成本，微观方面是制度实施过程中对企业等微观经济主体产生的一种非必要的付出。由于企业用于食品安全风险防控方面的制度成本很难与管理成本分开，所以相关制度成本数据难以获得。尽管不能直接对企业的制度性交易成本进行统计，但我们可以通过企业管理费用的占比、诉讼成本等费用来间接测算企业方面制度成本，数据来源于国泰安数据库中上市企业的相关数据。

9. 国家监督抽查食品企业数量比重、食品安全国家标准制定数

宏观层面中的食品安全风险防控中的制度成本是指在食品安全相关制度的制定、实施以及协助市场监管过程中，政府相关部门所付出的成本。虽然政府的财政支出每年都有统计数据，但是公开的只有近三年市场监督管理总局的相关数据，而没有专门用于食品安全风险防控方面的支出数据。虽然政府方面制度成本不容易被直接统计，但是从政府进行食品安全监管需要配置相应的机构和人员的角度上思考，可以通过食品安全国家标准制定数量、抽查食品企业数量占全部抽查企业数量的比重为指标，来监测政府监管方面食品安全风险防控的制度成本。但由于食品安全国家标准制定数量指标只有2012—2019年的数据，鉴于数据的可获得性和测算模型数据的完整性要求，本章在应用模型测度食品安全风险防控的制度成本时，仅选择国家监督抽查食品企业数量比重为指标进入测度模型，数据来源于国家统计局。食品安全律法规、国家标准制定数量可作为监测指标加在统计监测指标体系中。

三、食品安全风险防控制度成本监测体系的构建

根据以上分析，从整体层面构建我国食品安全防控中制度成本的统计监测指标体系，如表5-6所示。

第五节 我国食品安全风险防控制度成本的测度

由于制度成本的不可观测性和现有统计数据的局限性，本节采用结构方程模型(Structural Equation Model，简称 SEM)对食品安全防控中的制度成本进行间接测度。结构方程模型能将一些无法直接观测的变量，如交易成本、未观测到的 GDP 等变量，作为隐性变量，通过建立隐性变量与可观测变量之间的结构关系，用可以被直接观测的变量反映出来，进而实现对隐性变量的量化研究。

本节采用 SEM 的思想，建立我国食品安全风险防控中制度成本的测度模型，借助本章第四节中食品安全风险防控统计监测指标体系中的指标，构建多指标多原因模型(Multiple Indicators and Multiple Causes，MIMIC)，间接测度我国 2000—2019 年食品安全风险防控中制度成本的规模，并揭示各影响因素对食品安全防控制度成本的影响程度。

一、多指标多原因模型基本原理

多指标多原因模型(MIMIC)为结构方程模型多种形式中的一个特例。MIMIC 模型建立主要有五个步骤：一是模型的设定，二是模型识别，三是识别后的参数估计，四是对模型的评价，五是对模型的进一步修正。MIMIC 模型既可以通过严密的结构模型将潜在变量的外生原因和内生指标表达出来，又可以得出所有解释变量对潜在变量的影响程度。Schneider 和 Enste 在 2000 年进一步指出 MIMIC 模型的优点，它不需要以严格的约束条件和难以置信的假设为前提，所以其理论框架与测度方法比其他任何间接测度方法更具有灵活性，并且潜层次的包含了其他所有的间接测度方法。MIMIC 模型由 Jöreskog 和 Goldberg (1975)首先提出，其基本形式为：

$$\eta = \gamma_1 X_1 + \gamma_2 X_2 + \cdots + \gamma_q X_q + \xi \tag{5-7}$$

$$y_1 = \lambda_1 \eta + \varepsilon_1, \quad y_2 = \lambda_2 \eta + \varepsilon_2, \quad \cdots, \quad y_p = \lambda_p \eta + \varepsilon_p \tag{5-8}$$

其中，式(5-7)称为结构模型，反映潜在变量 η 与原因变量 $X_i (i = 1, 2, \cdots, q)$ 之间的线性关系，误差项 ξ 表示 η 中未能被 X_i 解释的部分；式(5-8)称为测量模型，反映潜在变量与指标变量 $y_j (j = 1, 2, \cdots, p)$ 的线性关系，误差项 ε_j 表示 y_j

中未能被 η 解释的部分。

将式(5-7)、式(5-8)可以简化为矩阵形式：

$$\eta = \gamma' X + \xi \tag{5-9}$$

$$y = \lambda \eta + \varepsilon \tag{5-10}$$

其中，$X' = (x_1,\ x_2,\ \cdots,\ x_q)$ 为可观测的外生原因变量；$\gamma' = (\gamma_1,\ \gamma_2,\ \cdots,\ \gamma_q)$ 为结构模型的结构参数；$y' = (y_1,\ y_2,\ \cdots,\ y_p)$ 为可观测的内生变量；$\lambda' = (\lambda_1,\ \lambda_2,\ \cdots,\ \lambda_p)$ 为测量模型的结构参数；$\varepsilon' = (\varepsilon_1,\ \varepsilon_2,\ \cdots,\ \varepsilon_p)$ 为测量误差；$v' = (v_1,\ v_2,\ \cdots,\ v_p)$ 为 ε 的标准差。

将式(5-9)代入式(5-10)，模型可进一步简化为：

$$y = \lambda\,(\gamma' X + \xi) + \varepsilon = \prod {}' X + v \tag{5-11}$$

其中，

$$\prod = \gamma \lambda' \tag{5-12}$$

$$v = \lambda \xi + \varepsilon \tag{5-13}$$

假定 ξ 和 ε 均服从正态分布且相互独立，

$E(\xi) = E(\varepsilon_j) = 0,\ (j = 1,\ 2,\ \cdots,\ p)$；$E(\xi^2) = \sigma^2$；$E(\varepsilon\varepsilon') = \Theta^2$，

其中 $\Theta_{(p\times p)}$ 是关于 v 的对角阵，则

$$E(vv') = E\big[\,(\lambda\xi + \varepsilon)(\lambda\xi + \varepsilon)'\,\big] = \sigma^2 \lambda\lambda' + \Theta^2 \tag{5-14}$$

MIMIC 模型的基本思路为：让这个模型中所有可测变量的协方差矩阵 $\sum(\theta)$ 作为一组待估计参数的函数。如果估计得出的模型是正确的，那么这个可测变量的总体协方差矩阵 $\sum$ 就能够被准确地估计出来。即

$$\sum = \sum(\theta) \tag{5-15}$$

其中，$\sum$ 用全部可测变量组成的 $(p+q)*1$ 向量的样本协方差矩阵代替，θ 是个矢量，含有模型的待估计参数。根据式(5-15)可求解出待估计参数 θ，最后代入式(5-7)即可求解潜在变量 η 的实际值。为使模型可识别，假设制度成本与 y_i 之间的路径系数为-1或1，正负号的选择保证模型估计的路径系数符合实际经济意义。

在这一过程中，需要根据软件估计结果对基本模型进行修正，修正过程遵循两个原则：

（1）判断经济现实意义，如果存在估计的符号和预期符号相反的情况，就是不显著的相关指标；

（2）估计结果中表现为不显著的变量，可以考虑剔除。

二、食品安全风险防控制度成本测度模型指标的选择

根据本章第四节构建的监测指标体系，结合 MIMIC 模型指标选取原则，从外生变量和内生变量两个维度选取指标。鉴于数据的可获得性，国家颁布的关于食品安全的政策与标准的数据缺失，故本章选取食品安全风险防控中制度成本的外生变量为经济发展水平、居民消费结构、食品产业结构、交通信息水平、公民素质水平这五个方面中的七个指标，具体为：经济发展水平 X_1、恩格尔系数 X_2、食品工业产值比重 X_3、城镇化率 X_4、交通发展水平 X_5、网络化发展水平 X_6、平均受教育年限 X_7。

该模型中的内生变量需要反映我国食品安全风险防控中制度成本结果，基于三方责任主体，本章分别选择媒体关注度 Y_1、食品上市公司的相关费比（管理费用与诉讼费用占销售费用的比重）Y_2、国家监督抽查食品企业数量比重 Y_3 为内生变量，如图 5-7 所示。

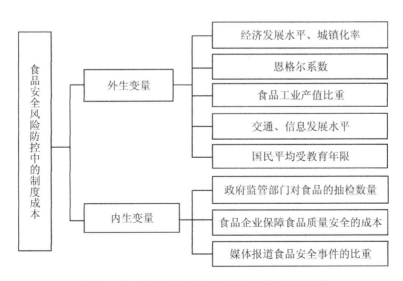

图 5-7　食品安全风险防控中制度成本的监测指标

三、基于 MIMIC 的食品安全风险防控制度成本的测度

本章收集的数据样本时间段为 2000—2019 年，共选取了 7 个指标作为其外生可测变量，3 个指标作为内生可测变量，可以得到模型的基本形式 MIMIC（7，1，3），如图 5-8 所示。应用 Amos21.0 软件，对我国食品安全风险防控中的制度成本进行测度。

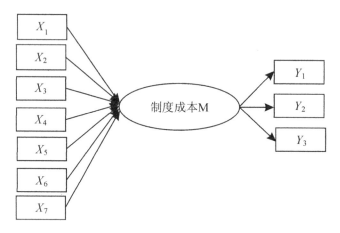

图 5-8 我国食品安全风险防控中制度成本的 MIMIC 模型

（一）平稳性检验

MIMIC 模型对指标数据的要求原则上为平稳序列，否则模型估计会存在一致性偏差。因此，在应用该模型前需要对序列进行平稳性检验。平稳性检验方法中，应用最广的一般为 DF 检验和 ADF 检验，但两者检验功效都不高，特别是在小样本数据的条件下，检验功效非常不理想。1996 年 Elliott 提出通过在被检验序列的拟差分序列的回归基础上构造统计量来进行平稳性检验，可以较好地解决小样本问题。因而，本章尝试采用 ERS 检验方法进行平稳性检验，并对数据取差分处理，结果如表 5-7 所示，所有指标满足一阶差分平稳性要求。

表 5-7　　　　　　　　　　　**各变量的单位根检验结果**

变量	指标	统计检验量	临界值	检验形式 (c, t, k)	结论
X_1	人均国内生产总值	−3.66	−3.19**	$(c, 1, 1)$	平稳
X_2	恩格尔系数	−4.39	−3.77***	$(c, 1, 1)$	平稳
X_3	食品工业产值/工业总产值	−2.47	−1.96**	$(c, 0, 1)$	平稳
X_4	城镇化率	−2.83	−2.7***	$(c, 0, 1)$	平稳
X_5	通信基础发展水平	−3.55	−3.19**	$(c, 1, 1)$	平稳
X_6	网络化发展水平	−1.85	−1.61*	$(c, 0, 1)$	平稳
X_7	平均受教育年限	−4.75	−2.7***	$(c, 0, 1)$	平稳
Y_1	媒体关注度	−4.40	−3.77***	$(c, 1, 1)$	平稳
Y_2	食品上市公司的相关费比	−5.74	−3.77***	$(c, 1, 1)$	平稳
Y_3	国家监督抽查食品企业数量比	−7.04	−3.77***	$(c, 1, 1)$	平稳

注：平稳性检验使用软件 EVIEWS8.0 给出结果。其中，＊、＊＊、＊＊＊分别表示在 10%、5%、1%的水平上显著；检验形式(c, t, k)表示单位根检验含有常数项、趋势项和滞后阶数，否则用 0 表示。

（二）MIMIC 模型的检验结果

首先，将差分后的各项变量进行标准化变换，再将数据代入图 5-7 所示的 MIMIC 模型中，利用 Amos21.0 软件完成对 MIMIC 模型参数的极大似然估计。为使模型可识别，媒体关注度和制度成本之间应是正向关系，故设制度成本与媒体关注度 Y_1 之间的路径系数为 1，符合实际经济意义。同时，在模型拟合的过程中，需要不断根据 Amos21.0 得到的估计结果进行指标修正，以改善最终的拟合效果，模型及其修正过程如表 5-8 所示。

模型 MIMIC 7-1-3 中 ΔX_7、ΔX_2 和 ΔX_3 的 P 值很大，分别去掉变量后，模型的拟合优度和均方差都有所改善，但模型参数估计在 10%显著性水平上不全显著，同时去掉后，模型参数估计在显著性 10%上都是显著的。在模型 MIMIC 4-1-3 的原因变量中，平均受教育年限、恩格尔系数和食品工业产值比都不显著。因此，本章

以剔除 X_7、X_2 和 X_3 之后的 4-1-3 模型为标准，构建一个包含四项外生变量的 MIMIC 模型。

表 5-8   **MIMIC 模型标准化系数和整体拟合优度估计结果**

变量	模型			
	MIMIC(7-1-3)	MIMIC(6-1-3)	MIMIC(5-1-3)	MIMIC(4-1-3)
ΔX_1	0.630**	0.635**	0.647**	0.563**
	(0.274)	(0.269)	(0.266)	(0.232)
ΔX_2	−0.120	−0.113		
	(0.193)	(0.179)		
ΔX_3	0.147	0.149	0.153	
	(0.220)	(0.218)	(0.222)	
ΔX_4	0.396**	0.400**	0.405**	0.42**
	(0.194)	(0.189)	(0.189)	(0.189)
ΔX_5	-0.539***	−0.537***	−0.510**	−0.45**
	(0.208)	(0.206)	(0.203)	(0.184)
ΔX_6	-0.442*	−0.448*	−0.488*	−0.379*
	(0.269)	(0.261)	(0.256)	(0.201)
ΔX_7	0.016			
	(0.189)			
卡方/自由度	1.070	1.150	1.300	1.015
	(0.357)	(0.267)	(0.161)	(0.435)
RMSEA	0.062	0.091	0.129	0.029
CFI	0.657	0.581	0.505	0.968

注：(1)估计结果均为标准化之后的系数，变量 ΔX_1 至 ΔX_7 的括号里为统计量相对应的 $S.E$ 值；卡方、自由度的括号里为 P 值。(2)卡方值越小，P 值越大，则说明模型拟合程度越高。卡方自由度之比大于 1 小于 2 时，严格适配；卡方自由度之比大于 2 小于 3 时，适配良好。(3)RMSEA 是近似误差均方根，在 0~1 之间取值，当 RMSEA 在 0.05~0.08 时，拟合效果较好，当 RMSEA 的值小于 0.05 时，模型拟合得非常好。(4)CFI 是比较适配指标，在 0~1 之间取值，当 $CFI>0.9$ 时，拟合较好。(5)* 、** 、*** 分别表示在 10%、5%、1%的水平上显著。

在对基础模型进行多次修正后，得到最终的 MIMIC 4-1-3 模型。绝对拟合指数"卡方/自由度"指标值为 1.015 小于标准值 2，其 P 值为 0.435 大于参考标准值 0.05，拟合优度检验通过。

模型系数显著后，制度成本的相对值就可被估计出来。理论上而言，这其中隐性变量制度成本的具体估计形式与数值，十分依赖于模型关于内生变量、外生变量等指标的前期选择。本章中，由于各变量在经过一阶差分后才表现出一定的平稳性，对于 MIMIC 模型的拟合所用的也是一阶差分变量。又由于本章所采用的指标变量均为相对变量，因而，模型的理论表达式反映的是各个外生变量的相对变化对被解释变量（制度成本）的相对影响程度，由于内生变量也是以相对数的形式引入测量方程，并同时以差分的形式参与估计，因此，制度成本的估计形式可被描述为制度成本（M）占食品工业产值（VFI）比重的差分形式。根据表 5-8 可得，本章拟合的最优 4-1-3 模型如式（5-16）所示。

$$\Delta \frac{M_t}{VFI_t} = 0.563\Delta x_{1t} + 0.420\Delta x_{4t} - 0.450\Delta x_{5t} - 0.379\Delta x_{6t} \tag{5-16}$$

由式（5-16）可知，经济发展水平、城镇化率的符号都为正，说明这两项指标都具有提高制度成本的作用，即随着经济不断发展，城镇化率的提高，市场交易越来越多，交易方式越来越复杂，因此为了防控食品安全的风险，需要付出更多的制度成本进行监管；交通发展水平和网络信息化发展水平的符号为负，说明该指标能较好地提高监管效率，降低食品安全风险防控中制度成本，即随着交通与科技的发展，交易更便捷，信息更公开，有效降低社会中消费者和企业之间的信息不对称，从而降低交易成本。

（三）制度成本的估算

根据式（5-16）的拟合结果，代入各变量数据可得 2000 年至 2019 年我国食品安全风险防控中制度成本的环比增长速度，如表 5-9 所示。为了进一步估计出历年我国食品安全风险防控中制度成本的具体值，则需要以 2000 年至 2019 年中某一年份的制度成本/食品工业产值为基值。从 2002 年公布的《2002 中国可持续发展战略报告》中找到测算制度成本绝对值的基值的依据，报告中提到："如果世界综合平均发展成本为 1，则中国的综合平均发展成本为 1.25"。这说明在世界平均发展水平下，各国平均用 1 美元可以办完的事情，在我国需要花费 1.25 美元才能办成同样的事情。进而说明假设在相同的产出水平下，我国需要多花费高于世界平均水平 25% 的成本。

表 5-9　　　　　　　　　　制度成本的环比增长速度估计

年份	△（M/VFI）	M/VFI（%）	制度成本规模（亿元）
2000 年		1.89	122
2001 年	0.16	1.89	134
2002 年	−0.11	1.89	155
2003 年	0.71	1.90	193
2004 年	0.28	1.91	254
2005 年	0.35	1.91	327
2006 年	0.18	1.92	407
2007 年	−1.15	1.89	530
2008 年	−1.52	1.87	694
2009 年	−1.51	1.84	808
2010 年	−0.82	1.82	1 002
2011 年	−0.56	1.81	1 260
2012 年	−0.69	1.80	1 468
2013 年	−0.87	1.78	1 677
2014 年	−0.38	1.78	1 785
2015 年	−0.61	1.77	1 850
2016 年	−0.53	1.76	1 956
2017 年	−0.20	1.75	1 739
2018 年	−0.63	1.74	1 410
2019 年	−1.37	1.72	1 396

因此，这 25%的比例也就意味着我国经济发展进程超过世界平均水平的成本损失。基于 2001 年食品工业产值占总产值的比重为 7.54%，本章假定 2001 年制度成本占食品工业产值的比重为 25%×7.54% = 1.89%，据此估算出 2000 年至 2019 年制度成本的相对值与绝对值，如表 5-9 所示。

根据 MIMIC 模型估算的我国食品安全风险防控中制度成本的结果可知，2000—2019 年，我国食品安全风险防控中的制度成本与食品行业产值的比重呈现缓慢降低的趋势，大致变化范围在 1.7%至 1.9%之间，平均值为 1.82%，由此也说明我国制度成本增速长期以来保持了较稳定的增长趋势，增速与食品工业产值增速接近。

由相应的连续变动趋势图 5-9 与图 5-10 进一步分析发现，M/VFI 在样本期间增长趋势大约分为三个阶段，具体表现为：第一阶段是 2000 年至 2006 年萌芽阶段，制度成本与食品行业产值比重存在逐步上升的势头，在 2006 年达到最大值 1.92%，期间平均比重约为 1.9%；第二阶段从 2007 年至 2016 年，制度成本与食品行业产值的比重逐步下降，比重的增速呈现急剧下降又缓慢上升至平稳波动，期间平均比重约为 1.8%；第三阶段从 2016 年之后，该比重缓慢下降，其增速逐步缩减，期间平均比重为 1.74%。

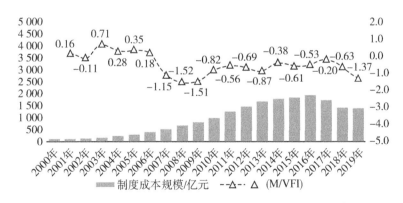

图 5-9　2000—2019 年我国食品安全风险防控中制度成本的绝对规模及增长变化

从总量来看，自 2000 年开始，制度成本绝对值规模整体上呈现先增后降的趋势，从 2000 年的 122.3 亿元增长到 2016 年最高值 1956.4 亿元，后降到 2019

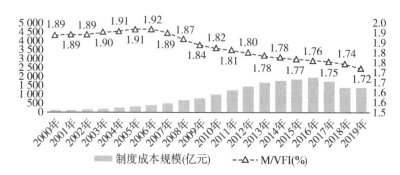

图 5-10　2000—2019 年我国食品安全风险防控中制度成本的绝对规模及相对规模

年的 1395.7 亿元，总体增长幅度为 11 倍。第一阶段中，制度成本的规模较小，趋势稳定在 100 亿至 500 亿之间；第二阶段随着经济的快速发展，食品工业产值增长较快，制度成本也不断提高，增幅达到近 3 倍，在 2016 年达到绝对值最高点，结合现实我国在 15 年、16 年分别发布了 203 个和 530 个关于食品安全的政策与标准，这是近九年期间颁布标准数量最多的年份；第三阶段从 2016—2019 年，随着市场经济体制和法制建设不断完善，制度成本的绝对规模呈现递减趋势。

整体表现说明在我国经济的发展中，城镇化进程加快，一方面人们对于食品的各种需求不断扩大，食品相关企业数量增多，食品工业总产值持续攀升，另一方面公众会更加注重食品的质量安全，两方面导致食品安全风险防控中制度成本的总量不断攀升；同时交通及信息化、网络化水平的不断发展降低了食品安全风险防控中信息不对称，提高了交易效率，从而降低了制度成本。虽然近年来制度成本有缩减的趋势，但我国监管食品安全的现状不容乐观，在倡导经济增长的背景下，降低食品安全风险防控中的制度成本，提高风险防控的有效性仍然任重道远。

第六节　总结及建议

一、本章小结

本章从宏观的视角，构建了我国食品安全风险防控制度成本的统计监测体系，并根据 MIMIC 模型估算出 2000—2019 年我国食品安全风险防控制度成本的规模，并得出其相对规模的变化趋势。通过模型的参数估计，得到食品安全风险防控制度成本受经济发展水平、城镇化率的正向影响，受交通发展水平以及信息化、网络化发展水平的负向影响。

通过 MIMIC 模型估算，结果显示我国食品安全风险防控制度成本的相对规模变化情况：自 2000—2019 年期间，制度成本增速呈现先增后降的趋势，期间平均值为 1.82%，最高值出现在 2006 年。具体结论为：

（一）从绝对值看，自 2000 年开始，制度成本绝对值规模整体上呈现先增后降的趋势。

（二）从相对值看，我国食品安全风险防控的制度成本与食品行业产值的比重呈现缓慢降低的趋势，平均比值为 1.82%，我国制度成本增速长期以来保持了较稳定的增长趋势，增速与食品工业产值增速接近。

（三）将制度成本相对规模的增长趋势分为三个阶段：表现为第一阶段是 2000—2006 年萌芽阶段，制度成本与食品行业产值比重逐步上升，在 2006 年达到最大值 1.92%；第二阶段从 2007—2016 年，制度成本与食品行业产值的比重逐步下降，比重的增速呈现急剧下降又缓慢上升至平稳波动；第三阶段从 2016 年之后，该比重缓慢下降，其增速逐步缩减。

（四）模型系数的估计结果说明经济发展水平、城镇化率对制度成本有正向影响，即随着经济发展水平的提高与城镇化比例的不断加快，一方面导致人们对于食品的各种需求不断扩大，食品相关企业数量增多，市场交易越来越多，交易方式越来越复杂，公众对食品安全的要求越来越高，导致食品安全风险防控制度成本的总量不断增加；交通与信息化、网络化发展水平对制度成本有负向影响，即交通运输的发展以及信息获取的便捷，可以从更多的渠道获取信息并进行交易，降低了交易双方的信息不对称，有效提高交易效率，从而降低食品安全风险防控中的制度成本。

二、对策建议

本章的研究对于我国的食品安全风险防控具有重要的启示意义。基于对食品安全风险防控制度成本的理论分析以及制度成本测度的实证研究，提出降低我国食品安全风险防控制度成本的对策建议：

（一）提高食品安全风险防控效率，实现食品产业高质量发展

鉴于我国的食品安全风险防控工作起步较晚，且财政投入的力度不够，食品安全风险防控体系还有待完善。随着经济的发展，我国在食品安全风险防控上的投入也在逐年增加。在增加投入的同时，更应该注重投入的效率。政府是食品安全风险防控的主体，一方面要制定、完善相关的法律法规、配置食品安全监管设备、组织人员培训等，还要协调与食品相关的各职能部门，调配利用资源，以较低的投入，达到较高的监管效果；另一方面要尽量考虑到食品安全风险防控给食品企业带来的制度成本，在一定范围内为企业减负，创造良好的生产经营环境，推动食品产业高质量发展。

（二）提高交通及信息化发展，降低市场交易成本

从实证结论来看，交通和信息化、网络化水平的不断发展，有利于降低食品安全风险防控的制度成本。首先，提高交通基础设施以及信息化、网络化发展水平会增加信息沟通渠道，使交易更加便捷，大大减少交易双方的信息不对称产生的信息成本；其次，通过网络信息公开，让消费者参与到食品安全的监管中来，有利于加强社会的诚信体系建设，从而提高了交易活动的效率。在信息技术发展日新月异的现代社会，积极将新技术如区块链、大数据技术等应用到食品安全风险防控体系中，以提高民众的参与度、加强社会诚信、提高食品安全社会共治，有利于降低风险防控中的制度成本。

（三）优化食品产业结构、提高产业集中度，提升食品产业竞争力

食品产业链安全风险防控制度成本从根本上而言，取决于食品产业的自身行为，如果食品企业能自觉保证食品的质量和安全，将从根本上降低风险防控的制度成本。食品产业大致分为食品原材料生产、食品生产加工和食品运输销售等环节，每一个环节都需要食品安全的风险防控。升级和优化食品产业的上游、中游与下游提升产业竞争力，对于提高食品安全风险防控效率具有重要意义。主要措施包括：一是提高食品产业的规模化生产，提高规模经济，进一步提升食品产业

的产业集中度，淘汰落后的产能和技术装备，提高规范化生产，从而提高企业的生产技术水平和食品安全水平；二是努力尝试食品科技创新，提高产品质量和多样性，在自觉保证食品安全的前提下，满足人们不断增长的食品需求。

第六章 我国食品企业制度性
交易成本的测度研究

第一节 引　　言

在食品生产经营企业众多的成本中，食品安全风险防控成本占有较大的比重，属于企业制度性交易成本的一部分。通过对食品企业的调研，发现食品企业在食品安全风险防控方面的投入并没有单独账目，绝大多数都列到了企业的管理费用账目中，例如食品安全岗位与人员的设置、培训，按照食品安全制度要求进行生产工艺与流程的规范、改进，自我检测与第三方检测的相关费用等。另外，与食品安全相关的仪器、设备、设施等列到了生产成本账目中。所以，对纯粹的企业食品安全风险防控成本的直接统计实现起来非常困难。考虑到食品企业在食品安全风险防控方面的制度成本在企业总成本中占比较高，因此从整体上研究食品企业的制度性交易成本的规模，也可以在一定程度上反映出企业在食品安全风险防控方面的成本规模。故本章在分析了企业制度性交易成本影响因素的基础上，建立定量分析模型，从整体上研究食品企业制度性交易成本的间接测度问题。

2016年8月，国务院下发了《关于印发降低实体经济企业成本工作方案的通知》，从包括制度性交易成本在内的六个方面为企业降成本做出了工作安排。2017年的中央经济工作会议再一次明确提出要降低制度性交易成本，整理清算涉企收费，加大对收费乱象的整顿力度。这些政策方案在一定程度上体现了当前我国把降低制度性交易成本放在重要位置，但同时也反映出"降成本"战略在逐步推进的过程中，面临着较多难以解决的现实问题。由于制度性交易成本种类繁多、弹性较大，且存在某些不透明的费用，减少不合理、不必要的制度性交易成本是降低企业成本的关键。

为企业降成本的关键是要切实降低企业承担的制度性交易成本，对于食品企业而言，这其中包含着由于食品安全风险防控带来的制度成本。本章在系统梳理企业制度性交易成本的影响因素的基础上，构建多指标多原因定量分析模型，实现从整体上对食品企业制度性交易成本的间接测度。

第二节　企业制度性交易成本的理论研究

一、企业制度性交易成本的概念界定

制度性交易成本属于交易成本的一种。宋清辉[1]将制度性交易成本定义为由于使用政府的各种制度工具所产生的成本，也可以理解为企业在遵循政府制定的政策、规章制度时所需要负担的成本，如税费、融资成本等都是制度性交易成本的一部分。

常耀中[2]根据交易对象的不同，认为企业承担的交易费用由私人品交易费用、公共品交易费用两部分构成，其中，只有公共品交易费用才属于企业的制度性交易成本，包括企业因外部性获得的补贴或者付出的费用等，而私人品交易费用则不属于企业的制度性交易成本，且这类费用可以通过公共制度的实施得到一定程度上的降低。

程波辉[3]将制度性交易成本界定为企业因使用一系列公共制度所承担的成本，例如我国的宏观调控、产权、税收、融资等制度，这些均属于企业自身经营生产性成本以外的，受制于宏观层面制度性安排的外部成本。

---

[1]　宋清辉. 一本书读懂经济新常态[M]北京：电子工业出版社，2015：16.

[2]　常耀中. 企业制度性交易成本的内涵与实证分析[J]. 现代经济探讨，2016(08)：48-52.

[3]　程波辉. 降低企业制度性交易成本：内涵、阻力与路径[J]. 湖北社会科学，2017(06)：80-85.

彭向刚、周雪峰①从狭义和广义的角度进行分析，认为狭义的制度性交易成本集中表现在政府与企业之间关系，例如以行政审批为代表所体现出的政府对企业的监管。而广义的制度性交易成本更关注于因政府与市场之间的关系未理清所产生的体制性成本，这是由于政策制度欠缺合理性给企业造成的额外成本，例如税收体系不科学导致的税费偏高，融资体制不健全造成的高融资成本等。

综上，学者们从不同的视角出发，给出了关于制度性交易成本内涵的理解与表述。简言之，企业制度性交易成本的产生与公共制度有关，区别于企业的生产性成本，是企业在遵循政府制定的各项政策与制度时需要负担的成本，这部分费用并没有转移到最终产品中去。

由于制度性交易成本种类繁多，因此，学者们分别从不同的角度对制度性交易成本进行了分类。

沈伯平、陈怡②将企业的制度性交易成本分为显性成本和隐性成本；刘朝阳、刘晨旭③将企业的制度性交易成本分为政治型交易成本、资本市场型交易成本、管理型交易成本等；徐凤等④将制度性交易成本分为合规成本与摩擦成本。

从制度性交易成本的研究内容来看，现有的相关研究中，大部分是对制度性交易成本做定性研究，关于制度性交易成本的定量分析较少。另外，学者们从不同的研究视角出发，对制度性交易成本的内涵、分类等有不同的理解，还未形成统一认知，相关理论研究尚未完全成熟，有待进一步拓展和完善。

本书主要借鉴了宋清辉、程波辉的研究，将企业制度性交易成本界定为企业因遵循政府制定的各项政策要求和各类规章制度而产生的成本，例如企业因遵循税收制度、融资制度、劳动用工制度、产权制度、法律法规等宏观公共制度所产生的成本。

---

① 彭向刚，周雪峰．企业制度性交易成本：概念谱系的分析［J］．学术研究，2017（08）：37-42+177.

② 沈伯平，陈怡．政府转型、制度创新与制度性交易成本［J］．经济问题探索，2019（03）：173-180.

③ 刘朝阳，刘晨旭．增值税降率对企业绩效与投资行为的影响研究——兼论增值税降率微观传导过程中的企业异质性问题［J/OL］．南方经济：1-17［2021-07-26］.

④ 徐凤，周清杰，朱倍其．制度性摩擦成本与企业成长——基于新三板企业的实证研究［J］．山西财经大学学报，2021，43（12）：55-68.

二、制度性交易成本与交易成本、制度成本的辨析

制度性交易成本、交易成本、制度成本这三个概念既有联系又有区别，本节将结合相关文献，理清三者之间的差别，正确区分出制度性交易成本，以便对其概念进行更准确地把握，也使本章的研究对象更加明确。

(一)制度性交易成本与交易成本的辨析

交易成本可划分为市场型和非市场型两类，而制度性交易成本包含于非市场型交易成本之中，属于特殊的交易成本。二者之间的差别主要体现在以下两个方面：

第一，两种成本的交易对象不同。交易成本是进行交易的双方在交易的过程中产生的资源浪费，既包括有形的资源损耗，如企业资金等，也包括无形的成本，如时间成本、机会成本等。交易成本是不可避免的，产生交易成本的交易双方也是任意的，可以是企业之间，也可以企业与政府机构之间。而制度性交易成本是企业在与政府交易往来的过程中，给企业造成的资源损失和成本负担，这类成本的产生具有特定的交易对象，即政府机关。

第二，两种成本的降低路径不同。交易成本可以通过产业或企业自身行为来降低，例如优化产业结构、加强契约管理等。而制度性交易成本主要是由于执行国家、行业等相关制度造成的，尤其是政府对企业的管制、干预，制度设计不合理、欠科学等情况下，会带来企业制度性交易成本的增加。因此，制度性交易成本无法通过企业自身努力实现降低，而需要从转变政府职能、简政放权、进行制度改革等角度入手。

(二)制度性交易成本与制度成本的辨析

张五常①提出交易费用实际上就是所谓的"制度成本"。随着市场上的交易活动越来越频繁，交易成本的规模也越来越大，因此，人们想要通过设立规则的方式来避免一部分恶劣的交易行为，例如交易对象不按期履行合约的欺诈行为。因

---

①　张五常. 交易费用的范式[J]. 社会科学战线，1999(01)：1-9.

此，制度产生的根本目的是为了让交易活动进行的更加顺畅，从而降低交易成本。

交易制度的建立体现在两个方面：首先是以契约精神为核心的交易制度，主要表现企业之间为达成合约而建立的制度；其次是以公共精神为核心的公共制度，这类制度主要由行业、政府制定（周雪峰①）。然而，无论是企业间的制度还是公共制度，制度产生、制度变迁、制度运行等方面均需要成本，这些成本构成制度成本。本章对制度成本与制度性交易成本的区别做出如下总结：

第一，"制度"包含的范围不同。通过上述分析，制度成本是由企业之间的契约型制度和政府制定的公共制度造成的，而本章提到的制度性交易成本只是因企业遵循各类公共制度而产生的，由此可见，制度成本所包含的制度范围更大，企业制度性交易成本只是制度成本的一部分。

第二，两种成本的降低路径不同。与交易成本类似，制度成本中所包含的由契约型制度产生的成本可以通过优化产业结构、加强契约管理、规范交易程序等手段降低，而制度性交易成本必须由政府介入才能得到改善。

综上所述，本章所研究的制度性交易成本是由于公共制度造成的，针对的是非市场化的那一部分交易成本，与私人契约无关。在对企业制度性交易成本进行分析和测度时，需要从整个宏观制度背景入手，抓住企业与政府的关系，重点分析政策制度因素对企业造成的影响。

三、企业制度性交易成本的成因

学者们从不同的角度分析了制度性交易成本的产生原因。武靖州②从政府与市场的关系未理顺、政府治理能力滞后、简政放权片面三个角度分析了我国企业制度性交易成本较高的原因。王志文、王筱涵③则认为政企间的信用与监督、信息不对称、非理性行为、政策不确定性和复杂性、资产的专属性导致了制度性交

---

① 周雪峰. 降低企业制度性交易成本的实证研究［D］. 对外经济贸易大学，2018.

② 武靖州. 企业制度性交易成本的表现、成因及其治理［J］. 财务与金融，2017（06）：62-68.

③ 王志文，王筱涵. 制度性交易成本产生原因与降低途径［J］. 沈阳师范大学学报（社会科学版），2021，45（05）：51-56.

易成本的产生。本章将借鉴已有研究成果，结合市场失灵、制度外部性、信息不对称、寻租等理论对企业制度性交易成本的成因做进一步梳理。

第一，政府职能上的越位、缺位和错位。政府越位是一种非理性的政府行为，容易发生在经济转型时期，通常表现为政府对市场经济的过度干预，经济学认为市场具有自我调节的功能，如果政府的调控与管制过强，超出了维护市场正常运行的需要，反而会对市场的有序运行起到阻碍作用(胡金林等①)。政府缺位体现在本应由政府提供的公共产品和服务存在缺失，或者当有效的资源配置无法只通过价格机制实现，即出现市场失灵时，政府没有担负起保障市场正常运行的职责，致使企业处于较差的市场环境中，不利于企业的经营发展；政府错位指的是各级政府部门的职能有一定的交叉，职权划分不清，导致企业在政府部门办理事务时，各部门之间相互推诿的情况。政府职能上的越位、缺位和错位都会导致企业制度性交易成本的增加。

第二，制度负外部性产生的消极影响。制度是一种人为设计的公共物品，容易受到制定者的动机等因素的影响，具有外部性。一些制度政策的设计可以使企业获得额外收益，但也存在部分制度使企业付出额外成本。制度负外部性指制度在设计思路以外对其他市场主体产生的负面影响(姚梅洁等②)，以一种非市场的方式给其他经济主体造成了无法补偿的损失(张东峰等③)。例如，政府实施的一些针对国有企业的特殊政策制度，如补贴和扶持等，从直观的角度来看，这些制度影响的是国有企业，但是由于这些制度在一定程度上破坏了市场本身的价格机制，不利于竞争环境的优化，会对民营企业等产生负面影响，从而导致某些企业的制度性交易成本增加。

第三，信息不对称导致制度的合理性降低，政企之间缺乏信任。信息不对称从两个方面增加了企业的制度性交易成本。首先，政府在政策制定的过程中，透

---

① 胡金林，王长征. 论转轨时期的市场缺失与政府越位[J]. 江汉论坛，1998(08)：83-85.

② 姚梅洁，宋增基，张宗益. 制度负外部性与市场主体的应对——来自中国民营企业的经验证据[J]. 管理世界，2019，35(11)：158-173.

③ 张东峰，杨志强. 政府行为内部性与外部性分析的理论范式[J]. 财经问题研究，2008(03)：8-15.

明度不高，企业的参与度较低，政府与企业之间没有建立起有效的信息交流渠道，信息的互通比较困难，要想充分了解企业信息，政府需要花费大量的资金和时间，因此，政府只能了解企业的部分信息，这会直接影响到政策制定的有效性和合理性。其次，企业为了获得政府支持，得到更多的收益，有时会编造企业财务状况等方面的信息欺瞒政府，导致信任的缺失，这会使政府对企业的监管更加严格，造成企业制度性交易成本的增加。

第四，政策不确定性及政策环境的不稳定。政策不确定性会使企业面临的风险更高，企业处于不稳定的政策环境中，往往使得企业的决策者难以对未来一段时间的经济形势做出客观、合理的预判。在这种情况下，企业无法正确判断进行一项经济活动的收益与损失，从而需要付出更多的机会成本，导致很多资源浪费。另外，企业会更加重视与政府关系的维护，想要通过与政府实现政治关联的方式，在复杂多变的环境中获得更多的收益，然而这种寻租行为不仅使企业付出了额外的时间成本和资金费用，也会使得资源配置更加扭曲，不利于市场环境的优化，从而增加企业制度性交易成本。

总之，产生制度性交易成本的原因复杂多样，不止于以上四个方面。只有政府制定的政策、规章制度切实为企业的利益及企业的长远发展考虑，企业承担的制度性交易成本才能得到真正的降低。

四、企业制度性交易成本的特征

根据前文对制度性交易成本的概念界定及产生原因梳理，本章认为企业制度性交易成本具有如下几个特征：

第一，制度性交易成本与国家的制度设计、制度改革以及制度运行紧密相关。制度设计是否科学、制度改革是否合理、制度运行是否有效在很大程度影响了企业制度性交易成本的大小。政府出台无效的、过时的政策制度会导致企业消耗大量的资源，这种资源浪费通常是不必要的，制度设计越科学，越可以减少这种情况的发生，从而降低企业的制度性交易成本；政府通过合理的制度改革，可以使原有制度更加符合当前社会的发展变化，增强制度的灵活性，进一步优化企业的经营环境，从而减少企业负担的制度性交易成本；如果一项好的政策制度得不到贯彻落实，那么对于企业而言也是一种损失，因此，制度是否能够有效运行是影响企业制度性交易成本的关键因素。

第二，制度性交易成本具有一定的外在性及强制性，企业自身无法改善。根据前文对制度性交易成本的概念辨析，认为制度性交易成本是企业与政府这一特定交易对象在交易过程中产生的成本费用，在这里企业遵循的是政府规定的公共制度，与私人契约无关，因此，只有通过政府的行政体制改革、优化制度环境等措施，才能够真正减轻企业制度性交易成本的负担，实现企业的高质量发展。

第三，制度性交易成本中包含大量隐性成本，难以进行量化研究。根据学者们对制度性交易成本的分类，发现制度性交易成本可划分为显性成本和隐性成本两种。显性成本比较透明，容易进行衡量，例如企业缴纳的各项法定税费、融资过程中支付的手续费和担保费等。隐性成本则不易观测，难以计算，在企业的运营过程中也容易被忽视，例如企业付出的时间成本、机会成本、寻租成本等，这些成本无法通过等价的货币来衡量，因此对制度性交易成本进行度量分析是比较困难的。

第三节　食品企业制度性交易成本的测度研究

食品企业在食品安全风险防控方面的投入，就属于企业的制度性交易成本。本章的初衷是测度食品企业在食品安全风险防控方面的制度成本，但是由于食品企业在食品安全风险防控方面的成本不易从总的制度成本中分离开来，所以不能实现对食品安全风险防控相关制度成本的单独测度。在研究之初，曾考虑用风险防控成本在总成本中的占比来进行风险防控制度成本的测算，但是在调研过程中发现，不同规模的食品企业在风险防控方面的投入在总成本中的占比差异比较大，而采用平均占比进行统计分析意义不大，因为这样做实际上风险防控成本与总成本的变化是同步的。

故基于以上分析，本节考虑企业总的制度性交易成本的测度，总制度成本的增加代表着食品安全风险防控方面的制度成本也会有相应的增加。本节以食品类上市企业为研究对象，研究企业制度性交易成本的测度问题。通过构建多指标多原因模型，利用 AMOS 软件进行模型拟合，分析上市食品企业制度性交易成本的变化趋势。

一、食品企业制度性交易成本影响因素分析与变量选取

采用 MIMIC 模型估算企业的制度性交易成本，需要选择相应的原因变量以及指标变量来构建模型。

(一)原因变量

原因变量是指影响制度性交易成本的因素，基于前文对企业制度性交易成本的内涵及成因分析，这里选用税费负担、债务融资成本、劳动用工成本、诉讼成本、违规成本、其他涉企费用等作为原因变量。

(1)税费负担。科学规范的税收体制是优化资源配置、维护市场统一、推动社会公平的关键制度保障，企业缴纳的法定税负是否科学合理、税务部门按规定征税的状况如何，都会直接影响企业负担的制度性交易成本的大小。税收体制在供给侧结构性改革中体现出的经济调节作用尤为明显，不当的税收体制会提高企业的税费负担，进而增加企业的制度性交易成本。因此，通过改革税费制度来减轻企业的税收压力是降低企业制度性交易成本首要任务。2016 年是我国税收制度改革的关键时期，营改增的深入推进有助于避免重复征税，缓解企业的税负压力，提高企业的经营活力。但现阶段我国的税费制度仍存有不合理之处，致使企业负担着较高的税费成本，如税收项目种类繁多，目前在我国创办一个企业，要承担企业所得税、消费税、城建税、教育费附加、土地使用税、房产税、印花税、车船税等，显然，繁重的收费项目给企业增添了税费负担。在进行计量分析时，本章借鉴肖美玲①的研究成果，将企业的税费负担定义为企业所得税、税金及附加之和与净利润的比值，该比值越高，表明企业的税费负担越严重。

(2)债务融资成本。融资成本也是导致当前企业制度性交易成本较高的关键因素之一，融资成本可进一步分为债务融资成本、股权融资成本两类，由于股权

---

① 肖美玲. 税收负担、偿还能力与企业财务绩效[J]. 财会通讯，2018(33)：118-123.

融资大多为企业的自发行为，灵活性较高，受公共制度的影响较小，本章主要考虑企业的债务融资成本。对于企业而言，尤其是资金较少、抗风险能力较差的中小微企业，银行较高的贷款门槛、信誉评级机制的不科学、资产抵押制度的不合理等都给企业融资造成了困扰，引发了融资难、融资贵等问题。另外，除了贷款利率、抵押担保、手续费等显性成本以外，一些隐性成本也存在于在企业的融资过程中，例如金融机构对企业提出捆绑销售的额外要求、企业为顺利得到贷款所付出的与金融机构维护关系的费用等，这无形中又提高了企业的融资成本。因此，贷款利率越合理、融资程序越规范，企业使用融资制度所付出的成本就越少，从而降低企业承担的制度性交易成本。本章借鉴张伟华等①的研究，将债务融资成本定义为净财务费用与企业总负债的比值，其中，净财务费用表示为利息支出、手续费及其他财务费用之和。

（3）劳动用工成本。政府部门与微观企业的错位是劳动用工制度问题的核心表现，"错位"造成政府部门强加给企业很多本不应承担的职责，进而导致了企业高成本运营（彭向刚、周雪峰②）。首先，政府部门通过劳动法加强了对企业劳务关系的约束管制。为了维持企业与劳动力之间较为稳定的劳务关系，劳动法提高了企业辞退职工的门槛，员工入职相对容易，但企业却不能及时解雇存在问题的员工，对企业基于自身经营发展情况灵活用工的权力造成了消极影响。其次，政府部门通过劳动法将促进就业和维护社会稳定的基本职责赋予企业，例如劳动法规定了最低工资限制以及五险一金的缴纳比例等，在很大程度上提高了企业的用工成本。除此之外，劳动法目前存在僵化执行的问题，没有充分考虑到在规模、性质、发展状况等方面存在差异的企业具有哪些不同的需求。本章采用企业缴纳的社会保险费用、住房公积金之和与应付职工薪酬的比值表示企业的劳动用工成本。

（4）诉讼成本。诉讼成本是指诉讼主体在实施诉讼行为的过程中，为解决纠纷而在诉讼程序中投入的所有资源和各种损耗，可从诉讼时间及诉讼费用两个角

---

① 张伟华，毛新述，刘凯璇. 利率市场化改革降低了上市公司债务融资成本吗？[J].金融研究，2018（10）：106-122.

② 彭向刚，周雪峰. 企业制度性交易成本：概念谱系的分析[J]. 学术研究，2017（08）：37-42，177.

度来理解，企业参与诉讼案件的持续时间越长，企业为诉讼付出的时间成本就越高，与此同时，企业支付的资金成本也在提高。由于产权保护制度的不完善，假冒伪劣产品的生产者侵占了正规企业的市场份额，诉讼是企业维护利益的正当途径。除此之外，市场上还存在正规企业被不良企业恶意诉讼的现象，在诉讼过程中产生的资金、资源损耗也增加了企业承担的制度性交易成本。产权保护制度越健全，对恶意诉讼的处罚越严厉，企业被侵权的概率越低。诉讼成本在很大程度上是可以避免的，故本章认为诉讼成本是企业的冗余成本，给企业的发展带来阻力。且一旦诉讼失败，企业所付出的时间、人力、物力、财力都将成为沉没成本。本章采用企业的诉讼次数作为企业诉讼成本的替代变量。

（5）违规成本。违规成本是企业在运营过程中，因外部性而受到的处罚，是使用法律制度的成本，也属于非生产性成本的范畴。虽然有些违规行为属于企业知法犯法，但也存在由于法律制度不完善所导致的违规行为，这类行为对于企业负责人而言完全是"无意识"的。由于法律法规在实际操作中存在偏差，刑事与民事、商事的认定思维存在差异等原因，有些企业在无意识的情况下发生了违规行为。从宏观层面来看，违规成本的提高有助于维护市场秩序，但对于受到处罚的微观企业而言，违规成本的提高也会增大企业制度性交易成本。本章采用企业违规处罚次数来表示企业的违规成本。

（6）其他涉企费用。除了前文提到的因素之外，还存在其他一些涉企费用，如行政事业性收费、业务招待费等，也会加重企业的制度性交易成本。行政事业性收费是指国家机关和事业单位以及法律、法规授权的组织根据有关法律、法规，按照规定程序批准，在实施社会公共管理或者提供特定公共服务中，向特定对象收取的非营利性费用。行政事业性收费名目繁多，容易出现地方行政机关乱收费的现象，增加了企业承担的制度性交易成本。业务招待费是企业为了维护与政府的关系、得到政策支持而支付的费用。从短期来看，通过与政府实现政治关联会让企业获得更多的收益，但从长期来看，这种行为会加剧资源配置的不合理，最终对企业自身产生不利影响，进一步加重企业负担的制度性交易成本。由于行政事业性收费、业务招待费不会在财务报表中详细说明，但都包含在企业的管理费用中，故本章采用剔除工资薪酬、折旧摊销、租赁费之后的管理费用与管理费用的比值来表示。

（二）指标变量

指标变量是指受制度性交易成本影响的变量，本章选取企业绩效、企业偿债能力作为指标变量。

（1）企业绩效。企业绩效是指一定经营期间的企业经营效益和经营者业绩。制度性交易成本属于企业的非生产性成本，随着制度性交易成本的提高，非生产性支出挤占了企业的生产性支出，不利于企业盈利性生产活动，从而对企业的经营水平、市场竞争能力产生负面影响，企业绩效也会随之下降。借鉴邓新明等[①]的研究，本章采用资产收益率（ROA）作为企业绩效的替代变量。资产收益率定义为企业净利润与平均资产总额的比值，该比值越高，说明企业在增加收入和节约资金等方面取得了良好的效果，企业绩效越好。

（2）企业偿债能力。偿债能力是指企业用其资产偿还长期债务与短期债务的能力，可以反映出企业真实的财务状况和经营水平。企业的现金支付能力和债务偿还能力的高低，直接影响到企业能否保持健康生存和稳定发展。当制度性交易成本过高时，表明制度性交易成本占用了企业的许多资源和资金，企业的负担沉重，偿债能力就会有所下降；当制度性交易成本降低时，企业的人力、物力及财力资源能够被更加充分地利用，进而实现企业的高质量运营与发展，有利于提高企业的偿债能力。本章采用最常用的流动比率来衡量企业的偿债能力，流动比率定义为流动资产与流动负债的比值。

二、模型设定

根据上述分析，本章选择了 6 个原因变量和 2 个指标变量构建 MIMIC 模型，模型中的变量类别、名称及定义方式如表 6-1 所示。

为了使 MIMIC 模型能够被识别，需要选择一个规模变量，即必须对模型中的一个指标变量的载荷系数进行固定（Stapleton[②]）。载荷系数指的是隐含变量与

---

①　邓新明，张婷，王惠子. 政治关联、多点接触与企业绩效——市场互换性的调节作用[J]. 管理科学，2016，29（06）：83-92.

②　Stapleton D C. Analyzing political participation data with a MIMIC Model[J]. Sociological Methodology，1978，9：52-74.

可观测变量之间的回归系数，一般可固定为 1 或-1，通过判断不同的赋值下模型结果是否符合理论基础和经验要求，进行正负号的选择。根据前文的理论分析，本章将企业绩效作为规模变量并将其载荷系数固定为-1，图 6-1 为测度制度性交易成本指数模型的路径图。

表 6-1   MIMIC 模型变量表

变量类别	变量名称	变 量 定 义
原因变量	税费负担	（企业所得税+税金及附加）/净利润
	债务融资成本	（利息支出+手续费支出+其他财务费用）/负债总额
	劳动用工成本	（社会保险费用+住房公积金）/应付职工薪酬
	诉讼成本	企业诉讼次数
	违规成本	企业违规处罚次数
	其他涉企费用	（管理费用-工资薪酬-折旧摊销-租赁费）/管理费用
指标变量	企业绩效	净利润/平均资产总额
	企业偿债能力	流动资产/流动负债

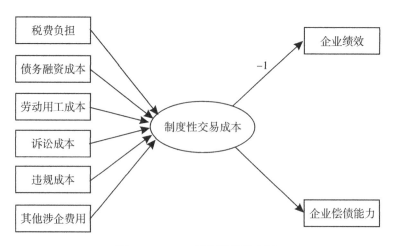

图 6-1　MIMIC 模型路径示意图

三、基于 MIMIC 模型的食品企业制度性交易成本测度

（一）样本与数据来源

根据证监会行业分类标准，从沪、深两股上市的食品制造业、农副食品加工业以及酒、饮料和精制茶制造业这三个行业中筛选出共 169 家食品企业，构建 2013—2020 年的面板数据集，并对数据进行了如下处理：首先，剔除在样本期间挂牌 ST 和 ST* 的企业；其次，剔除在样本期间内首次公开募股（IPO）的企业；第三，为了提高数据质量，保证数据的真实性和可靠性，这里仅保留那些在研究期间内数据连续的样本，最终得到一个包含 100 家企业，共 800 条数据的观测样本。数据来源于万德数据库和国泰安数据库。

根据样本数据对本章所选取的原因变量和指标变量进行描述性统计，结果如表 6-2 所示。由于本章所选变量既有比值，又有次数，为了消除不同量级带来的影响，需要进行标准化处理。

表 6-2 描述性统计结果

	观测数	平均	标准差	最小值	最大值
税费负担	800	0.85614	2.53485	−14.00955	35.70772
债务融资成本	800	0.01945	0.01802	−0.14416	0.14116
劳动用工成本	800	0.06949	0.04476	0	0.38446
诉讼成本	800	0.65250	3.33101	0	55
违规成本	800	0.11250	0.42728	0	4
其他涉企费用	800	0.02014	0.01481	0.00174	0.12241
企业绩效	800	0.06239	0.07627	−0.37245	0.34852
企业偿债能力	800	2.51843	3.40640	0.36825	49.80495

（二）测度过程

在运用 MIMIC 模型进行测度之前，需要对数据进行平稳性检验，由于本章数据为短面板平衡数据，即个体数量较多，时间维度较少，HT 检验对于短面板数据有很好的适用性，因此，本章运用该方法进行单位根检验，以验证所选数据是否平稳，检验结果如表 6-3 所示。由表 6-3 可以看出，各变量的 P 值均小于 0.05，拒绝了包含单位根的原假设，说明所选数据具有平稳性。

表 6-3　　　　　　　　　　单位根检验结果

	Statistic	z	p-value
税费负担	0.0199	-19.4024	0.0000
债务融资成本	0.2543	-12.3712	0.0000
劳动用工成本	0.4769	-5.6927	0.0000
诉讼成本	0.4897	-5.3083	0.0000
违规成本	-0.0363	-12.0889	0.0000
其他涉企费用	0.5998	-2.0065	0.0224
企业绩效	0.2387	-12.8378	0.0000
企业偿债能力	0.4604	-6.1893	0.0000

这里利用 Amos24.0 软件进行拟合，模型的识别和选取依据是：从模型的最一般形式开始，逐步剔除统计不显著的原因变量，并根据卡方与自由度的比值、卡方检验的概率值（P 值）、调整后的拟合优度指标（AGFI）、近似误差均方根（RMSEA）、标准拟合指数（NFI）等检验值，综合考虑并确定最优模型。另外，还可以通过增删原因变量的方式对模型进行调整，并比较模型的拟合度。需要注意的是，模型中包含的参数并不是越多越好，若发现简单模型与复杂模型拟合度相近，则选用简单模型。模型的调整过程如表 6-4 所示。

表 6-4　　　　　　　　　　　　　MIMIC 模型估计结果

	M 6-1-2	M 5-1-2	M 4-1-2	M 3-1-2A	M 3-1-2B
原因变量					
税费负担	0. 177 ***	0. 180 ***	0. 180 ***	0. 181 ***	0. 146 **
	(2. 810)	(2. 881)	(2. 881)	(2. 923)	(2. 385)
债务融资成本	0. 573 ***	0. 555 ***	0. 555 ***	0. 549 ***	0. 557 ***
	(10. 937)	(10. 811)	(10. 820)	(10. 609)	(10. 246)
劳动用工成本	0. 076 ***	0. 076 ***	0. 076 ***		0. 057 **
	(2. 736)	(2. 721)	(2. 721)		(2. 099)
诉讼成本	0. 009	0. 003			
	(0. 160)	(0. 060)			
违规成本	0. 178 ***	0. 177 ***	0. 177 ***	0. 167 ***	
	(5. 634)	(5. 611)	(5. 663)	(5. 371)	
其他涉企费用	−0. 043				
	(−1. 561)				
指标变量					
企业绩效	−1. 000	−1. 000	−1. 000	−1. 000	−1. 000
企业偿债能力	−0. 287 ***	−0. 315 ***	−0. 316 ***	−0. 343 ***	−0. 387 ***
	(-4. 416)	(-4. 857)	(-4. 940)	(-5. 149)	(-5. 034)
模型拟合度指标					
卡方/自由度	4. 643	3. 891	2. 242	2. 288	1. 207
（P 值）	(0. 000)	(0. 000)	(0. 013)	(0. 033)	(0. 299)
AGFI	0. 948	0. 962	0. 981	0. 983	0. 991
RMSEA	0. 161	0. 060	0. 039	0. 040	0. 016
NFI	0. 068	0. 743	0. 883	0. 922	0. 949

注：括号中的数据是 z 统计值，＊、＊＊、＊＊＊分别表示 z 统计值满足 10%、5%、1% 的显著性水平。

1. 卡方值与自由度的比值越小，P 值越大，通常要求大于 0. 05，说明模型的拟合程度越高。

2. AGFI 取值在 0~1 之间，AGFI >0. 8，模型拟合可接受，AGFI>0. 9，模型拟合良好。

3. RMSEA 在 0. 05~0. 08 之间，模型拟合可接受，RMSEA<0. 05，模型拟合良好。

4. NFI 取值在 0~1 之间，NFI>0. 8，模型拟合可接受，NFI>0. 9，模型拟合良好。

对表6-4中呈现的模型选择过程做如下：首先将选取的六个原因变量及两个指标变量全部纳入模型中，根据前文介绍的模型识别和选取依据，第一步剔除了符号与理论不符，且统计上不显著的其他涉企费用，第二步剔除了无显著影响的诉讼成本，剩下的四个原因变量均与企业制度性交易成本显著正相关。由于此时模型的拟合度依然较低，拟合情况不理想。根据软件给出的样本协方差矩阵，发现在四个原因变量中，只有劳动用工成本和违规成本的样本协方差不为0，可能会影响到模型的拟合效果，因此这里分别剔除劳动用工成本和违规成本进行模型对比，比较检验结果中的拟合度指标，最终选取了M3-1-2B模型，模型路径如图6-2所示。

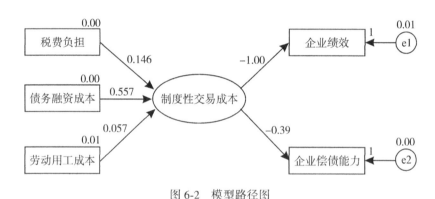

图6-2　模型路径图

在最优模型中，包含税费负担、债务融资成本、劳动用工成本三个原因变量，回归系数分别为0.146、0.557和0.057，其中税费负担和劳动用工成本均在5%的水平上显著，债务融资成本在1%的水平上显著，表明税费负担、债务融资成本、劳动用工成本对制度性交易成本均有显著正向影响。从表中的估计结果还可以看出，制度性交易成本与企业偿债能力之间的回归系数为-0.387，二者之间显著负相关。根据原因变量的估计系数，可以得到式(6-1)所示的结构方程：

$$\text{企业制度性交易成本} = 0.146 \times \text{税费负担} + 0.557 \times \text{融资成本} + 0.057 \times \text{劳动用工成本}$$

(6-1)

(三)测度结果分析

根据式(6-1),计算食品企业 2013—2020 年间的制度性交易成本指数,图 6-3 为 2013—2020 年食品企业制度性交易成本平均水平的趋势图。

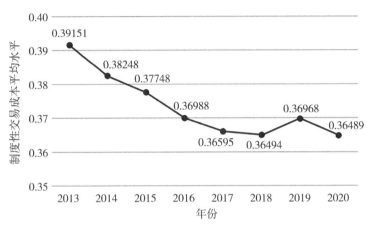

图 6-3 2013—2020 年食品企业制度性交易成本平均水平趋势图

由图 6-3 可以看出,我国食品企业的平均制度性交易成本指数从 2013 年的 0.39151 下降至 2020 年的 0.36489,同比下降了 6.8%,这说明随着我国政策制度的逐步完善,企业的制度性交易成本也得到了一定程度上的降低。从 2013 年至 2016 年,下降速度较快,在 2016 年下发为实体经济企业降成本的通知后,2017 年和 2018 年食品企业的平均制度性交易成本指数有所降低,2019 年又有短暂的上升,在 2020 年达到最小值,从 2016 年至 2020 年,企业制度性交易成本整体上波动幅度较小,下降趋势较弱,说明我国降成本战略的成效进入了平稳期。

进一步根据证监会行业分类标准选取了食品制造业、农副食品加工业以及酒、饮料和精制茶制造业这三个板块的企业为样本进行制度性交易成本的测度研究,以下将对这三个行业的企业制度性交易成本平均水平进行比较分析,对比结果如图 6-4 所示。

由图 6-4 可以看出,随着我国制度政策的改善及制度环境的优化,对于所属

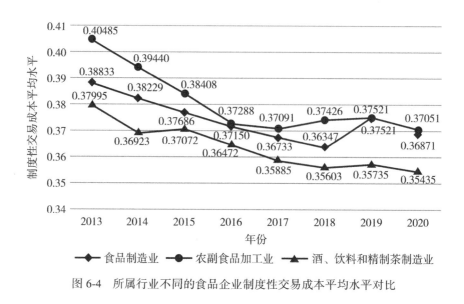

图 6-4　所属行业不同的食品企业制度性交易成本平均水平对比

不同行业的食品企业而言，其制度性交易成本在 2013—2020 年间均呈现出下降趋势。从具体的下降幅度来看，食品制造业降低了 5.05%，农副食品加工业降低了 8.48%，酒、饮料和精制茶制造业降低了 6.67%。虽然农副食品加工业的制度性交易成本下降幅度最大，但其制度性交易成本的平均水平依然最高，食品制造业的制度性交易成本水平要高于酒、饮料和精制茶制造业，且下降幅度最小。以上分析表明政策制度的改善对于所属类别不同的食品企业而言，影响效果存在一定的差异。因此，降成本战略要深入分析不同行业的特点、行业现状等因素，提高降成本方案的针对性和灵活性。

第四节　总结及建议

一、本章小结

由于食品企业在食品安全风险防控方面的成本不易从总制度成本中分离出来，所以很难实现对食品安全风险防控相关制度成本的单独测度。故本章考虑企业总的制度性交易成本的测度，对于食品企业来说，总制度成本的增加代表着食品安全风险防控方面的制度成本也会有相应的增加。本章以食品类上市企业为研究对象，研究企业制度性交易成本的测度问题。在对企业制度性交易成本的影响因素分析的基础上，采用2013—2020年的面板数据，运用 MIMIC 模型对部分上市食品企业的制度性交易成本进行了测度，研究结论总结如下：

第一，基于食品企业制度性交易成本影响因素的分析，选取了六个原因变量，包括税费负担、债务融资成本、劳动用工成本、诉讼成本、违规成本、其他涉企费用，以及两个指标变量，包括企业绩效、企业偿债能力。通过构建 MIMIC 模型，并逐步对模型进行检验和调整，最终保留了三个原因变量。模型结果表明：税费负担、债务融资成本以及劳动用工成本对企业的制度性交易成本均有显著的正向影响。

第二，利用税费负担、债务融资成本以及劳动用工成本数据，测算了2013—2020年上市食品企业制度性交易成本指数，测度结果表明：食品企业制度性交易成本总体呈下降趋势，说明我国制度设计逐渐合理、制度环境逐渐优化，"降成本"取得了一定的成效；但2016—2020年间的下降幅度较小，体现出为企业降成本的后劲不足，"降成本"战略需要更深入地推进。

第三，企业所属行业不同会导致企业制度性交易成本的水平及下降幅度存在一定的差异，说明我国在为实体企业降成本的过程中，要进一步结合行业特征、行业的发展状况等因素，提高政策制度的灵活性和针对性。

二、对策建议

基于对食品企业制度性交易成本的理论分析及实证研究结果，结合食品企业的性质提出降低食品企业制度性交易成本的对策建议：

第一，合理化食品企业制度性费用，减轻企业不必要的费用负担。进一步深化制度性收费项目改革，取消不合理的收费项目、整改合并必要的收费项目等，缓解企业缴费压力。对于食品安全风险防控方面，完善食品安全相关的制度和规定，并根据食品企业的实际情况给予风险防控项目上的优惠政策等。通过降低企业整体的费用负担，为企业节约不必要的成本，降低企业为了节约成本而采取一些机会主义行为的可能，进而提升企业食品安全的自律水平，从整体上降低食品安全风险防控的成本。

第二，加强契约管理，降低食品企业经营风险。产业链成员之间交易关系的稳定性，是影响产业链风险的重要因素，同时决定着企业的交易成本。加强产业链上下游的契约管理，可以有效降低食品企业经营风险，良好的契约关系还可有效防止食品安全风险的传播与扩散，从而降低食品安全风险防控的相关成本。政府职能部门应加强食品产业链整体的管理，进一步规范食品交易程序，加强契约管理，给企业创造良好的经营环境，降低企业经营风险。从食品产业链层面来看，可以通过垂直一体化的经营管理模式，加强食品企业上下游之间的交易稳定性，以及产业链成员间的信任程度，减轻信息不对称问题，从而有效降低企业食品安全风险防控的成本。

第三，降低食品企业劳动用工成本。劳动用工成本对企业的制度性交易成本有显著的正向影响，可通过降低食品企业劳动用工成本的途径，降低企业食品安全风险防控的制度成本。例如，政府职能部门可根据企业所属地区的情况、企业的盈利能力、运营情况等调整企业的社会保险费用率，提供对食品企业员工在食品安全方面的宣传和培训，促进食品安全相关技术的开发与推广等。国家进一步推动产、学、研融合，为食品企业解决人员、技术等方面的需求，将这部分成本前置到教育机构、科研院所，以降低企业的劳动用工成本，从而降低企业的食品安全风险防控的制度成本。

第七章　降低食品安全风险防控制度成本路径之一

——构建食品企业信誉体系，提高企业自律水平

第一节　食品企业信誉评价机制

食品生产经营企业作为食品产业链最基本、最重要的组成部分，其生产经营状况与产品质量直接影响到安全食品的供给。建立食品企业的信誉评价体系不仅有利于企业的自我规范和自我约束，从源头上防范食品安全的潜在风险，而且有利于监管部门分类监管，从而降低监管成本，提高食品安全风险防控的效率。

1996 年斯特恩商学院的名誉教授查尔斯·丰布兰（Charles Fombrun）较明确地给出了企业信誉的定义："企业信誉是一个企业过去一切行为及结果的合成表现，这些行为及结果描述了企业向各类利益相关者提供有价值的产出的能力。"

企业信誉是企业在其生产经营活动中所获得的社会上公认的信用和名声，是企业的无形资产。企业信誉好则表示企业的行为得到社会的公认好评，如恪守诺言、实事求是、产品货真价实、按时付款等；而企业信誉差则表示企业的行为在公众中印象较差，如欺骗、假冒伪劣、偷工减料、以次充好、故意拖欠货款、拖欠银行贷款等。

企业信誉是使公众认知心理的转变过程，是企业行为取得社会认可，从而取得资源、机会和支持，进而完成价值创造的能力的总和。从理论上讲，企业存在的所有信息都可以被看成为企业信誉的内容。企业信誉是企业无形的资本，较高的信誉是企业立足市场求得发展、获得竞争优势的法宝，塑造良好的信誉是每一个食品企业应注重和着重解决的问题。食品的质量与安全水平是食品企业信誉最

重要的内容。

食品企业为了提高自己的信誉，就必须保证食品安全，减少食品安全事件的发生。食品安全风险防控在面临食品安全监管人力、技术、资源等方面都欠缺的现实状况下，加强食品企业的自我约束尤为重要。构建食品安全信誉评价体系，对企业进行信誉评级，建立并完善食品市场的激励机制，有利于企业自我约束，有助于实现分类监管、缓解监管的压力，从而降低风险防控的相关成本。

现有文献对食品企业信用评价的研究中，刘华楠、徐峰①界定了食品安全信用的概念，分析了食品安全信用评估的必要性和可行性，提出了以政府为主导、政府推动与市场运作相结合、市场为主政府监督的三种食品安全信用评估模式；刘华楠、陈中江②运用层次分析法和模糊理论，构建了针对肉类食品提供者的安全信用评价指标体系；陈玲霞、熊洁③分析了建立食品安全信用档案的意义，从完善管理制度、确保系统高效运行、信息披露三个角度对食品安全信用档案的管理提出了建议；张峰④从信息不对称的角度，提出了建立食品企业信用评价机制，并具体分析了上海市食品安全监管部门探索建立的信用分级管理制度，提出了实行差异化监管、建立"黑白名单"等建议。

现有成果多集中于对食品企业信用评价和评价效果的定性研究，而对针对食品安全的企业信誉评价以及量化研究相对较少。信用和信誉的区别在于信誉不仅包括信用，还包括企业的名声，更强调了企业的社会责任。本章将构建可量化的食品企业信誉评价体系并进行应用研究。

本章首先从企业的基本状况、经营状况与社会声誉三个维度，分析影响食品企业信誉的主要因素，构建信誉评价体系；以乳制品企业为研究对象，基于部分

①　刘华楠，徐锋．我国食品安全信用评估运行模式的选择与分析［J］．农村经济，2007（01）：9-12.

②　刘华楠，陈中江．基于 Fuzzy-AHP 方法的畜产食品安全信用评价实证研究［J］．科技管理研究，2008（05）：116-119.

③　陈玲霞，熊洁．食品安全信用档案管理探讨［J］．兰台世界，2010（05）：9-10.

④　张锋．信息不对称视角下我国食品安全规制的机制创新［J］．兰州学刊，2018（09）：160-168.

上市乳制品企业的相关数据，应用层次分析法确定评价指标的权重，进行应用研究；最后基于科学合理的量化评价，分别针对政府、企业和消费者提出食品安全风险防控的措施和建议，以防范食品安全风险，降低食品安全风险防控的制度成本。

第二节　食品企业信誉评价体系的构建

一、指标的选取

企业信誉包括企业的信用和名声。企业信用一般是指企业履行承诺的意愿和能力。一方面是指企业是否积极的履行承诺，保持良好的信誉；另一方面是指企业是不是具备保持良好信用水平的能力，也就是说它是否具有按时还款，履行合同的能力。本章中，企业的信誉不仅仅包含这些，还包含企业的社会责任心，主动承担社会责任的意愿和能力，包括是否规范生产、为消费者提供安全可靠的食品，是否主动地承担起社会的责任等。

影响企业信誉的因素有很多，本章重点考虑在影响企业信誉的因素中对食品安全有影响的因素。经反复研判，选取基本情况、经营状况、社会声誉 3 个一级指标，包括 10 个二级指标，以及 28 个三级指标，如表 7-1 所示。

表 7-1　　　　　　　　　　　食品企业信誉指标体系

一级指标 A	二级指标 B	三级指标 C	指标属性
基本状况 A1	固定资产 B1	固定资产净额	正向指标
	技术状况 B2	是否实施质量安全管理体系	正向指标
		是否是流水线生产	正向指标
		是否有冷链运输系统	正向指标
	人员状况 B3	本科及以上学历占比	正向指标
		技术人员占比	正向指标
		从事食品安全人员数	正向指标

续表

一级指标 A	二级指标 B	三级指标 C	指标属性
经营状况 A2	盈利能力 B4	销售额增长率	正向指标
		盈余现金保障倍数	正向指标
		资本增长率	正向指标
	营运能力 B5	存货周转率	正向指标
		应收账款周转率	正向指标
		总资本周转率	正向指标
	现金流量 B6	资产现金的回流率	正向指标
		现金流动负债比率	正向指标
		营运指数	正向指标
	偿债能力 B7	长期资产负债率	负向指标
		速动比率	正向指标
		流动比率	正向指标
社会声誉 A3	对消费者的责任 B8	出现抽检不合格的次数	负向指标
		研发投入比	正向指标
		主营业务成本率	负向指标
	社会责任 B9	违规的次数	负向指标
		市场占有率	正向指标
		正面事件发布的次数	正向指标
	消费者评价 B10	投诉的次数	负向指标
		正面评论的比例	正向指标
		微博粉丝数	正向指标

（一）基本情况

在基本情况一级指标中选取资本、人员和技术 3 个二级指标。选取固定资产净额来描述企业的基本投入状况，指标值越大企业的信誉值越高，因为公司规模越大，生产设备越先进，产品越安全可靠；人员状况选取从事食品安全人员数、本科及以上学历占比、技术人员占比来描述，因为从事食品安全的人员数越多，人员水平越高，企业的产品安全程度也就越高；技术状况选取是否有冷链运输系统、是否是流水线生产、是否实施质量安全管理体系，这些指标可以代表企业规范生产的水平。

(二)经营状况

在经营状况一级指标中，包括盈利能力、营运能力、现金流量、还债能力4个二级指标。

这是因为，食品企业的经营状况会对食品的安全和企业的信誉程度产生一定的影响，从博弈论的重复博弈来分析，如果企业想长期的经营下去，只有保持良好的经营水平，才能保证食品安全。经营不善的企业，食品质量也难以保证。三级指标具体来说：

1. 盈利能力包括3个三级指标：销售额增长率、资本增长率、盈余现金保障倍数。这些指标值对企业的信誉是正向的。企业的盈利能力越强，就越不会为了蝇头小利去做违反道德和法律的事，企业的信誉越好。

2. 运营能力包括3个三级指标：存货周转率、总资产周转率、应收账款周转率。指标值越大则企业的信誉越好。企业的营运能力主要指的是企业经营的效率，企业的运营能力越强，公司越不容易倒闭，侧面反映企业的信誉越好。

3. 现金流量包括3个三级指标：现金流动负债的比率、营运指数、资产现金的回流率，指标均是正向指标。现金流量是投资项目在其整个寿命期内所发生的现金流出和现金流入的全部资金收付情况，它能反映企业及时解决突发危险的能力，现金流量越多，企业的信誉越好。

4. 还债能力包括速动比率、流动比率、资产负债率3个三级指标。企业的还款能力越强，就越有潜力生存下去，侧面反映信誉也就越好。

(三)社会声誉

企业的社会声誉是指企业的诚信和声誉，包括3个二级指标：对消费者的责任、社会责任和消费者评价。具体来说：

1. 对消费者的责任主要是以产品的质量、满足消费者需求为主要的评判依据。选取的指标为抽检不合格的次数、研究投入比例、主营业务成本率。抽检不合格的次数和主营业务成本率越小越好，研究投入比例越大越好。

2. 社会责任评价主要根据的是遵循法律和做慈善的情况，选取的主要指标有：违规的次数、市场占有率、正面事件发布的次数。违规的次数越小越好，市场占有率和正面事件的次数越多越好。

3. 消费者的评价主要运用的是消费者在网络上的一些大型门户网站、社交论坛以及微博上的评论作为评判依据。正面评论的比例和微博的粉丝数越多越好，投诉的次数越少越好。

二、指标权重的确定

本章参考张炳江编著的《层次分析法及其应用案例》①，采用层次分析法确定评价指标的权重，层次分析法的步骤如下：

（一）构建指标体系，构造判断矩阵 A

根据专家的意见和判断矩阵的评价尺度，通过对各级别的指标进行两两的比较来确定判断矩阵。

（二）对判断矩阵进行归一化处理和数据计算，得到指标权重

在对判断矩阵的重要标度值在数学处理上有多种方法，本章采用方根法。
判断矩阵每一行元素的乘积：

$$M_i = \prod_{j=1}^{n} a_{ij}, \qquad (i = 1, \cdots, n) \tag{7-1}$$

计算 M_i 的 n 次方根：

$$\overline{W_i} = \sqrt[n]{M_i}, \qquad (i = 1, \cdots, n) \tag{7-2}$$

对向量 $W = [\overline{W_1}, \overline{W_2}, \cdots, \overline{W_n}]^\mathrm{T}$，进行归一化处理，由式(7-3)得到权重 w。

$$w_i = \frac{W_i}{\sum_{i=1}^{n} \overline{W_i}}, \tag{7-3}$$

---

① 张炳江编著. 层次分析法及其应用案例[M]. 北京：电子工业出版社，2014.

由式(7-4)计算判断矩阵的最大特征值:

$$\lambda_{\max} = \frac{1}{n}\sum_{i=1}^{n}\frac{(AW)_i}{w_i}$$

(7-4)

其中$(AW)_i$表示向量AW的第i个元素。

(三)进行一致性检验

因为人的主观多样性和复杂性,在判断矩阵的过程中比较容易出现不一致情况,所有需要进行一致性检验。检验一致性的指标是一致性比率,只有所有的一致性比率(C.R 可查表7-2得到)都小于0.1,才能通过一致性检验。

$$C.I = \frac{\lambda_{\max} - n}{n-1}$$

(7-5)

$$C.R = \frac{C.I}{R.I} = \frac{一致性指标}{平均随机一致性指标}$$

(7-6)

表 7-2　　　　　　　　　　　　　**随机一致性指标 R. I**

n	1	2	3	4	5	6	7	8	9	10	11
$R.I$	0	0	0.52	0.89	1.12	1.26	1.36	1.41	1.46	1.49	1.52

表 7-3　　　　　　　　　　　　**食品企业信誉评价指标权重**

一级指标 A	二级指标 B	权重	三级指标 C	权重	指标属性
基本状况 A1 权重 0.122	固定资产 B1	0.0774	固定资产净额	0.0774	正向
	技术状况 B2	0.035	是否实施质量安全管理体系	0.0227	正向
			是否是流水线生产	0.0098	正向
			是否有冷链运输系统	0.0025	正向
	人员状况 B3	0.0096	本科及以上学历占比	0.0061	正向
			技术人员占比	0.0025	正向
			从事食品安全人员数	0.001	正向

一级指标 A	二级指标 B	权重	三级指标 C	权重	指标属性
经营状况 A2 权重 0.3196	盈利能力 B4	0.1545	销售额增长率	0.0968	正向
			盈余现金保障倍数	0.0432	正向
			资本增长率	0.0145	正向
	营运能力 B5	0.0868	存货周转率	0.0553	正向
			应收账款周转率	0.0224	正向
			总资本周转率	0.0091	正向
	现金流量 B6	0.0501	资产现金的回流率	0.0386	正向
			现金流动负债比率	0.0074	正向
			营运指数	0.0041	正向
	偿债能力 B7	0.0282	长期资产负债率	0.0153	负向
			速动比率	0.0076	正向
			流动比率	0.0053	正向
社会声誉 A3 权重 0.5584	对消费者的责任 B8	0.3315	出现抽检不合格的次数	0.2265	负向
			研发投入比	0.0663	正向
			主营业务成本率	0.0387	负向
	社会责任 B9	0.0877	违规的次数	0.0606	负向
			市场占有率	0.0191	正向
			正面事件发布的次数	0.008	正向
	消费者评价 B10	0.1392	投诉的次数	0.0803	负向
			正面评论的比例	0.0476	正向
			微博粉丝数	0.0113	正向

　　本章在三级指标的基础上，通过层次分析法对评价指标赋予权重，运用 yaaph 软件进行计算得到权重分配情况，如表 7-3 所示。

　　对层次分析法得到的权重进行一致性检验，具体的一致性检验结果如表 7-4 所示。各个指标的一致性比率都小于 0.1，故权重通过了一致性检验。

表 7-4　　　　　　　　　　　　一致性比率表

判断矩阵	一致性比率	判断矩阵	一致性比率
I-A	0.0176	B5-C	0.037
A1-B	0.0904	B6-C	0.0176
A2-B	0.0054	B7-C	0.0707
A3-B	0.0516	B8-C	0.0236
B2-C	0.0624	B9-C	0.0516
B3-C	0.037	B10-C	0.0279
B4-C	0.0825	—	—

第三节　食品企业信誉评价体系的案例研究

一、数据获取与计算

本节以乳制品企业为研究对象，将第二节建立的企业信誉评价体系应用于部分上市企业的信誉评价中，进行案例研究。选取皇氏、三元、光明、伊利、麦趣尔、燕塘乳业六家乳制品上市公司，各指标的数据来源于中商研究院、国泰安数据库、食品安全抽检公布结果查询系统、各公司 2017 年的年报、微博，等等，原始数据见表 7-5。

首先对定量数据进行标准化处理，消除量纲的影响。标准化的公式如(7-7)、(7-8)所示：

若 X_{ij} 为正指标：

$$A_{ij} = \frac{X_{ij} - \min\limits_{1 \leqslant j \leqslant n}(X_{ij})}{\max\limits_{1 \leqslant j \leqslant n}(X_{ij}) - \min\limits_{1 \leqslant j \leqslant n}(X_{ij})}, \quad (i = 1, \cdots, 28; j = 1, \cdots, 6) \qquad (7\text{-}7)$$

表 7-5 我国部分上市乳企的原始数据

指标	皇氏	三元	光明	伊利	麦趣尔	燕塘乳业
固定资产净额	686492083	2423445420	6122278858	13256390282	224852437	793494233
食品安全管理认证	1	1	1	1	1	1
是否是流水线生产	1	1	1	1	1	1
是否有冷链运输	1	1	1	1	1	1
技术人员占比	15.43%	6.28%	12.67%	20.03%	4.84%	7.62%
高学历所占比例	19.58%	1.48%	20.58%	27.50%	11.07%	15.77%
员工的数量	2075	8055	12765	56079	2082	1422
销售额增长率	−3.26	4.56	7.25	12.29	3.53	12.58
资本增长率	−0.0094	0.050699	−0.0456	0.300149	0.055496	0.011594
盈余现金保障倍数	2.133623	3.506672	2.01623	1.23462124	2.1105139	1.2661363
存货周转率	7.79	8.43	7.93	30.38	7.51	10.5
总资产周转率	0.42	0.8	1.31	1.9	0.41	0.93
应收账款周转率	2.16	10.35	12.33	106.61	7.76	26.19
现金流动负债比率	0.1499	0.8722	0.4692	0.3666	1.39934	0.625231
营运指数	−0.86922	−1.24683	−0.3081	1.257909	1.016954	0.233963
资产现金的回流率	0.04%	1.578%	−0.149%	8.217%	1.919%	2.278%
流动比率	0.8926	1.6813	1.19505	0.678	2.78	1.19
速动比率	0.8508	1.5455	1.1657	0.6006	2.13	0.65
长期资产负债率	36.8179%	21.1450%	52.640%	56.3560%	19.1800%	27.6100%
抽检不合格的次数	1	0	0	0	0	0
研发投入比例	0.77%	0.57%	0.23%	0.31%	0.67%	3.38%
主营业务成本率	69.66%	74.72%	66.69%	74.51%	67.20%	68.29%
违规的次数	2	0	0	0	2	2
市场占有率	0.538%	2.089%	5.468%	25.346%	0.109%	0.468%
正面事件的次数	26	31	47	86	2	14
投诉的次数	0	0	0	0	0	0
正面评价的比例	50%	99.05%	97.50%	99.89%	94.47%	99.82%
微博粉丝数	13689	1780000	4810000	7890000	1838	400000

若 X_{ij} 为负指标：

$$A_{ij} = \frac{\max\limits_{1 \leqslant j \leqslant n}(X_{ij}) - X_{ij}}{\max\limits_{1 \leqslant j \leqslant n}(X_{ij}) - \min\limits_{1 \leqslant j \leqslant n}(X_{ij})}, \quad (i = 1, \cdots, 28; j = 1, \cdots, 6) \quad (7\text{-}8)$$

在上式中，$\min\limits_{1 \leqslant j \leqslant n}(X_{ij})$ 表示所有企业中在第 i 项指标中的最小值；$\max\limits_{1 \leqslant j \leqslant n}(X_{ij})$ 表示所有企业中在第 i 项指标中的最大值。上式 $i = 1, \cdots, 27$ 表示测算指标的数量，$j = 1, \cdots, 6$ 表示企业的数量；$\max\limits_{1 \leqslant j \leqslant 6}(X_{ij})$ 与 $\min\limits_{1 \leqslant j \leqslant 6}(X_{ij})$ 则分别表示第 i 个测算指标下 6 家企业中对应的最大值与最小值。A_{ij} 表示标准化后的数值，标准化后的数据如表 7-6：

表 7-6　　　　　　　　　　我国部分上市乳企标准化后的数据

指标	权重	皇氏	三元	光明	伊利	麦趣尔	燕塘乳业
固定资产净额	0.0774	0.0354	0.1687	0.4526	1.0000	0.0000	0.0436
食品安全管理认证	0.0227	1.0000	1.0000	1.0000	1.0000	1.0000	1.0000
是否是流水线生产	0.0098	1.0000	1.0000	1.0000	1.0000	1.0000	1.0000
是否有冷链运输	0.0025	1.0000	1.0000	1.0000	1.0000	1.0000	1.0000
技术人员占比	0.0025	0.6972	0.0948	0.5155	1.0000	0.0000	0.1830
高学历所占比例	0.0061	0.6956	0.0000	0.7341	1.0000	0.3686	0.5492
员工的数量	0.0010	0.0119	0.1214	0.2075	1.0000	0.0121	0.0000
销售额增长率	0.0968	0.0000	0.4937	0.6635	0.9817	0.4287	1.0000
资本增长率	0.0145	0.1047	0.2785	0.0000	1.0000	0.2924	0.1654
盈余现金保障倍数	0.0432	0.3957	1.0000	0.3440	0.0000	0.3855	0.0139
存货周转率	0.0553	0.0122	0.0402	0.0184	1.0000	0.0000	0.1307
总资产周转率	0.0091	0.0067	0.2617	0.6040	1.0000	0.0000	0.3490
应收账款周转率	0.0024	0.0000	0.0784	0.0974	1.0000	0.0536	0.2301
现金流动负债比率	0.0074	0.0000	0.5781	0.2556	0.1734	1.0000	0.3804
营运指数	0.0041	0.1508	0.0000	0.3748	1.0000	0.9038	0.5912
资产现金的回流率	0.0386	0.0230	0.2063	0.0000	1.0000	0.2472	0.2900
流动比率	0.0033	0.1021	0.4773	0.2460	0.0000	1.0000	0.2436
速动比率	0.0076	0.1636	0.6178	0.3695	0.0000	1.0000	0.0323

续表

指标	权重	皇氏	三元	光明	伊利	麦趣尔	燕塘乳业
长期资产负债率	0.0137	0.5256	0.9471	0.0999	0.0000	1.0000	0.7732
抽检不合格次数	0.2265	0.0000	1.0000	1.0000	1.0000	1.0000	1.0000
研发投入比例	0.0662	0.1714	0.1079	0.0000	0.0254	0.1397	1.0000
主营业务成本率	0.0387	0.3704	1.0000	0.0000	0.9739	0.0640	0.1996
违规的次数	0.0606	0.0000	1.0000	1.0000	1.0000	0.0000	0.0000
市场占有率	0.0191	0.0170	0.0785	0.2124	1.0000	0.0000	0.0142
正面事件的次数	0.0080	0.2857	0.3452	0.5357	1.0000	0.0000	0.1429
投诉的次数	0.0803	1.0000	1.0000	1.0000	1.0000	1.0000	1.0000
正面评价的比例	0.0476	0.0000	0.9832	0.9521	1.0000	0.8914	0.9986
微博粉丝数	0.0113	0.0015	0.2254	0.6095	1.0000	0.0000	0.0505

通过表 7-3 中的权重，代入表 7-6 中标准化后的数据通过(7-9)式计算综合评价得分。在此公式中 W_{ij} 是 A_{ij} 的权重，A_{ij} 是指在第 i 个指标中第 j 个企业标准化后的数值。

$$Y_j = \sum_{i=1}^{28}(W_{ij} \times A_{ij}) \times 100, \quad (j = 1, 2, \cdots, 6) \tag{7-9}$$

通过计算得到的 6 家乳制品企业的各一级指标得分及综合评价得分，如表 7-7、表 7-8、表 7-9、表 7-10 所示：

表 7-7　　　　　　　　　企业的基本状况综合得分

企业	皇氏	三元	光明	伊利	麦趣尔	燕塘乳业
评分	35.84	39.72	62.30	100.00	30.56	34.59

表 7-8　　　　　　　　　企业经营状况的综合得分

企业	皇氏	三元	光明	伊利	麦趣尔	燕塘乳业
评分	9.87	42.6263	30.21	75.20	35.19	45.76

表 7-9 企业的社会声誉综合得分

企业	皇氏	三元	光明	伊利	麦趣尔	燕塘乳业
评分	21.91	77.41	72.16	88.25	64.64	78.29

表 7-10 企业的信誉综合得分

企业	皇氏	三元	光明	伊利	麦趣尔	燕塘乳业
评分	18.20	64.66	59.82	83.51	50.60	61.13

图 7-1 直观地反映了 6 家乳制品企业各项一级指标得分与综合评价得分情况。

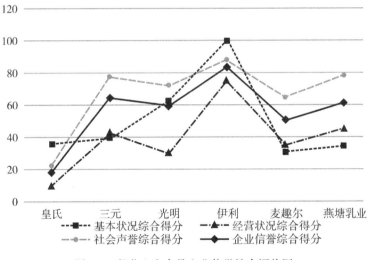

图 7-1 部分上市食品企业信誉综合评价图

二、信誉评价结果的分析

从企业的信誉综合评分来看，伊利公司取得了最高分 83.51 分，企业信誉较好；其后依次是三元公司 64.66 分、燕塘乳业 61.13 分、光明乳业 59.82 分、麦趣尔乳业 50.60 分；皇氏乳业得分最低，企业信誉在 6 家企业中较差。

从企业的基本状况得分情况来看，伊利公司为最高分，其后依次是光明乳业、三元乳业、皇氏乳业、燕塘乳业，麦趣尔乳业得分最低。这反映了伊利公司在资本、技术与人员方面具有领先优势。伊利作为我国大型的乳制品生产企业，发展时间长、市场份额大、基础设施完善、操作流程与加工环节也相对规范。一个企业的基本状况，即其技术状况与人员状况，在一家企业长期的发展过程中至关重要。所在该项的分值较低的企业，如麦趣尔乳业、燕塘乳业等，需要重视提升企业的基本状况，如加强基础设施建设、采购新型设备、重视员工技术能力与业务水平的培养，弥补在技术水平与人员素养方面的短板。

从企业的经营状况来看，伊利公司仍旧取得了最高分，其后依次是燕塘乳业、三元乳业、麦趣尔乳业、光明乳业，皇氏乳业为最低分。由于伊利的总部位于内蒙古地区，有先天的环境优势，原材料资源丰富，经营状况最好。足以证明伊利在营运能力、盈利能力、现金流量、偿债能力方面均表现十分优异。而皇氏乳业由于其受众大多在广西，在全国的知名度较低，市场占有度较低，这些因素极大地影响了经营状况。光明乳业、皇氏乳业应进一步加强其在财务状况、资金状况与公司日常经营方面的建设，提高经营状况得分。

从企业的社会声誉来看，首先一级指标权重为 0.5584，在企业的综合信誉评价中起着决定性作用，属于影响企业综合信誉得分的主要因素。这项伊利公司为最高分，其后依次是燕塘乳业、三元乳业、光明乳业、麦趣尔乳业，皇氏集团评分最低。伊利公司作为我国乳制品行业的领军者，占据了我国乳制品市场近 30%的市场份额，拥有多个知名的乳制品品牌，拥有大批的消费者，相较于其他企业而言，在社会责任方面，具有明显优势。皇氏集团信誉评价得分较低，与其他公司差距十分显著。这主要是因为皇氏曾违反相关法律法规受到过行政处罚，这极大的影响了社会责任评分。除此之外该企业知名度相对较低，市场占有率低，面向受众群体相对较小等原因，也影响了它在消费者评价中的得分。

第四节　总结及建议

一、本章小结

本章研究了降低食品安全风险防控制度成本的路径之一，即提高企业自律水平，而提高企业自律水平的方法是构建食品企业信誉评价体系，实现信誉评价对企业食品安全风险防控的推动机制。经过调查研究和专家建议，本章选取了与食品企业信誉相关的多项指标，运用层次分析法确定各项指标的权重，构建了食品企业信誉的量化评价体系，并对我国部分上市的乳制品企业做了应用研究。研究信誉评价体系不仅有利于食品企业加强自我约束，促进自我改进，从食品安全问题的根本上有效防控食品安全风险，还为监管部门的分级治理提供了参考依据，从而有利于降低食品安全风险防控的制度成本。

通过研究还发现，在信誉评价中企业的社会声誉十分重要，而且在信誉评价中对消费者的责任占很大的比重，而在上市公司的企业社会责任（CSR）相关披露中，信誉评价所占的比重并不高。良好的企业信誉是企业长期稳定发展的前提和保障，所以食品企业应该把信誉因素融入到企业的发展规划中，主动履行自己的社会责任，在提高信誉水平的同时，给企业带来长期稳定的效益。

由于数据获得性的限制以及便于进行同行业的比较研究，本章只选取了部分上市乳品企业进行信誉评价体系的应用研究，并未对所有食品企业都进行评价。但本章建立的信誉评价体系与方法具有普遍适用性，在信息充足、数据可得的情况上，可以推广应用于其他类型食品企业的信誉综合评价中。

二、相关建议

（一）对政府的建议

政府职能部门是食品安全风险防控的主要组织者和监督者。从政府角度看，发挥食品企业信誉评价机制的作用，可以实现对企业的分级分类监管，更具有针对性，从而有效降低监管的制度成本。信誉评价机制的前提是建立合理的评价指标体系，使得企业有提高信誉的方向与目标。具体措施如下：

首先，建立食品企业信誉激励制度，及时对企业信誉进行评价与更新。食品监管部门应定期更新对食品生产经营企业的信誉评价，并通过网络等官方平台将信誉评价结果向社会公众进行公示，确保管理部门及消费者及时准确地掌握食品企业信誉情况。根据信誉评价结果，对于信誉评价结果较好的企业实施奖励措施，例如提供政策优惠或者税收扶持等；对于信誉评价结果较差的食品企业要予以行政警告，情况恶劣或者长期在信誉评价中位于不及格的企业，监管部门通过加大检查力度、定期巡视等措施督促其整改，而不是简单的罚款处理。区别对待不同信誉评级的企业，奖罚明确，树立良好的食品监管反馈机制，通过将信誉评级情况面向社会公示来鞭策企业不断寻求改进和提高，以营造良好的食品安全生产环境，从而降低食品安全风险。

其次，完善食品安全管理体系。将食品原料、加工、生产、包装、运输、销售各个环节纳入食品安全管理体系中。与此同时，将更多的、更广泛的食品企业纳入统一的评价与监管之中，减少监管死角，实现对食品产业链上各环节监测的全覆盖。进一步完善食品从业人员资质审查与资格考核，定期对从业员工进行培训考核。

第三，推动多部门联动监管。将财务状况与经营状况纳入监管体系之中，形成行之有效的监管体系，加强对食品生产企业财务状况、资金流动情况以及债务状况的审查与监管，确保企业财务健康，具备长期可持续的安全生产能力。

第四，进一步完善食品安全立法。推进食品安全立法方面的建设，针对新型食品交易方式，完善相关法律法规，例如推进关于网络订餐、手机外卖等领域的立法工作；加强食品合约方面的立法，保障交易各方的利益；完善食品召回制度与惩戒机制，加大惩罚力度，以严格的惩戒与严厉的处罚形成震慑作用，以此敦促食品生产经营者加强自律。

第五，利用现代信息技术，提高信誉评价机制的时效性。政府监管部门应充分利用现代信息技术，及时对监察结果、奖惩结果、食品检测结果以及信誉评级结果进行社会公示，加强社会公众对监管工作的了解和参与。与此同时，加强社会共治制度的建设，完善消费者反馈机制，确保消费者投诉事项可以得到完善的、有始有终的处理，推动信誉评价的完善与更新。切实发挥信誉评价机制的作用，实现分类、分级监管，从而有效降低监管成本，提高监管效率。

(二) 对企业的建议

从食品企业的角度，企业要不断提高自身信誉水平，争做消费者放心企业，在保证食品安全水平的前提下，降低各种非生产性成本。

首先，在日常生产环节，食品企业应注重生产技术水平、员工业务水平以及流程的规范程度。要注意检修生产设备，对老旧设备进行更新换代；对员工进行定期培训，提高员工的业务水平与操作水平，同时对员工进行食品安全教育，将食品安全规范与员工业绩考核挂钩，切实增强员工的食品安全意识；除此之外企业还应吸收先进企业经验，改进生产流程，加强生产环节中的关键点监测，以更高的食品安全标准要求自己。

其次，在经营环节，企业应该注重自身财务状况与资金流通状况，日常核对账目，加强自身的财务安全意识，注意提高自己的资信水平，为银行贷款及产业链上下游之间的财务往来打下良好的信誉基础。

第三，在信誉环节，严格遵守相关法律法规，随时关注最新法律法规的出台与落实，及时调整企业生产计划，适应食品安全法律法规要求，配合执法部门的监督与管理；在食品安全问题发生后，应积极主动做好后期公关工作，及时向社会公众与消费者致歉，做好赔偿工作，将食品安全事件带来的不良后果降到最低。此外，通过积极参与社会公益活动，树立企业良好形象。

(三)对消费者的建议

从消费者角度，消费者应提升自己的食品安全防范意识和对劣质食品的辨别能力。同时消费者应主动增强自己的食品安全的监督意识，在遇到食品安全问题后，正确运用法律武器捍卫自己的正当权益，应积极检举，配合监督管理部门的调查，以自身之力为营造良好的食品市场环境做贡献。最后，消费者应注意客观评价食品情况，切忌在网站或者反馈中发布不实信息和恶意差评，争做文明理性的消费者，促进企业信誉评价机制的良性运行。

第八章　降低食品安全风险防控制度成本路径之二

——合理化产业链利益配比，实现产业链风险共担

第一节　食品产业链风险共担机制

食品产业链不仅长而且复杂，包括原料生产、食品加工、运输销售等多个环节，如果各环节的利润分配严重不合理则会增加食品安全的潜在风险。产业链上风险高而收益低的环节，容易产生机会主义倾向，从而增加产业链的整体风险。合理的利益分配应该是高风险高收益，低风险低收益，这样产业链的相关利益方才能相对稳定。研究如何实现食品产业链各环节合理的利益配比，旨在从经济学角度分析食品安全风险的源头，从根源上进行食品安全风险防控，实现风险防控制度成本的降低。

由于食品产业链种类繁多，不同的食品产业链的各环节利益分配存在着较大差异，故本章选取具有代表性的乳制品产业作为研究对象，具体研究乳制品产业各环节的利益配比。本章的方法与相关建议对于降低一般食品产业链风险、增强食品产业链的可持续发展具有推广意义。

随着乳制品消费在我国居民食品消费中占比的提高，乳品安全问题成为了人们关心的热点。然而近年来我国乳业在保持高速发展的同时，也存在一些问题。例如 2008 年的"三聚氰胺"问题奶粉事件、2014 年出现的"倒奶杀牛"和散户短时间内大量退出等现象，反映出我国乳品产业链存在原奶质量不高、各大商超存在不合理竞争等方面的问题，而导致这些问题的一个主要原因是产业链利益分配的不合理。在整个产业链中，目前乳制品加工企业和超市获得了大部分利益，而乳企和超市在行业竞争中形成的价格压力又通过产业链转嫁到了产业源头的原奶生

产环节，使得本来就利益较低的原奶生产环节面临着更大的风险，导致原奶生产环节出现行情好则缺牛、行情差则倒奶杀牛的现象。显然，乳品产业链的利益分配不合理已经成了制约我国乳业发展的一个重要因素。

寻求食品产业链的合理利益分配，对于从根源上降低食品产业安全风险、突破产业发展瓶颈、同时降低食品产业链安全风险防控的相关成本，实现产业的可持续发展具有重要意义。

现有文献中，候茂章①认为乳品产业链中问题的根源在于产业链前端的组织化程度不高、产业链发展扭曲、价值链分配不公；许多学者针对利益分配的合理性展开研究，钱贵霞②以呼和浩特市为例，根据产业链中各方合作联盟的贡献程度，研究了液态奶产业链参与主体奶农、乳业加工企业以及超市的利润分配；李治③研究了奶牛产业链中农户、养殖牧场、乳企的利润分配问题。这些文献虽然研究了相关企业的利润配比，但是并没有将风险因素考虑到利润配比的研究中。周业付④应用改进的 Shapley 值法研究了农产品供应链中的农户、龙头企业、农业商会和经销商的利益分配；高阔等⑤以有机蔬菜为例，研究了有机农产品供应链中生产商、运输商、零售商之间的利益分配问题。

虽然这些文献在改进的 Shapley 值法中加入了风险考量，但只是对风险做了直接假定，缺乏对参与者风险承担的实证研究。截至目前还没有加入风险考量的乳品产业链的利益配比研究，本章将应用改进的 Shapley 值法，加入乳品产业链的风险系数，研究乳品产业链中原料生产环节、乳品加工环节、乳品销售环节这三个参与主体的利益配比问题。

本章在现有文献的基础上，以乳制品产业为例，研究加入风险考量的乳品产

---

① 候茂章. 中国乳业产业链与价值链分析[J]. 中国乳品工业，2012，38(9)：32-34.

② 钱贵霞，张一品，吴迪. 液态奶产业链利润分配研究：以内蒙古呼和浩特为例[J]. 农业经济问题，2013(7)：41-47.

③ 李治，胡志全. 基于 Shapley 值法的奶牛产业链利润分配机制研究[J]. 干旱区资源与环境，2019，33(1)：77-83.

④ 周业付. 基于改进 Shapley 值模型的农产品供应链利益分配机制[J]. 决策参考，2017，(23)：52-54.

⑤ 高阔，江康. 基于风险考量的有机农产品供应链利益分配问题[J]. 江苏农业科学，2018，46(19)：363-367.

业链合理化利益配比问题：首先计算乳品产业各环节的风险系数；通过调研数据，分析各环节对应利益主体的贡献与利益分配的失衡现状；在此基础上将风险系数作为风险承担因子，利用修正的 Shapley 值模型计算得到风险系数修正的利益分配方案；最后提出相应措施和建议，以促使产业形成均衡的风险利益配比。

第二节　我国乳品产业链安全风险综合评价

一、风险评价指标体系构建

依照系统性、可获得性、可比性的原则将指标体系分为原奶生产、乳品加工、乳品销售三个部分，共选取九个指标构成乳品产业安全风险评价指标体系，实现对产业链各环节风险的度量。其中乳品进口率对于乳品销售的影响较为复杂，根据胡冰川[①]中的结论将其定为衡量我国乳品产业链风险的正向指标，即乳品进口率越高，乳品销售环节风险越高。具体的评价指标体系如表 8-1 所示：

表 8-1　　　　　　　　　乳品产业链安全风险评价指标体系

目标层	准则层	指　标　层	指标对风险的属性
乳品产业链安全风险	原奶生产	饲料质量安全检测合格率/%	负向指标
		原奶兽药残留抽检合格率/%	负向指标
		奶牛规模养殖率/%	负向指标
	乳品加工	原料乳自给率/%	负向指标
		大型乳品企业数所占比例/%	负向指标
		产业集中度/%	负向指标
		乳制品质量抽检合格率/%	负向指标
	乳品销售	乳品进口率/%	正向指标
		冷链运输率/%	负向指标

---

① 胡冰川，董晓霞．乳品进口冲击与中国乳业安全的策略选择：兼论国内农业安全网的贸易条件[J]．农业经济问题，2016，（1）：84-94.

二、基于熵权模糊物元法的风险综合评价模型

本章采用熵权法①确定指标权重，并用模糊物元法②对我国乳品产业链各环节进行风险评价，并以此为基础计算风险系数，加入修正的 Shapley 值模型，从而找到加入风险考量的利益配比。乳品产业链风险评价值就是欧式风险值 ρ_j，其值越大表示对应年份($j=1$，2，$\cdots$，m)的乳品安全风险越高。欧氏风险值计算公式为：

$$\rho_j = \sqrt{\sum_{i=1}^{n} \omega_i \Delta_{ij}}, \quad (j = 1, 2, \cdots, m) \tag{8-1}$$

其中，ω_i 为由熵权法确定的指标权重，Δ_{ij} 为差平方模糊物元，Δ_{ij} 代表第 j 个复合模糊物元(本章中是年份)中的各项与标准模糊物元的距离，Δ_{ij} 越大，则风险越高。

三、我国乳品产业链各环节风险综合评价

我国 2010—2016 年乳品行业的相关发展数据如表 8-2 所示：

表 8-2 　　　　　　　　**我国 2010—2016 年评价指标的原始数据**

年份	2010	2011	2012	2013	2014	2015	2016
饲料质量安全检测合格率(%)	93.88	95.5	95.7	96.03	96.2	96.23	96.31
原奶兽药残留抽检合格率(%)	99.87	99.96	99.91	99.92	99.96	99.91	99.88
奶牛规模养殖率(%)	30.63	32.87	37.25	41.07	45.24	48.30	53.00
原料乳自给率(%)	87.69	86.04	81.27	75.39	75.24	77.9	80.65
大型乳品企业数所占比例(%)	1.66	2.33	6.83	6.69	6.97	7.68	7.81
产业集中度(%)	32.15	33.13	52.38	49.47	46.49	45.12	53.9

---

① 邱蔻华. 管理决策与应用熵学[M]. 北京：机械工业出版社，2002.
② 蔡文. 物元模型及其应用[M]. 北京：科学技术文献出版社，1994.

续表

年份	2010	2011	2012	2013	2014	2015	2016
乳制品质量抽检合格率(%)	99.1	99.12	99.22	99.09	99.2	99.5	99.6
乳制品进口率(%)	3.34	3.66	4.31	5.57	6.40	6.03	6.13
冷链运输率(%)	12.56	24.71	21.23	26.21	29.64	33.64	32.12

注：表中数据来源于《中国奶业年鉴(2017)》、《中国食品工业年鉴(2017)》、《中国畜牧兽医年鉴(2017)》、联合国商品贸易统计数据库 http：//comtrade.un.org/等。

由熵权法确定的指标权重如表 8-3 所示。

表 8-3　　　　　　　　　　**熵权法确定的指标权重**

目标层	准则层及权重	指标层及权重
乳品产业安全风险评价	原奶生产(0.3163)	饲料质量(0.1118)
		原奶品质(0.1113)
		养殖规模(0.0932)
	乳品加工(0.4725)	原奶来源(0.1035)
		企业规模(0.1455)
		产业结构(0.1230)
		乳品质量(0.1005)
	乳品销售(0.2112)	乳品进口(0.1162)
		运输条件(0.0950)

根据公式(8-1)计算各年份的欧式风险值，得到 2010—2016 年我国乳品全产业链总体风险评价如图 8-1 所示。

结果显示，2010—2016 年我国乳业的整体风险值呈下降趋势。这七年间大致可分为两个阶段：第一阶段是 2010—2012 年，这一阶段我国乳品全产业链质量安全风险大幅下降，说明这三年食品安全治理效果非常显著；第二阶段是 2013—2016 年，这一阶段乳品产业发展日趋完善，发展速度放缓，四年间的风

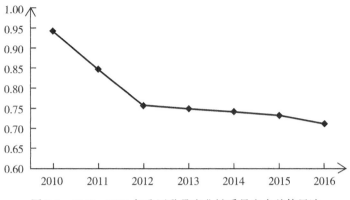

图 8-1　2010—2016 年我国乳品产业链质量安全总体风险

险水平基本持平，略有下降。

对各年份具体分三个环节进行风险评价，得到我国乳业 2010—2016 年产业链各环节风险的详细情况(计算结果见附表 8-1)，如图 8-2 所示：

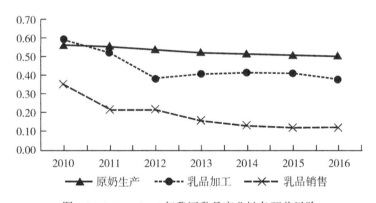

图 8-2　2010—2016 年我国乳品产业链各环节风险

分不同环节来看，各环节的风险均大致呈下降趋势，并且除了 2010 年以外，三个环节的风险基本保持稳定的数量关系：即原奶生产环节风险最高，乳品加工环节次之，而乳品销售环节风险最低。若要实现整个产业链的可持续发展，必须在原奶生产环节做出更大的努力。

本章以最新的数据风险评价为基础，得到乳品产业链各环节风险系数为 ρ =

（0.4986，0.3748，0.1214），将其进行归一化处理，得到各利益主体的归一化风险系数为 $\rho^* = (0.5012，0.3768，0.1220))$，$\rho^*$ 将作为风险承担因子应用于修正的 Shapley 值模型中。

第三节　我国乳品产业链利益分配现状

如果我们以本章第二节计算得到的风险评价值来衡量各环节在整个产业链中的风险承担程度，则原奶生产环节在整个产业链中的风险承担程度是最高的，乳品加工环节次之，乳品销售环节最低，而我国乳品产业利益分配现状却与风险承担不成比例。本节根据实际调研数据，对各环节主体的利益进行统计分析，以便与本章得到的合理利益配比进行对比研究。

一、乳品产业链各利益主体利益现状

为了研究乳品产业链各环节参与主体的利润情况，本章选取 2016 年上市企业财务报表数据进行研究：养殖企业 6 家，乳制品加工企业 9 家，超市企业 15 家，对比三个环节的利润情况（数据见附表 8-2、附表 8-3、附表 8-4）。

从统计数据可以看出，2016 年我国大部分乳品加工企业和养殖企业都是盈利的，只有小部分企业有亏损。但若从同比增长速度来看企业的成长情况，在乳品加工企业中同比增速为正数的企业所占比例较大，而养殖企业的同比增速普遍为较大的负值。这说明我国奶牛养殖企业虽有盈利，但是其发展状况不容乐观，并且从年净利润的绝对水平来看，养殖企业也是远远低于乳制品加工企业的。

销售环节的利润分析以超市为利益主体，2016 年已经上市的 15 家大型超市中只有三家企业略有亏损，净利润均值为 2.39 亿元，与养殖企业和乳品制造企业相比，整体来看平均净利润高于养殖主体，低于大型乳企。

二、乳品产业链各利益主体成本利润分析

（一）原奶生产环节

2016 年全年牛奶产量 3602 万吨，而全国乳制品最终产量为 2993 万吨。其中

有 609 万吨原料乳被损耗，设有 70% 的生鲜乳损耗由养殖主体承担，而其余的损耗计入乳企的成本费用①。经调整后养殖主体总成本的加权平均值由每吨主产品 2558.35 元调整为 2258.35+609×0.7×3390.28/3602＝2959.59 元，净利润也调整为 3390.28-2959.59＝430.69 元/吨。（如表 8-4 所示，计算所用数据均来自于《中国奶业年鉴（2017）》）

表 8-4　　　　　**2016 年全国各类养殖主体平均每吨原奶成本利润情况**

项目	散养 （0~10 头）	小规模养殖 （10~50 头）	中规模养殖 （50~500 头）	大规模养殖 （500 头以上）	加权 平均值
平均出售价(元)	3258.2	3270.6	3446	3482	3390.28
总成本(元)	2448.2	2376.4	2613.8	2663	2558.35
净利润(元)	810	894.2	832.2	819	831.92
权重(各类占比)(%)	22.34	15.79	23.18	38.69	—

注：数据来源于《中国奶业年鉴（2017）》，其中加权平均值以各类养殖主体所占比例为权重。

（二）乳品加工环节

2016 年乳制品产量为 2993 万吨，乳制品企业营业收入 3503.89 亿元，每吨乳制品的平均销售收入为 11706.95 元。净利润总额 237.12 亿元，则平均每吨乳制品净利润为 792.25 元。（计算所用数据均来自于《中国奶业年鉴（2017）》）

（三）乳品销售环节

由 2017 年中国奶业年鉴得到各类乳制品在 2016 年的产量及平均销售价格如表 8-5 所示：

---

① 胡冰川，董晓霞. 乳品进口冲击与中国乳业安全的策略选择：兼论国内农业安全网的贸易条件[J]. 农业经济问题，2016，（1）：84-94.

表 8-5   **2016 年我国乳制品产量及销售价格**

	产量(万吨)	产量比例(%)	平均销售价格(元/kg)	利润率(%)
液态奶	2737.20	91.45	9.84	10.00
奶粉	139.00	4.64	160.30	5.00
奶酪等其他干乳制品	117.00	3.91	100.00	5.00

注：表中利润率数据来自市场调研。

按照 2016 年我国主要乳制品即液态奶、奶粉、奶酪等其他干乳制品的产量比例：91.45%、4.64%、3.91%，计算出超市按照产量加权的全部乳制品平均销售收入为 9.84×91.45% + 160.3×4.64% + 100×3.91% = 20.35138 元每千克，即 20351.38 元每吨。超市乳制品净利润目标为液态奶在销售收入的 10% 左右，奶粉产品、奶酪等干乳制品产品在销售收入的 5% 左右，按照产量比例和利润率求得乳制品净利润的加权平均值为 1467.49 元每吨。因此总成本为销售收入（20351.38）减去净利润（1467.49），即每吨成本 18883.89 元。

整理得到乳品产业链主体成本利润与利润分配情况如表 8-6 所示：

表 8-6   **乳品产业链主体成本利润与利润分配情况**

项　　目	养殖主体	乳企	超市
销售收入(元/吨)	3390.28	11706.95	20351.38
总成本(元/吨)	2959.59	10914.70	18883.89
净利润(元/吨)	430.69	792.25	1467.49
利润分配率(%)	16.01	29.45	54.54

从利润分配角度来看，全产业链中所获利润最大的环节为乳品销售环节，销售环节虽然不参与生产，但是超市作为本环节的利益主体，却获得了整个产业链中总利润的 54.54%，成为了整个产业链中最大的获益者。而在前文分析中承担风险最高的生产环节所对应的奶牛养殖主体，利润分配比例却处于 16.01% 的最低水平。在整个产业链中起到承上启下重要作用的乳制品企业，也仅仅获得了整

条产业链利润的 29.45%。

上述分析说明我国乳品产业链各环节之间的利润分配存在显著差异,并且与各环节的风险承担情况不相匹配。当前乳品产业链各环节利润分配情况反映出处于乳品产业价值链源头的奶牛养殖企业获利偏低、而乳企和超市相对获利偏高的现状。当前乳品产业链的风险承担与利益分配的不成比例造成乳品产业链条的脆弱性、复杂性和不可持续性,因此探索合理的利润分配机制就显得尤为重要。只有掌握了分配的合理比例,调整与优化才能有具体的方向和目标。

第四节　风险系数修正的乳品产业链利益配比研究

本节根据我国乳品产业链的特点,将本章第二节计算得出的风险系数作为风险承担因子引入修正的 Shapley 值模型,在"养殖主体+乳制品加工企业(乳企)+超市"的合作模式下,得出相对合理的利益分配方案。

一、修正的 Shapley 值模型

Shapley 值法是夏普利(1953)①设计的一种用来解决合作博弈中如何选择合作形式最优方案的数学方法。其基本思想是根据合作形式中各主体在合作过程中产生的经济效益增加值作为贡献程度来分配合作利益。其中,Shapley 值是计算合作形式中每个成员根据所提供的合作贡献而获得的利益,定义如下:

设集合 I 表示 n 个人组成的联盟,对任意子集 s,存在实函数 $v(s)$ 满足:

$$v(\phi) = 0, \quad v(s_1 \cup s_2) \geqslant v(s_1) + v(s_2), \quad s_1 \cap s_2 = \phi \tag{8-2}$$

其中: s 表示 I 中可能形成的任意一个联盟,特征函数 $v(s)$ 表示联盟 s 在联盟中因合作而获得的最大利益。如果任意成员不参与合作,则不能获得利益;如果任意成员参与合作,则合作利益大于各自利益的简单加总,成员活动为非对抗性。

在联盟 I 中第 i 名成员获得的利益分配大小可表示为:

---

① Shapley L. S. A value for n-person games. Contribution to the Theory of Games, vol. 2 (Princeton, NJ: Princeton University Press), 1953: 307-317.

$$c_i = \sum_{s \in S_i} w(|s|)[v(s) - v(s|i)], \quad (i = 1, 2, \cdots, n), \qquad (8\text{-}3)$$

$$w(|s|) = \frac{(n-|s|)! \ (|s|-1)!}{n!} \qquad (8\text{-}4)$$

其中：$S(i)$ 是集合 I 中包含 i 的所有子集 s，$|s|$ 是 s 中元素个数，$w(|s|)$ 是加权因子，$v(s)$ 是子集 s 的利益，$v(s|i)$ 为子集 s 中除去合作伙伴 i 后可取得的利益。在 Shapley 值模型中，成员贡献越大，其分得的利益就越多，反之则越少。这种分配方式考虑了成员的贡献程度，具有一定的合理性，非常适用于利益分配的分析。

基于成员 i 的贡献 c_i，可计算成员 i 的利益配比为：

$$\eta_i = c_i \Big/ \sum_{j=1}^{n} c_j \qquad (8\text{-}5)$$

修正的 Shapley 值模型是在原模型基础上加入修正因子，以调整原有的利益分配。本章的修正因子为风险系数。设 $\rho_i^{\,*}$ 为归一化的风险系数，则成员 i 的贡献在加入风险考量后修正为：

$$c_i^{*} = c_i + \left(\rho_i^{\,*} - \frac{1}{n}\right) \times \sum_{j=1}^{n} c_j, \quad \sum_{i=1}^{n} \rho_i^{\,*} = 1 \qquad (8\text{-}6)$$

于是成员 i 的利益配比在加入风险考量后修正为：

$$\eta_i^{*} = c_i^{*} \Big/ \sum_{j=1}^{n} c_j^{*} \qquad (8\text{-}7)$$

二、不同合作模式下的成本利润

为了得到利益分配值 c_i，本节将计算各种联盟的特征函数 $v(s)$。结合表 8-5 可以整理计算出在"养殖主体+乳企+超市"合作模式下的乳品产业价值链的增值情况如表 8-7 所示：

表 8-7　　　　　　　　　　乳品产业价值链的增值情况

增值结构	养殖主体	乳企	超市
购买价格(元/吨)	0	3390.28	11706.95
平均销售收入(元/吨)	3390.28	11706.95	20351.38

增值结构	养殖主体	乳企	超市
增值(元/吨)	3390.28	8316.67	8644.43
新增成本(元/吨)	2959.59	7524.42	7176.94
利润(元/吨)	430.69	792.25	1467.49

1. 利益主体单独经营时，仅计算自身的成本和利润

养殖主体单独养殖奶牛时，利润为430.69元每吨。

乳企单独经营时每吨主产品新增成本为7524.42元，生鲜乳收购价(2016年平均价格为3.47元/千克)为3470元，总成本为10994.42元，销售收入为11706.95元，净收入为712.53元。

超市单独经营时，由《中国奶业年鉴(2017)》得到2016年全年液态奶零售平均价格为2.43元/240ml，国产婴幼儿配方奶粉零售平均价格为64.12元/400克。经调查，超市商品的进价约为卖价的0.5~0.7倍。假设不同的乳制品的进价在卖价中所占比例是在此区间均匀分布的，用随机模拟得到的数值0.560代表乳制品进价对卖价的倍数，由此得到进价并统一量纲后，计算得到液态奶和奶粉的进价分别为5510.4元每吨、89768元每吨。2016年我国液态奶、奶粉产量比例为：91.45%、8.55%，近似地认为消费量比例等于产量比例。按此比例加权计算得到超市全部乳制品的进价12714.42元每吨。超市净收入等于销售收入(20351.38)减去进价(12714.42)再减去新增成本(7176.94)共计460.02元每吨。

2. 两个利益主体合作时，依据合作主体的数目计算总成本和总利润

(1)养殖主体与乳企合作时，乳企在市场上经营销售收入为11706.95元，总成本为养殖成本(2959.59)加上乳企新增成本(7524.42)为，合作利润为1222.94元每吨。

(2)乳企与超市合作时，超市在市场上经营销售收入为20351.38元，总成本为超市新增成本(7176.94)加上表8-6中的乳企总成本(10914.70)为18091.64元，合作利润为2259.74元。

(3)养殖主体和超市合作，而乳企处于非合作市场时，各自利润等于自由市场时的利润，因为失去了乳制品加工环节，养殖主体就不能和超市形成合作联

盟。其利润为养殖主体单独经营利润(430.69)与超市单独经营利润(460.02)之和，即890.71元每吨。

3. 当养殖主体、乳企和超市三者合作时，总成本为养殖主体新增成本(2959.59)加上乳企新增成本(7524.42)、超市销售成本(7176.94)共17660.95元，总收入为20351.38元，合作利润为2690.43元每吨。表8-8为养殖主体、乳企、超市单独经营和两两合作经营的利润状况。表中没有包含的三者同时合作的利润为2690.43元每吨。

表8-8　　　　　　　　单独经营与合作经营利润状况(元/吨)

单独与合作利润	养殖主体	乳企	超市
养殖主体	430.69	1222.94	890.71
乳企	1222.94	712.53	2259.74
超市	890.71	2259.74	460.02

三、Shapley 值计算

将以上调查数据直接带入 Shapley 值计算公式，可以得到表8-9，表8-10，表8-11 所显示的结果：

表8-9　　　　　　　　不同合作状态下的养殖主体 B 利润

项目	养殖主体	养殖主体+乳企	养殖主体+超市	养殖主体+乳企+超市
$v(s)$	430.69	1222.94	890.71	2690.43
$v(s\mid i)$	0	712.53	460.02	2259.74
$v(s)-v(s\mid i)$	430.69	510.41	430.69	430.69
$\mid s\mid$	1	2	2	3
$w(\mid s\mid)$	0.33	0.17	0.17	0.33
$w(\mid s\mid)(v(s)-v(s\mid i))$	142.13	86.77	73.22	142.13

表 8-10　　　　　　　　　　不同合作状态下的乳企 E 利润

项目	乳企	乳企+养殖主体	乳企+超市	乳企+养殖主体+超市
$v(s)$	712.53	1222.94	2259.74	2690.43
$v(s\mid i)$	0	430.69	460.02	890.71
$v(s)-v(s\mid i)$	712.53	792.25	1172.44	1172.44
$\mid s\mid$	1	2	2	3
$w(\mid s\mid)$	0.33	0.17	0.17	0.33
$w(\mid s\mid)(v(s)-v(s\mid i))$	235.13	134.68	305.95	593.91

表 8-11　　　　　　　　　　不同合作状态下的超市 M 利润

项目	超市	超市+养殖主体	超市+乳企	超市+养殖主体+乳企
$v(s)$	460.02	890.71	2259.74	2690.43
$v(s\mid i)$	0	430.69	712.53	1222.94
$v(s)-v(s\mid i)$	460.02	460.02	1547.21	1467.49
$\mid s\mid$	1	2	2	3
$w(\mid s\mid)$	0.33	0.17	0.17	0.33
$w(\mid s\mid)(v(s)-v(s\mid i))$	151.81	78.20	263.03	484.27

根据以上数据可以得出养殖主体、乳企和超市的具体利润如下：

养殖主体利润 c_B = 142.13+86.77+73.22+142.13 = 444.25 元/吨；

乳企利润 c_E = 235.13+134.68+305.95+593.91 = 1269.67 元/吨；

超市利润 c_M = 151.81+78.20+263.03+484.27 = 977.31 元/吨。

以上结果说明，对于我国乳品产业链的三大利益主体，成员间合作的整体利润大于成员单独运营时的利润，说明养殖主体+乳企+超市的博弈关系是成立的，这对于保证这种模式的稳定运营有至关重要的意义。由(8-5)式计算得养殖主体、乳企和超市的合理利润配比为：

$$\eta_B = 16.51\%，\quad \eta_E = 47.18\%，\quad \eta_M = 36.31\%。$$

然而在合作博弈中，Shapley 值法默认所有主体风险承担程度相同，默认每个成员地位一致。为了保持长期稳定的供应链的合作方式，将每个环节对于风险的承担贡献度加入考量是非常有必要的。下文将由本章第二节得到的风险系数，作为风险承担因子，区别衡量产业节点中各利益主体的风险承担情况，利用修正的 Shapley 值模型计算产业链的合理利益配比。

四、风险系数修正的乳品产业链利益配比

将本章第二节中得到各利益主体的归一化风险系数 $\rho^* = (0.5012, 0.3768, 0.1220)$ 作为风险修正因子，代入修正模型 $(8\text{-}6)$ 式，计算得到修正后的分配方案为：

养殖主体利益 $c_B^* = C_B + \left(\rho_1^* - \dfrac{1}{3}\right) \times 2690.43 = 895.88\,(\text{元}/\text{吨})$；

乳企利益 $c_E^* = C_E + \left(\rho_2^* - \dfrac{1}{3}\right) \times 2690.43 = 1386.35\,(\text{元}/\text{吨})$；

超市利益 $c_M^* = C_M + \left(\rho_3^* - \dfrac{1}{3}\right) \times 2690.43 = 408.73\,(\text{元}/\text{吨})$；

于是由 $(8\text{-}7)$ 式得养殖主体、乳企和超市修正后的利益配比为：

$$\eta_B^* = 33.29\%; \qquad \eta_E^* = 51.52\%; \qquad \eta_M^* = 15.19\%。$$

五、利益分配方案对比研究

基于以上分析和计算，我们得到了三种不同情况下的我国乳品产业链各环节利益主体在整个产业链总利益中所占的比例：一是实际的利益比例；二是根据联盟合作过程中的贡献度计算得到的利益比例；三是加入风险系数，结合参与者的贡献大小，风险修正后的最终合理的利益比例。三种不同利益分配方案的如表 8-12 所示：

表 8-12　　　　　　　　　　　三种利益分配方案对比

分配方式	利益分配比例（%）		
	养殖主体	乳企	超市
现有实际分配比例	16.01	29.45	54.54
Shapley 值分配比例	16.51	47.18	36.31
风险修正的分配比例	33.29	51.52	15.19

由图 8-3 易看出,与分配现状相比,无论是修正之前还是修正之后计算出来的各环节利益分配方案都使利益向乳品产业链前端倾斜。综合风险考量后,得到的利益分配比例和现有实际分配比例相比,原奶生产环节和乳品加工环节所占比例分别上升了 17.28%、22.07%,乳品销售环节下降了 39.35%。这反映出目前我国乳业产业链与价值链存在的问题:产业链利益配比严重不合理。分配方案之间的较大差异说明现有利益分配不仅与每个环节在合作联盟中的贡献程度不匹配,也与各环节的风险承担情况不匹配。原奶生产环节和乳品加工环节依照其在产业链中的贡献程度和风险承担,本应得到比现有分配更多的利益,但在现实产业链中利益配比过低;超市作为整条产业链中承担的风险最低的利益主体,其利益过高。

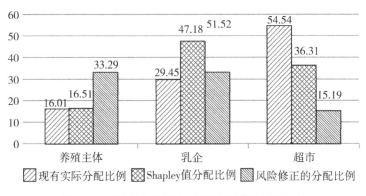

图 8-3 三种利益分配方案分配比例对比图(%)

计算结果表明:考量了风险承担情况之后原奶生产环节和乳品加工环节应该得到较高利益分配。现有的利益分配严重不合理,如果这种利益分配失衡的情况长期得不到改善,结果是一方面承担着高风险的原奶生产和乳品加工环节得不到应得的利益,产业链前端的发展情况会越来越不乐观,以至于养殖主体和乳企可能会退出乳业或者"不择手段"的降低生产成本,致使潜在的人为食品安全风险增加;另一方面会有更多的人加入相对风险较低却拿到较高利益的销售环节,使销售环节对前端环节利益的挤占越来越严重,致使整条产业链会由于利益分配失衡朝着畸形化发展,从而加剧乳品安全风险,不利于产业的良性发展。

综上所述，我国乳品产业链各环节利益分配的合理化对于降低乳品产业链前端的人为风险、增强整个产业链的可持续发展能力具有极其重要的作用。要使产业链长期稳定发展，必须进行相应的调整、研究和建立使利益配比趋于合理的机制，使得各方利益分配趋于合理化。

第五节　总结及建议

一、本章总结

本章研究加入风险考量的乳品产业链合理化利益配比：首先在构建乳品产业链风险评价指标体系的基础上，应用模糊物元法对乳品产业链各环节的风险进行综合评价，并以此作为风险系数的计算基础；其次分析"养殖主体+乳制品加工企业+超市"的模式下我国乳品产业链利益配比现状；最后将各环节风险系数加入到修正的 Shapley 值模型，计算风险考量的合理利益配比，并与产业链利益配比现状做了对比研究。

整体来看，我国乳品产业近几年发展势头减缓，整体发展趋势稳中有进，但是其中潜在的风险不容忽视。本章通过对我国乳业进行风险评价与分析，呈现了乳品产业链各环节各年份的风险变化情况，基本反映出原奶生产环节风险最高，乳品加工环节次之，乳品销售环节风险最低的关系。

通过对我国的乳品产业链利益配比的统计分析，结果表明生产环节、加工环节和销售环节的利益占比分别为 16.01%，29.45%，54.54%，存在较为严重的利益分配失衡。本章加入了风险考量，将实证计算得到的风险系数引入修正的 Shapley 值模型，结合各环节对合作联盟中的贡献大小，计算得到风险修正的乳品产业链利益配比：养殖主体、乳制品加工企业和超市三个利益主体基于风险考量的合理利益占比分别为 33.29%，51.52% 和 15.19%。这两种利益分配方案之间的差异反映出现有实际利益分配情况：一方面利益分配与每个环节在合作联盟中的贡献程度不匹配，另一方面与产业链各环节的风险承担情况不匹配。说明目前我国乳品产业链存在着利益配比严重失衡的现象，产业链前端利益主体的利益偏低，这也是频频发生食品安全事故的根本原因之一。

因此，我国乳品产业链各环节利益分配的合理化有利于降低原奶生产环节和乳品加工环节的人为风险，采取一定的措施使利益配比趋于合理，有利于降低产业链整体风险、增强整个产业链的可持续发展，同时降低食品产业链安全风险防控的相关成本。

二、相关建议

基于本章的分析与相关结论，从降低食品产业链质量安全风险防控的制度成本的角度，提出以下几点对策建议：

（一）推进产业资源整合，加强契约管理，构建新型产业经营纵向合作模式

产业链上各环节间建立长期稳定的合作关系，从合作博弈角度来看，合作利益效果好；从经营角度来看，可以降低交易成本；从风险角度来看，可以有效降低风险，追责更便利。产业链整体协同合作、风险共担，能够有效增强产业链的韧性和竞争力，从而降低风险防控的相关成本。

（二）产业链环节内部与环节之间各企业应主动寻求建立互利互惠的合作关系

积极探索新型合作模式，例如种植、养殖主体要加入或者联合成立生产经营合作社，形成规模化的种植、养殖，把握交易议价话语权，在与生产、加工企业的博弈关系中稳定获益。

（三）完善价格调节机制，促进产业链利益合理分配

科学合理指导产品定价，禁止企业任意低价购买原材料、高价售出主产品。价格可以通过供销双方协调，提倡通过网络技术，发展厂家直销模式，使生产者消费者双方获益。还可通过对规模以上生产及销售企业给予一定的政策支持，以龙头企业带动产业链相关企业发展，以缓解产业链后端施加给生产源头环节的压力，增加食品原料生产环节利益比例，合理化利益配比。

（四）国家食品安全监管机构要加强食品全产业链的风险监管和预警

从产业的源头重点防控质量安全风险，防止风险进一步传递和扩散。一方面对于产业链上各环节的风险进行实时监测，实现对每个环节风险的准确评价，以便于结合风险因素考虑整个产业链的合理发展；另一方面可以根据掌握的评价指标信息对各环节的潜在风险进行合理预测，及时规避风险，提高整个产业链的安全性；帮扶企业安全生产和经营，尤其是降低产业链前端风险，可以通过技术、人员、资金上的支持，推动产业链前端的产业升级。

附表

附表 8-1　　　　　**我国 2010—2016 年乳品产业链各环节风险评价**

年份	全产业链风险	原奶生产	乳品加工	乳品销售
2010	0.9397	0.5624	0.5871	0.3488
2011	0.8457	0.5477	0.5185	0.2142
2012	0.7559	0.5308	0.3790	0.2137
2013	0.7471	0.5195	0.4050	0.1541
2014	0.7404	0.5102	0.4131	0.1306
2015	0.7309	0.5050	0.4072	0.1167
2016	0.7094	0.4986	0.3748	0.1214

附表 8-2　　　　　　　**2016 年主要养殖企业业绩情况**

企业名称	年营业入（亿元）	同比增长（%）	净利润（亿元）	同比增长（%）
现代牧业	48.62	0.75	−7.42	−300
中国圣牧	34.66	11.8	6.8	−15
中鼎联合	10.25	121.15	2.93	131.98
中地乳业	9.62	99	2.28	188
赛科星	14.57	34.96	0.23	−76.82
西部牧业	6.65	10.78	−0.52	−325.91

注：表中数据来自各上市企业 2016 年财务报表。

附表 8-3 **2016 年主要乳制品加工企业业绩情况**

企业名称	年营业收入(亿元)	同比增长(%)	净利润(亿元)	同比增长(%)
伊利股份	606.09	0.41	56.69	21.8
蒙牛乳业	537.79	9.7	−8.13	−1317.3
光明乳业	202.07	4.3	5.63	34.63
三元股份	58.54	5.98	1.05	−6.36
贝因美	27.65	−39.02	−7.81	−869.9
燕塘乳业	11.01	6.64	1.06	10.35
天润乳业	8.75	48.7	0.78	53.9
皇氏集团	8.66	8.39	0.65	50.23
科迪乳业	8.05	17.82	0.89	−7.43

注：表中数据来自各上市企业 2016 年财务报表。

附表 8-4 **2016 年 15 家上市超市企业业绩情况**

企业简称	销售收入(亿元)	净利润(亿元)	成本费用利润率(%)
永辉超市	492.32	12.42	105.18
家家悦	107.77	2.52	1.61
三江购物	40.96	1.01	50.69
华联综超	123.58	−2.60	−590.19
中百集团	153.66	0.06	15.25
新华都	67.10	0.54	114.43
步步高	154.70	1.33	−37.94
红旗连锁	63.22	1.44	−19.47
人人乐	101.57	0.60	112.74
华联股份	10.17	1.16	−47.50
高鑫零售	1004.41	25.71	5.20
卜蜂莲花	100.86	−5.38	−2870.17
联华超市	266.66	−4.50	9.46
北京京客隆	118.82	0.27	7.30
利亚零售	43.67	1.26	−12.30

注：表中数据来自各上市企业 2016 年财务报表。

第九章 降低食品安全风险防控制度成本路径之三

——降低产业链风险扩散效应，防止风险扩大化

第一节 食品产业链风险防扩散机制

产业链风险是伴随产业链的产生而产生的，发展和提升产业链现代化水平的前提是产业链的安全和化解产业链风险。提高产业链的抗风险能力、加强风险的防控，对我国提升产业链竞争力具有重要意义。事实证明，若产业链风险不能得到有效地控制和规避，就会降低整个产业链的运行效率，甚至有可能导致产业链上环节的断链，影响整个产业链的正常运转。

产业链是一个复杂的网链结构，由众多的成员企业构成。成员之间相互作用，同时受到其他产业链和市场大环境的影响。产业链风险传播与扩散问题的研究，不仅对于丰富与深化产业链理论具有一定的理论意义，而且对于各级管理者更为准确地进行风险防控，从而降低防控成本具有一定的现实意义。

一般认为，产业链风险指的是由于产业链内部和外部风险因素的影响，使得整个产业链遭受损失的可能性和严重性。由于产业链之间存在复杂的作用机制，其相互作用和相互影响会进一步放大风险，所以有必要进一步研究产业链风险的传播和扩散问题。

目前对风险传播和扩散的相关研究成果并不多，是因为该问题的研究具有较高的难度。有学者应用复杂网络模型研究风险传播，如戴眉眉、楚岩枫[1]提出通

---

① 戴眉眉，楚岩枫. 基于复杂网络的产业链风险传播研究综述[J]. 工业技术经济，2011，30(09)：14-19.

过建立基于复杂网络的产业链风险传播模型动态考察风险在产业链网络中的传播规则、路径；雷志梅①应用复杂网络的建模方法，研究了复杂网络结构下的产业经济风险扩散模型，揭示产业经济风险扩散的动态特征及扩散路径。这些复杂的模型在理论上发展了风险传播的量化研究，但由于没有考虑到产业间的经济关联，因此应用效果和针对性不强，而且由于没有数据的支撑使得说服力较为欠缺。

研究产业链的风险效应，对提高产业链的抗风险能力、加强风险的防控具有重要意义。食品产业链的风险不仅在产业链上下游之间传播，而且在与食品产业链相关的产业之间也存在风险的传播和扩散。食品安全风险的传播与扩散的程度依据产业链内部或产业之间的关系紧密程度的不同而不同。产业链成员或产业之间的相互关系越紧密，则传播风险和被风险波及的可能性就越大。产业关联分析充分考虑到了产业间的互相关联，而且有可靠的数据支撑，具有更高的准确性和针对性。本章将借鉴产业关联的理论和思想，进行食品产业的风险传播与扩散方面的研究。

本章将从产业关联视角研究一般产业链的风险效应，包括风险传播、风险感应、风险扩散以及风险波及等，提出具体的测算方法，并以食品产业为例进行实际测算。通过对食品产业链风险效应的分析和测算，找到防控食品产业链质量安全风险产生与扩散的规律，进而采取有针对性的风险防控措施，从而有利于降低风险防控的制度成本。

本章首先从产业关联角度定义了产业链的风险效应，包括风险传染、风险感染、风险扩散、风险感应以及风险波及等风险效应，并基于投入产出表，给出相应的计算公式；在此基础上，对我国食品产业的各种风险效应进行了实际测算，得到各种风险效应的方向及大小，找到防控食品产业链风险产生与扩散的关键；最后根据测算结果提出具有针对性的风险防控建议，为政府职能部门、企业管理者提供科学防控食品产业链安全风险的依据，在提升我国食品产业链的抗风险能力的同时，降低食品安全风险防控的相关成本，提高风险防控效率。

---

① 雷志梅.基于知识元的产业经济风险扩散复杂网络模型研究[D].大连理工大学，2018.

第二节 基于产业关联的风险效应理论

一、产业关联理论

产业关联分析最早由诺贝尔经济学奖获得者 Leontief 提出，该方法在研究一个经济系统各部门的相互关联或经济影响等方面的数量关系时，具有独特的优势，是分析产业部门之间的经济联系程度、产业结构状况的有效工具。产业关联分析是通过投入产出表的运算与分析来实现的。

投入产出表是根据产品部门分类进行构建的棋盘式平衡表，通过"行"和"列"两个不同方向对国民经济各部门的产出和消耗进行统计和计算。能够从表中计算出部门与部门之间、部门与整个国民经济之间的产品供给与需求的关系和结构。投入产出表的基本形式如表 9-1 所示。

表 9-1 投入产出表基本形式

		投入部门（中间产品）					最终产品	总产出
		部门 1	部门 2	⋯	部门 n	小计		
产出部门（中间投入）	部门 1	x_{11}	x_{12}	⋯	x_{1n}	$\sum x_{1j}$	y_1	X_1
	部门 2	x_{21}	x_{22}	⋯	x_{2n}	$\sum x_{2j}$	y_2	X_2
	⋯	⋯	⋯	⋯	⋯	⋯	⋯	⋯
	部门 n	x_{n1}	x_{n2}		x_{nn}	$\sum x_{nj}$	y_n	X_n
	小计	$\sum x_{i1}$	$\sum x_{i2}$	⋯	$\sum x_{in}$	$\sum\sum x_{ij}$	$\sum y_i$	$\sum X_i$
初始投入	固定资产折旧	d_1	d_2	⋯	d_n	$\sum d_j$		
	劳动者报酬	v_1	v_2	⋯	v_n	$\sum v_j$		
	生产税净额	s_1	s_1	⋯	s_n	$\sum s_j$		
	营业盈余	m_1	m_2		m_n	$\sum m_j$		
总投入		X_1	X_2		X_n	$\sum X_j$		

投入产出表大致分为四个象限：第一象限代表的是中间流量，其中的 $x_{ij}(x_{ij} \geqslant 0)$ 表示 i 部门和 j 部门的生产关系，横向反映的是 i 部门对 j 部门的供给，纵向反映的是 j 部门对 i 部门的消耗；第二象限是最终产品，包括消费、积累和输出等，用列向量来分析 $(y_i \geqslant 0)$；第三象限是初始投入，用行向量来分析，包括固定资产折旧、劳动者报酬、生产税净额和营业盈余。

基于投入产出表，可以进行产业关联分析。产业关联是指国民经济各部门在社会再生产过程中所形成的直接或间接的相互依存、相互制约的技术经济联系。按产业间供给和需求关系可以将产业关联分为前向关联和后向关联。前向关联是指 A 产业与其下游产业之间的关联，下游产业对 A 产业的生产要素或产品有直接或间接需求关系，A 产业对与其具有前向关联的产业主要产生供给推动作用；后向关联是指 A 产业与其上游产业之间的关联，上游产业直接或间接为 A 产业提供生产要素或产品，A 产业对与其具有后向关联的产业主要产生需求拉动作用。产业关联关系如图 9-1 所示。

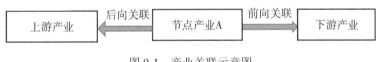

图 9-1　产业关联示意图

二、风险传染分析

产业的风险传染是指上游产业在为下游产业提供生产要素、产品和服务的过程中，其潜在的风险给下游产业产生的直接影响。如果上游产业 A 对下游产业 B 提供的要素和产品越多，则上游产业 A 的风险传给下游产业 B 的概率就越大。从产业关联的角度看，前向关联越强，风险传染的可能性越大。据此，本章采用描述前向关联程度的直接分配系数来量化风险传染程度，称为风险传染系数。

风险传染系数 h_{ij} 的计算公式为：

$$h_{ij} = \frac{x_{ij}}{X_i}, \quad (i,\ j=1,\ 2,\ \cdots,\ n) \tag{9-1}$$

其中：x_{ij} 为产业 i 对产业 j 的直接分配量；X_i 为产业 i 的总产出；h_{ij} 为产业 i

对产业 j 的风险传染系数。风险传染系数越大，风险由上游产业 i 传染给下游产业 j 的可能性就越大。

三、风险感染分析

产业的风险感染是指下游产业受到上游产业风险的影响。因对上游产业产品或要素有直接需求，下游产业被动承受上游产业带来的各种风险。如果产业 A 对上游产业 B 的要素和产品需求越多，则产业 A 被上游产业 B 的风险感染的概率就越大。需求强度通过下游产业对上游产业的直接后向关联来反映，后向关联越强，产业被动感染风险的可能性越大。据此，本章采用描述后向关联程度的直接消耗系数来量化风险感染程度，称为风险感染系数。

风险感染系数的计算公式为：

$$a_{ij} = \frac{x_{ij}}{X_j}, \quad (i, j = 1, 2, \cdots, n) \tag{9-2}$$

其中：x_{ij} 为产业 j 在生产过程中对上游产业 i 的直接消耗量；X_j 是指产业 j 的总投入，经济意义为产业 j 每生产一单位产品的总消耗量；a_{ij} 为产业 j 对产业 i 的风险感染系数。风险感染系数越大，说明产业 j 对产业 i 的依赖越强，产业 j 被上游产业 i 感染风险的概率越大。

四、风险扩散分析

产业的风险扩散是指以某一产业 i 为中心节点，潜在的风险向其他产业呈发散型传播，既包括上游、下游也包括与节点产业没有直接关联的产业。在投入产出表中，完全分配系数反映产业 i 的产出的使用去向，包括直接分配和间接分配的总和。与产业 i 完全分配关系越强，被产业 i 风险的扩散影响到的可能性就越大。据此，本章采用完全分配情况来量化风险扩散程度，称为风险扩散系数。

产业风险扩散系数矩阵的计算公式为：

$$D = (I-H)^{-1} - I \tag{9-3}$$

其中：D 为风险扩散系数矩阵，H 为风险传染系数矩阵 $[h_{ij}]$，I 为单位矩阵。D 中的元素 d_{ij} 为风险扩散系数，d_{ij} 越大，产业 i 的风险扩散程度越大，其风险给其他产业带来的影响就越大。

五、风险感应分析

产业的风险感应是指以某一产业 i 为中心节点，其他产业潜在的风险向产业 i 的聚集效应，风险来源既包括上游、下游也包括与节点产业没有直接关联的产业。在投入产出表中，完全消耗系数反映产业 i 的产出消耗了哪些产业的要素和产品，包括直接消耗和间接消耗的总和。产业 i 消耗的要素和产品越多，则受其它产业风险影响到的可能性就越大。据此，本章采用完全消耗情况来量化风险感应程度，称为风险感应系数。

产业风险感应系数矩阵的计算公式为：

$$B = (I-A)^{-1} - I \tag{9-4}$$

其中：B 为风险感应系数矩阵，A 为风险感染系数矩阵 $[a_{ij}]$，I 为单位矩阵。B 中的元素 b_{ij} 为风险感应系数，b_{ij} 越大，产业 j 的风险感应程度越大，受其他产业带来的风险影响就越大。

六、风险波及强度分析

国民经济产业系统中某产业或部门的风险会通过产业关联方式波及与其有直接或间接联系的产业，产业的波及效应是指某产业或部门的风险对国民经济产业系统整体的影响。产业的风险波及强度通过产业的风险波及强度系数来衡量，风险波及强度算法如下：

将风险扩散系数矩阵主对角线上的元素都加上 1，（即风险扩散系数矩阵加上单位矩阵）得到的矩阵，我们这里称之为风险增加系数矩阵，用 $\overline{D}$ 表示，即

$$\overline{D} = (I-H)^{-1} \tag{9-5}$$

其中矩阵 $\overline{D}$ 中的元素 $\overline{d}_{ij}$ 称为风险增加系数。风险增加系数的含义是各部门对风险增加的反应，即部门 i 的风险增加一个单位，对其他各部门带来的风险增加量。这里应用风险增加系数来计算风险波及强度。

风险波及强度系数的计算公式为：

$$\alpha_i = \sum_{j=1}^{n} \overline{d}_{ij} \bigg/ \frac{1}{n} \sum_{i=1}^{n} \sum_{j=1}^{n} \overline{d}_{ij}, \quad (i = 1, 2, \cdots, n) \tag{9-6}$$

其中：$\sum\limits_{j=1}^{n}\bar{d}_{ij}$ 为风险增加系数矩阵的产业 i 的行和，代表产业 i 对所有产业的

风险波及总和；$\dfrac{1}{n}\sum\limits_{i=1}^{n}\sum\limits_{j=1}^{n}\bar{d}_{ij}$ 为风险增加系数矩阵行和的平均值，代表社会所有

产业风险波及强度的平均水平。

产业的风险波及强度系数 α_i 是指如果产业 i 增加了一个单位的风险时，对国民经济整体的风险波及程度，风险波及强度系数大的产业对国民经济产业系统整体的影响较强。当 $\alpha_i=1$ 时，代表产业 i 的风险波及效应强度等于社会平均水平；当 $\alpha_i>1$ 时，代表产业 i 的风险波及效应强度高于社会平均水平；当 $\alpha_i<1$ 时，代表产业 i 的风险波及效应强度低于社会平均水平。

七、风险敏感强度分析

经济系统中任一产业会受到来自社会经济系统中的其他产业风险的影响，产业的风险敏感强度是指某产业受到来自经济系统中所有产业风险的影响程度。产业的风险敏感强度通过产业的风险敏感强度系数来衡量，风险敏感强度系数的算法如下：

将风险感应系数矩阵主对角线上的元素都加上 1，（即风险感应系数矩阵加上单位矩阵）得到的矩阵，我们这里称之为风险敏感系数矩阵，用 $\bar{B}$ 表示，即

$$\bar{B}=(I-A)^{-1} \tag{9-7}$$

其中矩阵 $\bar{B}$ 中的元素 $\bar{b}_{ij}$ 称为风险敏感系数。风险敏感系数的含义是国民经济各部门的风险都增加一个单位时，j 部门相应增加的总风险；或者说国民经济各个部门的风险都增加一个单位时，j 部门的反应，即 j 部门的敏感程度。这里通过风险敏感系数来计算风险敏感强度。

风险敏感强度系数的计算公式为：

$$\beta_j=\sum\limits_{i=1}^{n}\bar{b}_{ij}\bigg/\dfrac{1}{n}\sum\limits_{i=1}^{n}\sum\limits_{j=1}^{n}\bar{b}_{ij}, \quad (j=1,2,\cdots,n) \tag{9-8}$$

其中：$\sum\limits_{i=1}^{n}\bar{b}_{ij}$ 为风险敏感系数矩阵 $\bar{B}$ 的产业 j 的列和，代表产业 j 对所有产业

的风险敏感总和；$\frac{1}{n}\sum\limits_{i=1}^{n}\sum\limits_{j=1}^{n}\overline{b}_{ij}$ 为风险敏感系数矩阵列和的平均值，代表社会所有产业风险敏感强度的平均水平。

产业的风险敏感强度系数描述的是产业 j 的风险敏感度相对于社会平均风险敏感度的强弱，风险敏感强度系数大的产业受产业系统整体的影响较强。当 $\beta_j=$ 1 时，代表产业 j 的风险敏感度等于社会平均水平；当 $\beta_j>1$ 时，代表部门 j 的风险敏感度高于社会平均水平；当 $\beta_j<1$ 时，代表产业 j 的风险敏感度低于社会平均水平。

第三节　我国食品产业风险效应测算与分析

本节应用产业关联分析，对食品产业的风险传染、风险感染、风险扩散以及风险波及等效应进行具体测算。把握住风险扩散的关键环节，有利于精准防控风险扩散，降低食品产业安全风险防控成本，提高风险防控的效率。

一、数据来源

本章数据来源于国家统计局公布的 2015 年及 2017 年的投入产出表。为了突出研究食品产业，本章按照 2015 年 42 部门的分类方法将 2017 年 149 部门的投入产出表进行合并整理。由于 42 部门表将食品和烟草归为了一类，不适合本章的分析，故本章从食品和烟草部门中将烟草划分开来，分别为食品部门和烟草部门，生成 43 部门的投入产出表，并基于 43 部门表进行具体测算。这样既能够按大类研究，分析主要产业部门，又能够精确地研究食品部门与国民经济其他部门之间的关系。

二、食品产业风险传染分析

基于整理的 43 部门投入产出表，应用公式(9-1)进行具体测算，得到食品产业将潜在的风险传染给其他部门或产业的情况，其中排名前 10 的部门或产业如表 9-2 所示。

表 9-2　　　　　　　　食品产业风险传染前 10 的部门或产业

	部门或产业	风险传染系数	百分比
1	最终消费支出	0. 506728692	48. 35%
2	食品	0. 218736366	20. 87%
3	住宿和餐饮	0. 095918366	9. 15%
4	农林牧渔产品和服务	0. 081362751	7. 76%
5	出口	0. 03012765	2. 87%
6	化学产品	0. 027856283	2. 66%
7	资本与存货	0. 012446125	1. 19%
8	纺织服装及其制品	0. 011221495	1. 07%
9	租赁和商务服务	0. 009346112	0. 89%
10	教育	0. 006627661	0. 63%

　　测算结果如图 9-2 所示：食品产业的风险首先有 48.35%将近一半的比例进入到了消费环节，是食品产业风险传染的主要方向；其次是食品产业本身、住宿和餐饮、农林牧渔产品和服务等产业受食品产业风险影响较为严重，分别占比为 20.87%、9.15%和 7.76%；另外，出口、化学产品和存货等，受食品产业风险传染的几率也相对较大，这些部门或产业大多处于食品产业的下游。

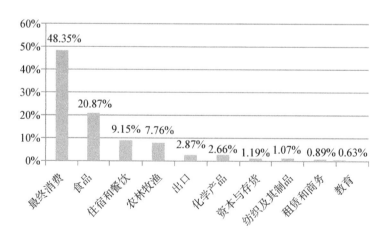

图 9-2　食品产业风险传染前 10 的部门或产业

三、食品产业风险感染分析

基于整理的 43 部门投入产出表，应用公式(9-2)进行具体测算，得到食品产业受其他产业风险传染的情况，其中排名前 10 的产业如表 9-3 所示。

表 9-3　　　　　　　　　　食品产业受风险感染前 10 的产业

	产业	风险感染系数	百分比
1	农林牧渔产品和服务	0.381622841	48.02%
2	食品	0.218736366	27.53%
3	批发和零售	0.055515832	6.99%
4	交通运输、仓储和邮政	0.032391332	4.08%
5	租赁和商务服务	0.024654918	3.10%
6	化学产品	0.018403916	2.32%
7	造纸印刷和文教体育用品	0.010810894	1.36%
8	电力、热力的生产和供应	0.008185264	1.03%
9	金融	0.006319127	0.80%
10	住宿和餐饮	0.005289796	0.67%

测算结果如图 9-3 所示：食品产业受农林牧渔产品和服务产业以及食品产业本身的风险影响的可能性较大，分别占比为 48.02% 和 27.53%；其次，批发零售、交通运输、仓储以及租赁和商务服务等产业对食品产业的风险影响也相对较大，这些大多是与食品产业直接关联较强的产业。值得注意的是，化学产品排名第 6，说明化学产品会对食品产业带来潜在风险的可能性较大，不能忽视，需要特别关注。

四、食品产业风险扩散分析

基于整理的 43 部门投入产出表，应用公式(9-3)进行具体测算，得到食品产业风险扩散的情况，其中排名前 10 的产业如表 9-4 所示。

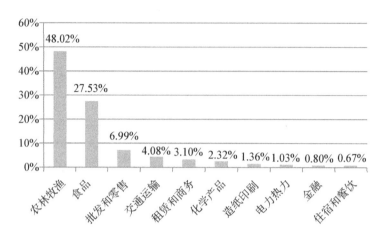

图 9-3　食品产业受风险感染前 10 的产业

表 9-4 **食品产业风险扩散前 10 的产业**

	产业	风险扩散系数	百分比
1	食品	0. 3645077	28. 42%
2	农林牧渔产品和服务	0. 13927944	10. 86%
3	住宿和餐饮	0. 13864202	10. 81%
4	化学产品	0. 09835831	7. 67%
5	建筑	0. 06009611	4. 69%
6	租赁和商务服务	0. 0430499	3. 36%
7	纺织服装鞋帽皮革羽绒及其制品	0. 0354019	2. 76%
8	金融	0. 02786039	2. 17%
9	交通运输、仓储和邮政	0. 02684813	2. 09%
10	通信设备、计算机和其他电子设备	0. 02297706	1. 79%

测算结果如图 9-4 所示：食品产业的风险扩散前 10 的产业中，排在前 3 的是：食品、农林牧渔产品和服务、住宿和餐饮，分别占比为 28.42%、10.86% 和 10.81%；其次是化学产品、建筑、租赁和商务服务等产业，大多是与食品产业关联较强的上、下游产业，这些产业是食品产业风险扩散的主要方向。

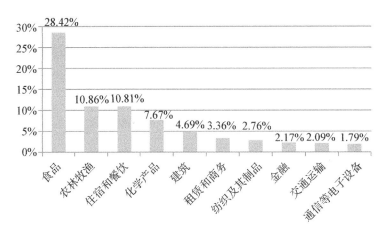

图 9-4　食品产业风险扩散前 10 的产业

五、食品产业风险感应分析

基于整理的 43 部门投入产出表，应用公式(9-4)进行具体测算，得到食品产业风险感应情况，其中排名前 10 的产业如表 9-5 所示。

表 9-5　　　　　　　**食品产业风险感应前 10 的产业**

	产业	风险感应系数	百分比
1	农林牧渔产品和服务	0.615785557	32.55%
2	食品	0.3645077	19.27%
3	化学产品	0.156866912	8.29%
4	批发和零售	0.115654386	6.11%
5	交通运输、仓储和邮政	0.098023089	5.18%
6	租赁和商务服务	0.071669693	3.79%
7	金融	0.054929465	2.90%
8	电力、热力的生产和供应	0.046368032	2.45%
9	造纸印刷和文教体育用品	0.035206659	1.86%
10	石油、炼焦产品和核燃料加工品	0.027749829	1.47%

测算结果如图 9-5 所示：食品产业容易受到来自相关产业风险的影响，其中排名前三的是：农林牧渔产品和服务、食品、化学产品，这是食品产业防范风险的重点对象；其次是批发和零售、交通运输、仓储和邮政、租赁和商务服务、金融、电力热力等产业，大多是食品产业依赖度较高的产业，这些产业是食品产业抵御外来风险，进行风险防范的主要方向。

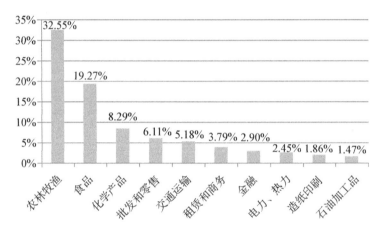

图 9-5　食品产业风险感应前 10 的产业

六、食品产业风险波及与风险敏感效应分析

基于整理的 43 部门投入产出表，应用公式(9-6)、(9-7)、(9-8)进行具体测算，得到食品产业的风险波及强度为 0.72285，风险感应强度为 1.07332。测算结果显示，食品产业风险波及强度小于 1，说明食品产业的风险扩散对国民经济的影响小于社会平均水平，对社会生产有较弱的风险波及效应；另一方面，食品产业风险敏感强度大于 1，说明食品产业受到国民经济其他产业部门的影响高于社会平均水平，食品产业受到来自其它产业风险的影响较强，应加强产业的抗风险能力，以抵御外来风险。

类似地，可得到与食品产业关联度较大的产业的风险波及强度与风险敏感强度，如表 9-6 所示。按照风险波及强度排序后的结果如图 9-6 所示。

表 9-6　　　　与食品产业关联度较大产业的风险波及和风险敏感强度

产　　业	风险波及强度	风险敏感强度
食品	0.72285	1.07332
农林牧渔产品和服务	0.95826	0.75567
批发和零售	0.86724	0.66894
交通运输、仓储和邮政	0.98263	0.88870
租赁和商务服务	1.11464	1.03720
化学产品	1.24531	1.18565
造纸印刷和文教体育用品	1.04889	1.18121
电力、热力的生产和供应	1.36782	1.04327
金融	1.00214	0.73975

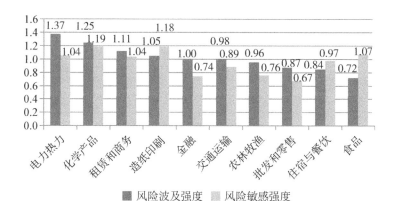

图 9-6　与食品产业关联度较大产业的风险波及和风险敏感强度

由图 9-6 可看出，风险波及较强的产业依次为：电力、热力的生产和供应、化学产品、租赁和商务服务、造纸印刷和文教体育用品、金融，这五个产业的风险波及强度高于平均水平；其次是交通运输、仓储和邮政、农林牧渔产品和服务、批发和零售及食品产业。这些产业对国民经济的影响相对较大，对食品产业的风险防控，应该首先加强这些产业的安全监控与防范，阻止其风险的扩散。

风险敏感度较强的产业依次为：化学产品、造纸印刷和文教体育用品、食品、电力、热力的生产和供应、租赁和商务服务，这五个产业的风险感应强度高于平均水平，表明这些产业更容易受到国民经济其他部门的影响。这些风险易感的产业也需要重点关注，以防它们受到风险扩散之后进一步影响到食品产业，对食品产业的安全造成威胁。

另外，按 43 部门分类方法，在国民经济所有产业中，风险波及强度前 10 的产业图 9-7 所示，大多为基础性产业；风险感应强度前 10 的产业如图 9-8 所示，大多为生产制造业。

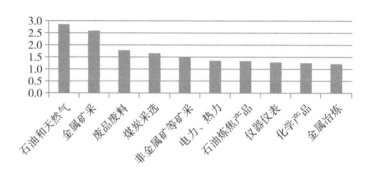

图 9-7　风险波及强度前 10 的产业

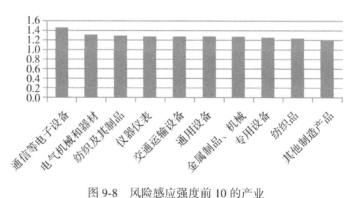

图 9-8　风险感应强度前 10 的产业

第四节　总结及建议

一、本章总结

本章从产业关联的视角，研究了产业之间风险效应的测算方法，并具体测算了食品产业的各种风险效应，包括风险传染、风险感染、风险扩散、风险感应以及风险波及等，从要素及产品流动的不同方向来分析风险的来源、大小以及去向，为风险的监测与防控提供决策的依据。

测算结果表明：与食品产业关联较强的是住宿和餐饮、交通运输和仓储等前向关联产业，以及提供原材料的农林牧渔产品、服务、化学产品等后向关联产业。市场行为将各个产业部门紧密地联系在一起，关联越密切风险扩散的可能性越大，这几个产业部门是食品产业链安全风险防控的关键点。精准的把控农林牧渔产品和服务、化学产品、交通运输和仓储、住宿和餐饮以及食品产业内部的风险，建立风险防扩散机制，能够有效降低食品产业风险防控的成本，提高风险防控的效率。

二、相关建议

基于本章的研究，从降低制度成本角度，对食品产业链安全风险防控提出以下相关对策建议：

(一)加强产业内部管理，从源头阻止风险的产生和向外扩散

通过食品产业的风险效应分析，发现食品产业本身的风险波及强度小于1，低于平均水平，表明食品产业对整个国民经济各部门的风险影响相对较小，因此，需要加强产业内部的风险检查力度，避免本产业的风险扩散；另一方面，食品产业的风险敏感强度大于1，高于平均水平，表明食品产业受整个国民经济各部门的风险影响较大，这与食品产业链长且复杂有关。要防控风险，食品产业首先需要加强自身管理，建立风险检查机制，杜绝风险苗头，其次是加强对相关产业的风险监测，防御外来风险，通过良性竞争和加强上下游联合风险防控，以促进产业整体向好发展。只有从源头杜绝风险发生，才能够减少风险扩散，从而降低后续的风险事件处理及补救的成本。

(二)针对不同产业建立严格的督查体系，防止风险的进一步扩散

通过对食品产业的风险效应分析，发现食品产业的风险发生会受到上游产业的风险传染，并将潜在风险传染给下游产业，并且还有可能由于风险扩散、波及

到整个国民经济各产业部门。因此，在外部风险的防控方面，不仅要对与本产业具有直接关联的上下游产业进行风险监控，而且还要对与本产业扩散和感应程度较强的产业部门进行风险监控。这需要政府监管部门在上层建立风险督查体系，统筹协调各部门进行风险信息交流。特别是对于食品产业这样产业链长、关联复杂、涉及范围广的产业，应建立反应及时的风险防控机制，及时发现潜在的或已发生的风险，快速发布信息并采取针对性措施，以阻止风险的进一步扩散。

（三）建立风险防控协同机制，提高产业间的利益共享、风险共担

政府监管部门与产业协会应加强协同合作，建立产业发展政策保护体系，完善法律法规与产业标准，加强产业监管力度与效率，建立相关产业间利益共享、风险共担的协同机制。监管不仅包括相关法律法规的出台和完善，还包括对产业链上、中、下游的安全把控，针对产品从原材料生产到加工、包装、运输、销售等各个环节的全程监控，才能保证产品质量和产业链安全。提高产业链成员风险共担的意识，让每家企业都担负起风险防控的责任，人人都是风险管理员，这样必然会降低政府监管部门的压力，从而降低风险防控的制度成本。总之，加快建立现代产业协同机制，加强产业内、产业间的协同发展，才能从源头上遏制风险的发生、从途径上防止风险的扩散，从而降低由于风险事件的发生与扩散带来的相应成本。

第十章　降低食品安全风险防控制度成本路径之四

——完善食品产业链风险预警体系，降低风险发生率

第一节　食品产业链风险预警机制

产业链是一种建立在价值链基础上的相关企业集合的新型空间组织形式。它是特定领域内相关企业的集合，也是独立企业间的联合，各企业之间具有长期战略联盟关系，并同政府及其他重要相关机构有密切的联系。在产业链中不仅有产品的传递、技术的传递，还有风险的传递。

食品安全风险是指由于食品在生产过程中把关不严格、生产技术水平不足等原因造成的质量不确定性风险。食品产业链上食品安全风险会从产业链上游向产业链下游传递和扩散，若产业链上有一个环节出现问题，就会对产业链上的其它成员带来影响，甚至给整个产业链带来巨大的损失。

从产业链视角，食品安全风险防控是指对食品产业链上所有节点生产和经营的食品进行风险防控，包括评估食品中可能含有的对人体健康有害的因素，并根据评估得到的结果，确定出风险程度，开展针对性的风险治理措施，控制或者降低食品安全风险，并且在风险评估和风险治理的全过程中，产业链全体成员以及政府职能部门、消费者等相关各方能够保持良好的风险交流。

建立健全食品产业链风险预警体系，将事后补救转为事前预防，从风险的源头加以控制，能够有效降低食品安全风险，减少食品安全事件的发生，从而降低食品安全风险防控的事中应急成本和事后补救成本。由于食品种类繁多，需要针对每一大类食品，分类别建立风险预警体系，这是一项需要多部门合作的系统工程，需要政府牵头，组织不同行业的专家通力合作，才能实现高效的食品安全风

险预警。

鉴于在众多的食品类别中乳制品具有代表性且数据相对完整，故本章以乳制品产业为研究对象，具体研究乳品产业安全风险预警体系的构建与完善，通过及时、高效的风险防控与预警，降低乳制品风险事件发生的概率，同时为我国其他食品产业安全风险的防控提供依据和建议。

随着我国人民生活水平的提高，乳制品的消费量也在快速增长。乳制品安全不仅关系到国民的身体健康和生命安全，而且还影响到社会的稳定和可持续发展，研究乳制品产业安全的风险防控具有典型意义。我国乳品产业虽然起步较晚，但发展速度很快。随着我国消费者对食品安全的认识程度逐渐提高，乳制品的质量、营养和卫生安全逐渐成为人们关注的热点问题。现如今我国已经是乳制品消费大国，随着人们对乳制品需求的进一步提升，如何吃的安心、放心成为了国家治理的重大问题，所以对乳制品安全进行风险防控与预警是非常必要的。

对乳制品的安全风险进行预警，就是将"事后补救"提前为"事前预防"。通过调查分析我国乳制品产业的潜在风险情况，对可能出现的风险提前发出警告，进而使原料生产部门、食品生产加工部门、政府职能部门以及消费者，及时了解乳制品安全及风险信息，提前做好准备，能够在食品安全风险出现之前遏制风险事件的发生和发展，在风险事件发生时能够采取行之有效的办法，以防出现更大的损失。

在乳制品安全风险预警领域，国内许多学者已经做出了相关研究，例如：杨艳涛[1]提出预警的前提条件是对发出预警情况的源头进行分析，并对警情和警源的概念进行了界定，警情是对预警结果的描述，警源是各种可能引起警情的因素；杨贞耐[2]分析了乳及其制品的安全，涉及原料乳生产、乳品加工、贮藏、运输、销售等整个过程，提出相应的预警措施，构建了乳制品质量安全预警系统结构；白宝光、朱洪磊[3]基于BP神经网络，从乳制品的生产加工环节选择了反映

---

① 杨艳涛. 食品质量安全预警与管理机制研究[M]. 北京：中国农业科学出版社，2010：108-110.

② 杨贞耐. 我国乳与乳制品的质量安全控制[J]. 中国畜牧杂志，2008，44(8)：30-34.

③ 白宝光，朱洪磊，范清秀. BP神经网络在乳制品质量安全风险预警中的应用[J]. 中国乳品工业，2020，48(07)：42-45+57.

乳制品质量安全风险的决定性因素作为风险预警指标，构建了乳制品质量安全风险预警模型；陈嘉惠、杨巧玲等①分类讨论了在生物、化学、物理领域影响乳制品质量安全的危害因素。

虽然相关的研究不少，但目前从产业链整体视角对乳制品风险进行预警研究的文献不多。在文献研究及调研的基础上，本章从产业链的视角，分析从"农田"到"餐桌"的乳制品安全风险预警，研究乳制品产业链的安全风险预警机制，从环节到整体进行全面风险防控的研究。首先分析我国乳制品的产业链结构框架，然后进行数据搜集和整理，并对风险水平进行综合评价；再根据风险监测与评价结果，得到预警程度，通过预警体系进行风险预警发布与交流。乳制品的产业链示意图如图10-1所示。

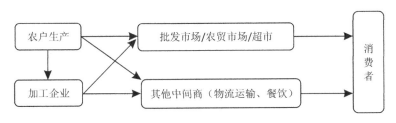

图10-1 我国乳制品的产业链示意图

本章将从产业链整体视角对乳制品安全风险进行预警研究，研究的主要内容为：

（1）分析乳制品安全风险的形成过程，在识别乳制品安全风险传导的关键要素的基础上，综合考虑影响乳制品安全风险的因素，从乳制品原料生产、加工和消费等环节建立乳制品安全评估指标体系，构建基于产业链的我国乳制品安全风险评估模型；

（2）采用五等级划分法，对乳制品安全风险水平划分五个等级警限，应用BP神经网络进行乳制品产业链安全风险预测，构建我国乳制品安全风险预警模型；

（3）通过分析我国食品安全监管组织架构和国家食品安全风险评估中心的体

---

① 陈嘉惠，杨巧玲，钮冰，陈沁．乳制品质量安全风险评估及预警的研究进展[J]．自然杂志，2020，42（06）：494-498.

系框架，设计出我国的乳制品产业安全风险预警流程和体系框架；最后进行预警
成本分析，并提出乳制品产业安全风险防控的政策建议。

第二节　乳制品产业安全风险综合评价

一、乳制品产业安全风险评价指标体系

由于食品产业的安全性越高，则产业链潜在的风险越低，而风险不易直接量
化，故这里选择食品产业链以及食品安全的相关指标来构建乳品产业链安全风险
的评价指标体系。根据指标选取的重要性、系统性和可获得性原则，在评价指标
选取时尽量选择与乳制品产业安全联系密切的指标，并力求全面系统和数据
权威。

经过研判，共选取了 9 个定量指标，构建乳制品产业安全风险评价指标体
系，如表 10-1 所示。

表 10-1　　　　　　　　　乳制品产业安全评价指标及其来源

分类		指　　标	数据来源
警源	生产	奶牛规模化养殖比例(X1)	中国奶业年鉴
		饲料质量安全监测(X2)	中国饲料工业年鉴
		生活饮用水抽检合格率(X3)	中国卫生和计划生育统计年鉴
	加工	兽药残留抽检合格率(X4)	中国畜牧业年鉴
		食品添加剂产品质量抽检合格率(X5)	中国卫生和计划生育统计年鉴
		消毒产品经常性卫生监督抽检合格率(X6)	中国卫生和计划生育统计年鉴、上市公司年报
		机械化挤奶率(X7)	中国奶业年鉴、上市公司年报
		乳制品生产加工行业集中度(X8)	中国奶业年鉴、上市公司年报
警情	销售	乳制品质量国家抽检合格率(Y)	中国奶业年鉴

1. 研究发现，规模化程度较高的乳制品生产企业一般现代化水平较高，生

产出的乳制品安全系数相对较高，故选取奶牛规模化养殖比例作为指标之一。奶牛规模化养殖比例是指年存栏量在 100 头以上的养殖场个数占全国养殖场总数之比。

2. 饲料的质量安全直接决定原料奶的质量安全，进而决定乳制品的安全水平。实践表明，如果饲料中含有残留的农药、发生霉变、使用违规种类或剂量的添加剂、有超标的重金属元素等，这些有害物质都会影响饲料的质量安全，进而影响乳制品的安全水平。这里选取饲料质量合格率作为指标之一。

3. 生活饮用水不仅直接供给奶牛饮用，而且还用于乳制品的各个环节过程中，故选取生活饮用水抽检合格率作为指标之一。

4. 在奶牛的养殖过程中，奶牛一旦生病，就需要兽药进行治疗，而且还需要进行奶牛疾病的预防，而兽药质量不好或剂量不当可能会产生药物残留，进而影响到乳制品的质量安全水平，故选取兽药残留抽检合格率作为指标之一。

5. 从"三聚氰胺"事件到南山毒奶粉事件，诸多违规使用食品添加剂直接危害到消费者健康和生命安全。食品添加剂已成为食品监管部门重点监控指标，故选取食品添加剂抽检合格率作为指标之一。

6. 对加工设备、生产环境进行消毒处理的消毒产品需要经常性卫生监督，以保证生产加工过程的卫生条件，故选取消毒产品经常性卫生监督抽检合格率作为指标之一。

7. 在挤奶环节，可能会因为挤奶员工的个人卫生或挤奶操作不当等原因造成病菌杂质等进入生乳中，影响最终的乳制品质量。而机械化挤奶可以有效减少此类风险的发生，故选取机械化挤奶率作为指标之一。

8. 研究表明，乳制品的行业集中度高有利于乳制品质量整体水平的提高以及产业运行模式的优化，并且有利于食品生产规模化和乳制品质量监管，从而降低乳制品安全风险。所以选取了乳制品生产加工行业集中度作为指标之一。以乳制品销售额作为基数，运用上市的前十家乳品企业的销售收入之和占规模以上乳品企业的销售收入总额之比（CR10），对乳制品生产加工行业的集中度进行测算。

9. 乳制品国家质量抽检合格率是国家对食品安全风险防控水平的综合评价，可以概括性地说明乳制品产业安全水平的变化情况，故选取乳制品质量国家抽检合格率作为警情指标。

二、乳制品产业安全水平综合评价

(一)数据整理

本章的指标数据来源于中国奶业年鉴、中国饲料工业年鉴、中国畜牧业年鉴、中国卫生和计划生育统计年鉴和上市公司年报等。指标体系中的所有指标均是质量安全水平的正向指标。采用标准化方法对原始数据进行预处理,即通过公式(10-1)将原始数据转化为无量纲指标值,便于进行综合的测评分析。本章所有分析都是在 SPSS 软件中实现的。

$$ZX = \frac{X - \mu}{\sigma} \tag{10-1}$$

表 10-2　　　**2002—2017 年我国乳制品产业安全相关指标的标准化值**

Year	ZX1	ZX2	ZX3	ZX4	ZX5	ZX6	ZX7	ZX8	ZY
2002	-1.068	-2.022	-1.71	-3.039	-1.586	-1.815	-1.587	-1.672	-1.611
2003	-1.032	0.138	-1.162	-0.661	-1.461	-1.261	-1.587	0.399	-1.62
2004	-1.11	-0.11	-1.18	-0.43	-1.331	-1.452	-1.157	1.16	-1.263
2005	-1.113	-0.328	-0.186	-1.191	-1.033	-1.836	-1.291	0.305	-0.952
2006	-0.992	0.107	-0.621	-0.016	-0.773	-0.431	-0.868	0.325	-0.787
2007	-0.795	-1.605	-0.4	-0.164	-0.578	0.544	-0.207	-0.027	-0.984
2008	-0.601	-1.5	-0.4	0.003	-0.281	0.785	0.022	-0.966	0.067
2009	-0.153	-0.785	-0.709	0.231	0.017	0.827	0.026	-1.128	0.772
2010	0.081	0.135	-0.528	0.802	0.593	0.261	0.222	-1.078	0.783
2011	0.222	0.639	0.501	0.37	0.621	0.722	0.747	1.058	0.767
2012	0.492	0.701	0.553	0.612	0.751	0.555	0.793	1.129	0.766
2013	0.726	0.8	0.671	0.488	0.788	0.544	0.793	0.949	0.791
2014	0.978	0.853	1.06	0.709	0.983	0.534	0.793	-1.416	0.797
2015	1.168	0.862	1.197	0.726	1.055	0.638	1.024	0.02	0.839
2016	1.414	0.887	1.408	0.764	1.095	0.609	1.024	-0.362	0.839
2017	1.783	1.226	1.506	0.798	1.141	0.775	1.254	1.305	0.797

（二）基于因子分析的权重确定

为了对乳制品产业安全水平进行综合评价，需要确定指标的权重。由于考虑到对乳品产业链安全水平进行评价时，需要研究指标间的相互关联关系以及各指标对整体风险影响的大小，同时满足客观有效且具有实际意义，故本章选取因子分析法确定权重。

将标准化后的数据导入软件后，经验证得知 KMO 的值为 0.764，大于 0.5，故可以使用因子分析法。由于按照特征根大于 1 的原则，只能选入 2 个公共因子，但由于提取的 3 个公共因子的累计方差贡献率为 94.209%，满足模型所需，故选定 3 个公共因子。由于得到的未旋转的公共因子的实际意义不好解释，因此对公共因子进行方差最大化正交旋转，旋转在 6 次迭代后收敛，得到旋转成分矩阵的输出结果如表 10-3 所示。

表 10-3　　　　　　　　　　　　旋转成分矩阵

变量	成分 1	成分 2	成分 3
ZX1	0.517	0.829	0.026
ZX2	0.211	0.778	0.510
ZX3	0.485	0.800	0.188
ZX4	0.797	0.390	0.311
ZX5	0.706	0.700	0.022
ZX6	0.957	0.240	−0.035
ZX7	0.771	0.613	0.059
ZX8	0.005	0.102	0.971
ZY	0.766	0.581	−0.046

由旋转后的因子载荷矩阵可以看出，公共因子 F1 在 X4，X5，X6，X7，Y 上的载荷值都很大，兽药残留抽检合格率（X4），食品添加剂抽检合格率（X5），消毒产品经常性卫生监督抽检合格率（X6），机械化挤奶率（X7），乳制品质量国家抽检合格率（Y），是反映加工辅料及销售的公共因子；公共因子 F2 在 X1，

X2，X3 上的载荷值都很大，规模化养殖水平(X1)，饲料质量安全检测(X2)，生活饮用水抽检合格率(X3)，是反映生产的公共因子；公共因子 F3 仅在乳制品生产加工行业集中度 CR10(X8)上的载荷值很大，是反映产业情况的公共因子。

由以上输出结果，因子 F1 表示为：

$$F1 = 0.517ZX1 + 0.211ZX2 + 0.485ZX3 + 0.797ZX4 + 0.706ZX5 \\ + 0.957ZX6 + 0.771ZX7 + 0.005ZX8 + 0.766ZY \tag{10-2}$$

说明：F1 与 F2 的系数为表(10-3)中的成分 1 及成分 2 的两列。

因子 F2 表示为：

$$F2 = 0.829ZX1 + 0.778ZX2 + 0.800ZX3 + 0.390ZX4 + 0.700ZX5 \\ + 0.240ZX6 + 0.613ZX7 + 0.102ZX8 + 0.581ZY \tag{10-3}$$

其余以此类推。

(三)测算产业链安全水平综合得分

有了对各个公共因子的合理解释，分别计算各个年份在三个公共因子上的因子得分，以各因子的方差贡献率占三个因子总方差贡献率的比重，作为权重进行加权汇总，由公式(10-4)得出各年份的乳制品安全水平综合得分 F。

$$F = \frac{(41.976 \times F1 + 37.3 \times F2 + 14.933 \times F3)}{94.209} \tag{10-4}$$

各年份的乳制品质量安全水平的综合评价值的具体结果如表 10-4 所示。在 F1 上得分最高的前三名年份依次是：2008 年、2009 年、2007 年，与其他年份得分相差较大，说明这些年在加工辅料方面安全水平比较高；在 F2 上得分最高的前三名年份依次是：2016 年、2014 年、2017 年，说明这些年在生产方面做得比较好；在 F3 上得分最高的前三名年份依次是：2004 年、2012 年、2017 年，说明这些年在产业链方面做的比较好。

将各年份在三个因子上的得分进行加权综合得到综合得分，根据综合得分可以综合评价多年以来我国乳制品质量安全水平，综合得分前三名分别是：2017 年、2016 年、2015 年，综合得分最低的三个年份依次是：2002 年、2003 年、2005 年，从总体来看，我国的乳制品产业安全水平呈上升趋势。

表 10-4　　　　　　　　　　各因子得分与综合得分

Year	F1	F2	F3	F
2002	−2.07036	−0.26735	−2.06792	−1.36
2003	−1.33006	−0.55531	0.78517	−0.69
2004	−1.01262	−0.85193	1.37397	−0.57
2005	−1.72814	0.17561	0.26159	−0.66
2006	−0.30785	−0.74741	0.70564	−0.32
2007	0.80668	−1.67704	−0.00604	−0.31
2008	1.11377	−1.35826	−0.92488	−0.19
2009	1.08775	−0.89543	−1.04137	−0.03
2010	0.65546	−0.07498	−0.80642	0.13
2011	0.67864	0.03546	0.91285	0.46
2012	0.61270	0.22550	0.97372	0.52
2013	0.43549	0.53493	0.74861	0.52
2014	0.15084	1.42977	−1.26763	0.43
2015	0.35687	1.16989	−0.10612	0.61
2016	0.21843	1.49574	−0.47684	0.61
2017	0.33239	1.36079	0.93568	0.84

第三节　乳制品产业安全风险预警体系

一、乳制品产业安全风险警情等级划分

根据社会学中常用的利克特五等级量表理论，结合我国实际情况和相关预案，将乳制品质量安全风险水平划分为五个等级，即：E（不安全）、D（较不安全）、C（基本安全）、B（较安全）、A（安全）等级，与其相对应的警情等级分别设定为重警、较重警、较轻警、轻警、无警。基于前文的风险评价值，结合警情五等级划分法，对我国近年来的乳制品质量安全评价的等级设定划分区间值，具体

如表 10-5 所示。

表 10-5　　　　　　　　　乳制品质量安全评价等级划分标准

等级	E(不安全)	D(较不安全)	C(基本安全)	B(较安全)	A(安全)
区间	≤-1	(-1, -0.5]	(-0.5, 0.2)	[0.2, 0.9)	≥0.9

根据上表的等级划分结果，可得到 2002—2017 年的乳制品质量安全警情等级，具体见表 10-6。

表 10-6　　　　　　2002—2017 年我国乳制品质量安全警情等级

年份	2002	2003	2004	2005	2006	2007	2008	2009
等级	E	D	D	D	C	C	C	C
年份	2010	2011	2012	2013	2014	2015	2016	2017
等级	C	B	B	B	B	B	B	B

由上表可以看出，近年来我国加强了乳制品安全风险的防控，使得我国乳制品安全综合水平呈逐年上升趋势。

二、乳制品产业安全风险预警模型

对乳制品安全风险警情进行识别的过程属于分类问题，而 BP 神经网络是当前应用最广泛的神经网络模型之一，多用于解决分类问题，因此可以通过建立 BP 神经网络模型对乳制品产业安全风险进行警情识别。根据 BP 神经网络技术要求，构建的神经网络预警模型一般由输入层、隐含层和输出层共 3 层组成，本章的神经网络预警模型输入层的节点数由警源指标个数决定，隐含层的节点数为经验值，输出层的节点数由警情指标个数确定。

基于前文关于乳制品产业安全风险的指标体系，输入节点数为 8 个，分别为：奶牛规模化养殖比例、饲料质量安全监测、生活饮用水抽检合格率、兽药残留抽检合格率、食品添加剂抽检合格率、消毒产品经常性卫生监督抽检合格率、机械化挤奶率、乳制品生产加工行业集中度；隐含层为 1 层，节点数为 13 个；输出节点数为 1 个，即乳制品质量国家抽检合格率。因此，本章构建的乳制品质量安全风险预警模型结构为 8—13—1。在 16 组数据样本中，13 组是训练样本，剩余的 3 组数据样本将作为测试集，用于检验模型的预测精度。

通过训练神经网络，得到了各警源指标的重要性程度，如表 10-7 所示。模型认为 X5，X7 这两个指标比较重要，X1，X6，X3，X8 这四个指标其次，X2，X4 这两个指标的重要性较低。其中各警源指标的重要性程度可以作为权重，可以得到预警公式 10-5。

表 10-7　　　　　　　　　　**BP 神经网络预测的警源指标分类**

指标类别	指标名称	重要性	标准化的重要性
重要指标	X5 食品添加剂抽检合格率	0.260	100%
	X7 机械化挤奶率	0.251	96.5%
一般指标	X1 奶牛规模化养殖比例	0.139	53.4%
	X6 消毒产品经常性卫生监督抽检合格率	0.097	37.2%
	X3 生活饮用水抽检合格率	0.081	31.0%
	X8 乳制品生产加工行业集中度	0.079	30.3%
次要指标	X4 兽药残留抽检合格率	0.049	18.7%
	X2 饲料质量安全监测	0.046	17.7%

$$Y = 0.139 \times X1 + 0.046 \times X2 + 0.081 \times X3 + 0.049 \times X4 \qquad (10\text{-}5)$$
$$+ 0.26 \times X5 + 0.097 \times X6 + 0.251 \times X7 + 0.079 \times X8$$

运行 SPSS 得到的预测结果中，训练集的相对错误为 0.026，测试集的相对错误为 0.085，说明所建立的 8—13—1 神经网络模型结构对该样本的预测能力较强，即可以通过建立 BP 神经网络模型对乳制品产业安全风险水平进行预警，并判断出相应的预警等级。根据警情的不同警级，再启动相应的风险管理预案进行风险防控。

鉴于可获得的样本数量有限，可能会对模型的应用效果有一定的影响。但考虑到如果可以与各省市乳制品安全监管部门的监测检测数据相结合，获得大量的原始数据样本，则一定能够提高预警模型的实际应用效果。

三、乳制品产业安全风险预警流程及框架

本节研究建立乳制品产业安全风险预警流程及体系框架，为我国乳制品安全的风险预警提供参考。乳制品产业链的安全风险预警流程，如图 10-2 所示。

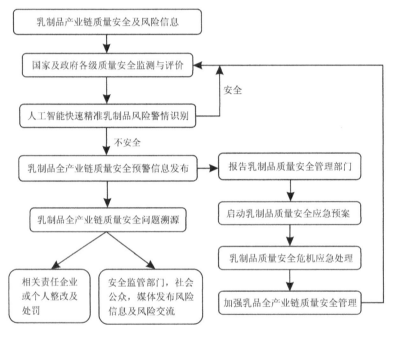

图 10-2　乳制品产业链安全风险预警流程

通过对产业链上各相关企业乳制品质量信息汇总，各省市地方的食品安全监管部门利用乳制品质量安全评价体系对乳制品进行质量监测及评价，识别出乳制品产业的安全与风险状况。如果安全，则记录下安全状态并向社会公示；如果不安全，先通过预警模型判断警情等级，并对全产业链进行预警信息发布。同时，一方面追根溯源，针对性的解决问题，对相关责任企业或个人进行整改及处罚，并通过微信、微博、微视频以及多种客户端向社会公布信息；另一方面将预警结果报告给乳制品质量安全管理部门，根据预警级别启动合适的应急预案并进行应急处理，处理后再重新对乳制品质量安全及风险状态进行判断，若仍不安全，则

需重点查找原因，并重复上述预警流程，直到达到安全状态。

乳制品产业链安全风险预警体系框架主要包括三大模块：实时预警模块、信息服务模块和预警信息查询模块，如图 10-3 所示。

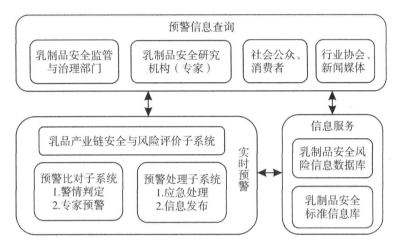

图 10-3　乳制品产业链安全风险预警体系框架

（一）实时预警模块是实现乳制品质量安全风险预警的核心，主要包括乳制品质量安全风险评价子系统、预警比对子系统和预警处理子系统。其中，质量安全风险评价子系统包括乳制品质量安全风险指标体系、模型选择和评价信息搜集；预警比对子系统包括警情判别和专家预警；预警处理子系统包括警情应急处理和预警信息发布两大功能。

（二）信息服务模块主要为乳制品产业链相关主体，包括政府职能部门、乳制品相关企业、消费者等，提供乳制品质量安全标准和乳制品质量安全风险相关信息与服务，且根据用户的类型不同设置不同的查询权限，保证乳制品质量安全风险预警信息的共享与交流。

（三）预警信息查询模块主要用于乳制品产业链主体、乳制品风险防控研究机构（专家）和社会公众、消费者、行业协会、新闻媒体等，实时掌握和了解乳制品质量安全与风险方面的相关信息。

第四节 总结及建议

一、内容总结

首先，本章立足于产业链视角，分析了乳制品产业安全风险形成的过程，在研究了乳制品安全风险传导的关键要素的基础上，从产业链上游的生产、中游的加工、下游的运输销售等多个环节构建了乳制品产业链安全风险评估指标体系；从各种年鉴与公司年报中收集了 2002 年到 2017 年的相关数据，构建了我国乳制品产业链安全风险评估模型，按年份对我国乳制品产业安全风险进行评估，结果表明我国乳制品安全水平总体上呈上升趋势。

其次，采用五等级划分法，对乳制品产业链质量安全风险水平划分了五个警级，并给出相应的区间值，对应的警情设定分别为重警、较重警、较轻警、轻警、无警；应用 BP 神经网络构建了乳制品安全风险预警模型，应用结果表明该模型预测精度较高，可实现快速精准的风险预警。

再次，设计了乳制品产业链质量安全风险预警流程，以及由实时预警、信息服务和预警信息查询等三个模块组成的风险预警体系框架，为我国实施快速有效的食品产业链安全的风险预警提供参考。

从短期看，预警制度的实施会带来风险防控成本的增加，因为要构建风险预警体系，需要软件、硬件的投入，包括搭建风险信息共享平台、各相关部门、企业需要上传食品相关信息、组织专家进行风险预测建模等；但从长期看，当预警系统正式运行后，就可以节省大量的从事监管的人力，以及信息成本、事后补救的成本等，从而大大降低风险防控的制度成本。

二、相关建议

基于本章的研究结果，对食品安全风险管控提出以下相关建议：

(一)联合与食品全产业链相关的部门，加强食品产业链安全风险的预警与管理。要提高食品产业链的安全，就要加强对食品全产业链的风险监测、评估与管理。一方面要立足国家、省、市食品安全风险评估中心，监测与食品安全相关的重要指标，如食品添加剂、生产加工的工艺与流程、人员和生产环境条件等，通过食品安全评价系统，评估各种食品的安全性；另一方面需要政府相关职能部门，联合食品产业链上下游相关企业和部门，协同合作，才能做好食品产业链上每个环节的风险防控。

(二)加强针对性风险治理，重点做好产业链上游的安全风险防控。要提高食品产业链安全，还要加强针对性的风险防控与治理。在食品产业链的上游、中游、下游三个大的环节中，最重要的是原料生产环节，属于产业链的上游。例如乳制品产业链的原料奶生产环节，如果原料奶生产就存在质量安全风险，则会给中游与下游的企业带来更大的风险隐患，所以要重点加强食品原料生产的风险防控；另一方面，产业链中游的食品生产加工、下游的运输及销售也应该做好常规的风险防控与风险监测，以保证整个产业链的安全运行。

(三)加强食品产业链上各相关主体间的风险交流与风险共担。要提高食品产业链安全水平，应加强多种信息的共享与交流。一方面要建立健全适应我国国情的食品安全风险治理机制，在通过预警系统判断警情等级后，能够快速地将预警结果报告给食品安全管理部门，及时根据预警级别针对性地启动应急预案进行处理，对相关责任企业或个人进行整改及处罚，并及时向社会公布信息；另一方面搭建食品安全风险信息交流平台，实现食品风险信息共享，整合已有分散的食品相关信息资源，促进信息在食品产业链主体、监管部门之间的交流和共享，例如通过定期举办食品安全风险信息交流活动、聘请专家开展讲座和科普宣传等，以加强食品安全教育，提高我国社会公众对食品安全风险防控的知情权和参与度，从而提升食品产业链整体安全风险防控的全民意识。

第十一章 降低食品安全风险防控制度成本路径之五

——加大违法成本，实行同业担保及检查制度

第一节 同业担保及检查机制

食品安全风险防控制度的实施就是政府监管部门与食品生产厂商之间的博弈，而由此产生的博弈成本就是构成风险防控制度成本的重要组成部分。研究食品生产商与政府监管部门之间的博弈问题，可通过引入激励机制的途径来降低食品安全监管的制度成本。

关于应用博弈论对食品安全风险防控的相关研究主要集中在两个方面：一是在基本博弈模型的基础上对食品监管参与各方增加激励机制。例如：Starbird[①]通过构建食品监管模型认为对企业激励能提高食品生产合格率；雷勋平、邱广华[②]用前景价值函数表达博弈矩阵的效用，研究了对食品生产商引入政府补贴后的效果；刘任重[③]对生产合格食品的食品生产商提供成本补贴与物质奖励进行了博弈分析；许利民等[④]通过演化博弈模型对食品供应链进行分析，认为对投入产出比较小的供应商或者制造商给予补贴，可以增加食品生产商生产合格食品的

① Starbird S A. Benefits and costs of food safety regulation[J]. Food Policy, 2007, 24(6): 19-26.

② 雷勋平，邱广华. 基于前景理论的食品行业行为监管演化博弈分析[J]. 系统工程，2016, 34(2): 82-88.

③ 刘任重. 食品安全规制的重复博弈分析[J]. 中国软科学，2011(9): 167-171.

④ 许民利，王俏，欧阳林寒. 食品供应链中质量投入的演化博弈分析[J]. 中国管理科学，2012, 20(5): 131-141.

概率。

另一方面是消除信息不对称的制度研究：Henrik Vetter 和 Kostas Karantininis[1] 认为纵向一体化可以解决食品市场上道德风险的问题；黎秀蓉[2]立足微观层面和产业层面借助博弈论，分析奶农与奶农、奶企与奶企之间的囚徒困境，建议建立奶农合作社共同承担风险与收益，奶企纵向一体化经营和与第三方合作建立双边治理加强监管；樊博等[3]建议推进 G2B(政府与企业间电子政务)信息共享实现监管；王中亮、石薇[4]建议构建食品信息交流体系以降低信息不对称。

上述文献为本章的研究提供了重要的参考，但仍有进一步完善的空间。首先，对于激励的理解，本章认为食品生产商和政府监管机构作为食品市场的参与者，生产合格食品和积极监管为其应尽的义务，所以激励机制没有必要对食品生产商生产合格食品提供物质激励，而应是无形激励；对政府监管部门应该是绩效评价，以提高监管效率；激励制度还应该包括消费者的第三方举报的物质激励。其次，已有文献提出的解决信息不对称的制度不仅不能从根本上解决信息不对称，而且需要更多的政策支持，往往投资巨大、覆盖面与规模不理想，参与建设各主体之间存在利益冲突，需要很长时间去建设与完善。为了弥补监管的不足，减轻监管的压力和降低监管的成本，本章提出同业担保制度和检查机制。

担保制度一般用于解决信贷融资中道德风险和逆向选择问题。在当今社会，担保制度主要应用于银行信贷，本章将担保制度引入食品安全领域。担保制度的引入使得监管覆盖与食品生产相关的所有行业，对法律、食品安全标准、监管实施细则覆盖不到的地方调动食品生产商参与监管，从而扩大监管范围，减轻政府压力。

本章将在含有激励机制食品安全监管博弈分析的基础上，进一步引入同业担保和检查机制的博弈模型，并讨论制度的可行性和政策空间，为降低食品安全风

---

①　Henrik Vetter, Kostas Karantininis. Moral Hazard, Vertical Integration, and Public Monitoring in Credence Goods. European Review of Agricultural Economics, 2002, 29, (2)：271-279.

②　黎秀蓉.《食品安全法》与食品安全机制构建[J]. 人文杂志, 2012(2)：69-75.

③　樊博, 呼家财, 洪佳玉. 基于博弈推演分析的 G2B 信息共享研究——以食品安全追溯系统为背景[J]. 情报资料工作, 2014(6)：71-75.

④　王中亮, 石薇. 信息不对称视角下的食品安全风险信息交流机制研究——基于参与主体之间的博弈分析[J]. 上海经济研究, 2014(5)：66-74.

险防控的制度成本提供政策参考。这里的同业担保制度是对食品经营企业的一种契约约束，是指食品企业需要同行为自己提供担保，即需要同行监督其履行食品安全义务并承担相应责任。同业担保和检查机制的引入在不影响政府激励机制的同时，丰富了政府的监管手段，扩大了监管范围，使食品生产商从被监管者转变为监管参与者，从而有利于降低政府监管的压力与成本，同时降低食品安全风险。

第二节 引入激励机制的博弈模型

政府监管机构与食品生产商之间的博弈，大致可分为两种情况：一种为食品生产商生产食品的同时政府监管机构对食品生产流程、卫生等情况进行检验，监管双方同时行动进行博弈；另一种为食品生产商生产出食品后政府监管部门对成品进行检查，博弈双方虽然有先后顺序，但是后者并不知道前者的策略。这两种情况均属于静态博弈，可以使用博弈矩阵进行分析。

一、模型的假设

假设1：政府监管机构的监管是尽职尽责的，即监管行为能查出所有食品生产商生产的不合格食品，并且政府监管部门有义务保证消费者的食品安全。由于政府不可能对所有的食品都进行检查，故假设政府机构监管的概率为x，不监管的概率为$(1-x)$；政府的监管成本为C，政府监管机构有监管和不监管两种选择，监管的时候收益是$-C$，不监管的时候收益为0。

假设2：食品生产商生产不合格食品是为了获取更高收入，即食品生产商所有生产的不合格食品对外宣称是合格食品，以便于卖出合格食品的价格。食品生产商生产合格食品的概率为y；生产不合格食品的概率为$(1-y)$；食品生产商以生产合格食品价格卖出食品的收入为M_H。食品生产商生产合格食品的成本为C_1，食品生产商生产不合格食品的成本为C_2，一般生产合格食品的成本大于不合格食品的成本，即$C_1 > C_2$。食品生产商有生产合格食品和不合格食品的选择，生产合格食品的收益是$M_H - C_1$。

假设3：食品监管部门对企业生产不合格食品的惩罚为K；当食品生产商生

产不合格食品被政府监管部门发现后，依据我国《中华人民共和国食品安全法》，没收违法所得并处罚款 K，再加上生产不合格食品的成本 C_2，此时食品生产商生产不合格食品的收益为 $-C_2-K$；如果没有政府监管机构监管的话，生产不合格食品的收益为 M_H-C_2。

在上述假设条件下，政府监管机构与食品生产商的博弈矩阵如表 11-1 所示：

表 11-1   政府监管机构与食品生产商的博弈矩阵

政府监管机构 食品生产商	监管 x	不监管 $(1-x)$
生产合格食品(y)	M_H-C_1, $-C$	M_H-C_1, 0
生产不合格食品($1-y$)	$-C_2-K$, $K-C$	M_H-C_2, 0

由博弈均衡分析，解得政府监管部门监管的概率 x 与食品生产商生产合格食品的概率 y 为式(11-1)、式(11-2)所示：

$$x=\frac{C_1-C_2}{M_H+K} \tag{11-1}$$

$$y=1-\frac{C}{K} \tag{11-2}$$

为了增加食品生产商生产合格食品的积极性，引入激励机制是政府常用的制度手段。政府通过引入激励机制，促使食品生产商生产合格食品，从而降低政府监管压力和降低监管成本。现实生活中的食品生产商与政府监管部门之间的博弈，可以通过基本博弈模型加入激励机制来简要概括。在这里，本章将激励机制分为两方面：一方面是对于消费者举报奖励的有形激励 M_1，通常表现为成立专项资金或者财政拨款，对提供未被政府监管机构掌握的线索的举报方进行物质方面的奖励；另一方面是对于表现良好的食品生产商给予名誉上的无形激励 M_2，通常表现为政府主导，打造并宣传的示范食品生产单位或者优秀食品生产商。当在政府监管机构和食品生产商的博弈中加入有形激励 M_1 和无形激励 M_2 后，政府监管机构与食品生产商间的博弈矩阵如表 11-2 所示。其中，P_1 为食品生产商生产不合格食品时被消费者举报的概率。

表 11-2　　　　　　　　　　　　加入激励后的博弈矩阵

政府监管机构 食品生产商	监管 x	不监管 $(1-x)$
生产合格食品(y)	$M_H-C_1+M_2$，$-C$	M_H-C_1，0
生产不合格食品($1-y$)	$-C_2-K$，$K-C$	$(1-P_1)(M_H-C_2)+P_1(-C_2-K)$，$-P_1M_1$

二、模型的博弈分析

（一）食品生产商的博弈分析

由表 11-2 可列出合格食品生产商的期望收益为：

$$U_1^* = x(M_H-C_1+M_2)+(1-x)(M_H-C_1)$$

不合格食品生产商的期望收益为：

$$U_2^* = x(-C_2-K)+(1-x)\left[(1-P_1)(M_H-C_2)+P_1(-C_2-K)\right]$$

根据博弈均衡理论，对于食品生产商来说，运用期望收益相等法，即在政府监管和不监管条件下收益相等，即 $U_1^* = U_2^*$。则有：

$$x(M_H-C_1+M_2)+(1-x)(M_H-C_1)$$
$$= x(-C_2-K)+(1-x)\left[(1-P_1)(M_H-C_2)+P_1(-C_2-K)\right]$$

整理得：

$$x^* = \frac{C_1-C_2-P_1(K+M_H)}{M_2+(1-P_1)(K+M_H)} \tag{11-3}$$

由式(11-3)，可以看出：

(1)C_1-C_2 越大，x^* 越大，即 C_1-C_2 与 x^* 正相关。说明生产合格食品的成本与生产不合格食品成本之间的差距越大，生产不合格食品并以合格食品的价格卖出能够使得不合格食品生产商获得更高的收益，这会吸引更多的食品生产商选择生产不合格食品，而不顾及声誉和政府处罚等因素，这会产生更多的食品安全问题，这就需要政府监管机构提高监管概率 x，增加了政府监管压力；

(2)M_H 越大，x^* 越小，即 M_H 与 x^* 负相关。说明生产合格食品时的收益越大，生产合格食品相较于生产不合格食品获利更多，导致更多的食品生产商选择生产合格食品，有利于降低食品安全事故发生率，这样，监管部门就会降低监管概率 x，从而有利于降低政府监管的压力；

(3) K 越大，x^* 越小，即 K 与 x^* 负相关。说明食品监管部门对企业生产不合格食品的惩罚越大，对食品生产商的威慑作用就越强，食品生产商选择生产不合格食品的概率就越小，较少的食品安全问题会导致食品监管部门降低监管概率 x，有利于政府监管；

(4) M_2 越大，x^* 越小，即 M_2 与 x^* 负相关。说明无形激励越大，食品生产商为获得更好的声誉而生产合格食品，有利于降低政府监管的概率，减少政府监管的压力。

通过对比式(11-3)和式(11-1)可以看出：引入激励机制前后，C_1-C_2、$K+M_H$ 这两项对于监管概率的相关性不变，具有一致性。不同的是式(11-3)含有 M_2 项，即政府的无形激励 M_2 处于分母，增加无形激励可降低监管概率从而降低监管压力，减少监管成本，对食品监管具有积极作用。

(二)政府监管部门的博弈分析

由表11-2，可列出政府实施监管的期望收益为：

$$U_3^* = -yC+(1-y)(K-C)$$

政府不实施监管的期望收益为：

$$U_4^* = -P_1M_1(1-y)$$

根据博弈均衡理论，对于政府部门来说，运用期望收益相等，即在政府监管和不监管条件下期望收益相等，即 $U_3^* = U_4^*$。则有：

$$-yC+(1-y)(K-C) = -P_1M_1(1-y)$$

整理得：

$$y^* = 1-\frac{C}{K+P_1M_1} \tag{11-4}$$

由式(11-4)可以得出：

(1) C 越大，y^* 越小，即 C 与 y^* 负相关。说明监管成本越大，政府监管部门由于经费的限制会减少监管，食品生产商由于监管次数的减少而会选择生产更有利可图的不合格食品，从而减少生产合格食品的概率 y，不利于食品安全；

（2）K 增加，y^* 越大，即 K 与 y^* 正相关。说明食品监管部门对企业生产不合格食品的惩罚增加，此时为了避免较大的惩罚风险，厂商选择生产合格食品，从而增加生产合格食品的概率 y，有利于食品监管；

（3）M_1 越大，y^* 越大，即 M_1 与 y^* 正相关。说明消费者举报的奖励可以调动消费者积极性，增强对食品安全的监管，有利于提高食品安全水平。

通过对比式（11-2）和式（11-4），式（11-4）多了有形激励项 M_1，其他项对生产合格食品概率的相关性不变。从政府监管机构的视角去看，政府激励政策中对于消费者的有形激励 M_1 有助于提高合格食品生产的概率，从而有利于食品安全。

第三节　引入同业担保检查机制的博弈模型

以往的食品安全监管的分析和政策建议没有从同业的角度审视，食品生产商作为食品市场的重要参与者，往往处于被动的被监管状态。食品行业往往是一荣俱荣、一损俱损的行业。当某类食品中一款食品出现问题的时候，同类食品都会受到相应的影响。例如三鹿问题奶粉曝光的时候，连带着的是公众对国产奶粉的不信任，大家纷纷转而求购国外奶粉。如何发挥食品生产商的主动性，使食品生产商积极参与监管呢？

本节提出同业间担保制度和检查机制。同业之间有着最为全面的专业知识，同业之间互相监管，监管更专业。除此以外，我国食品监管手段、法律规定等体系的建立是滞后于现实生活的，往往当问题出现并且发生重大食品安全事故或出现较多食品安全事故，政府才会采取相应措施进行整改和完善。而这样的事后措施，往往伴随的是较大的财产损失甚至生命的代价。如何扩大监管的范围、提高发现问题的时效，并提高问题的处理效率呢？本节提出的引入担保制度与检查机制，令食品市场上所有食品生产和经营的主体都要有同业担保，承担连带责任，督促其积极监管所担保食品生产商的食品，对发现的问题及时预警，从而在有效防控食品安全风险的同时，降低政府监管压力及监管成本。

一、博弈模型的建立

上文提到的食品生产商与政府监管机构之间的博弈模型的假设在现实生活中

往往不能满足，因此在假设 2、3 不变的情况下对假设 1 进行改进，并增加假设 4 和假设 5：

假设 1：政府监管机构的监管是尽职尽责的，但是政府的监管并不能将所有的生产不合格食品的企业查出，记 P_2 为不合格食品生产商被同业查出的概率，记 P_3 为政府监管机构查出生产不合格食品企业的概率。政府监管部门有义务保证消费者的食品安全。

假设 4：食品生产商要有同业的担保才能让自己生产的食品进入市场流通，记 C_3 为让同业为自己担保所付出的成本，C_4 为同业检查付出的成本。

假设 5：政府监管机构作为食品流通检查的最后一道关卡，同业检查在政府检查之前，消费者举报在政府监管之后。当政府查出不合格食品而同业监管没有查出时，不仅对不合格食品生产商做出惩罚 K，而且担保的企业也要由于连带责任受到相应的惩罚 K。基于上述假设，引入同业担保检查机制的监管流程图如图 11-1 所示。

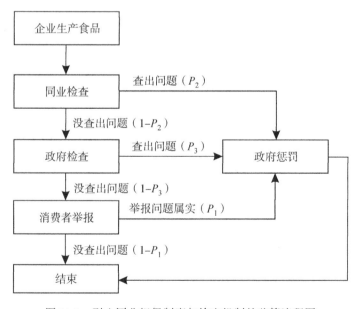

图 11-1　引入同业担保制度与检查机制的监管流程图

引入同业担保检查机制后，政府监管机构与食品生产商间的博弈矩阵如表

11-3 所示。

表 11-3　　　　　　　　引入同业担保制度与检查机制的博弈矩阵

政府监管机构 食品生产商	监管 x			不监管 $(1-x)$
	同业查出	同业未查出政府查出	同业、政府均未查出	
生产合格食品 y	$M_H+M_2-C_1-C_3$，$-C$			$M_H-C_1-C_3$，0
生产不合格食品$(1-y)$	E_1，E_2	E_3，E_4	E_5，E_6	E_7，E_8
同业	E_9，0	E_{10}，0	E_{11}，0	E_{12}，0

其中 $E_n(n=1、2、\cdots、11、12)$ 为食品生产商和监管机构在相应条件下的期望收益，具体如下：

$$E_1=-P_2(C_2+C_3+K)$$

$$E_2=P_2(K-C)$$

$$E_3=-(1-P_2)P_3(C_2+C_3+K)$$

$$E_4=(1-P_2)P_3(2K-C)$$

$$E_5=(1-P_2)(1-P_3)[-P_1(C_2+C_3+K)+(1-P_1)(M_H+M_2-C_2-C_3)]$$

$$E_6=(1-P_2)(1-P_3)P_1(2K-M_1-C)+(1-P_1)(1-P_2)(1-P_3)(-C)$$

$$E_7=P_2(-K-C_2-C_3)+(1-P_2)P_1(-K-C_2-C_3)+(1-P_2)(1-P_1)(M_H-C_2-C_3)$$

$$=-P_2K-(1-P_2)P_1K+(1-P_2)(1-P_1)M_H-C_2-C_3$$

$$E_8=P_2K+(1-P_2)P_1(2K-M_1)$$

$$E_9=P_2(C_3-C_4)$$

$$E_{10}=P_3(1-P_2)(C_3-C_4-K)$$

$$E_{11}=(1-P_2)(1-P_3)P_1(C_3-C_4-K)+(1-P_1)(1-P_2)(1-P_3)(C_3-C_4)$$

$$E_{12}=C_3-C_4-(1-P_2)P_1K$$

二、模型的博弈分析

（一）食品生产商的博弈分析

基于表 11-3，合格食品生产商的期望收益为：

$$U_1^{**} = M_H - C_1 - C_3 + x M_2$$

不合格食品生产商的期望收益为：

$$U_2^{**} = x(E_1 + E_3 + E_5) + (1-x)E_7$$

根据博弈均衡理论，为了使利益最大化，对于食品生产商来说，运用期望收益相等法，即在政府监管和不监管条件下收益相等，$U_1^{**} = U_2^{**}$。则有：

$$x^{**} = \frac{C_1 - C_2 - M_H + E_7}{M_2 - E_1 - E_3 - E_5 + E_7}$$

将 E_1、E_3、E_5、E_7 代入整理得：

$$x^{**} = \frac{C_1 - C_2 - (P_1 + P_2 - P_1 P_2)(M_H + K)}{(1-P_1)(1-P_2)P_3(M_H + K) + [1-(1-P_1)(1-P_2)(1-P_3)]M_2} \qquad (11\text{-}5)$$

在加入担保制度和检查机制后，政府监管机构主动监管的概率 x^{**} 如式(11-5)所示。由式(11-5)可以看出，政府监管部门监管的概率主要受以下几个因素影响：

(1)食品生产商生产合格食品所获得的收益 M_H 和食品监管部门对企业生产不合格食品的惩罚 K。$M_H + K$ 与 x^{**} 负相关。虽然在式(11-5)中分子分母均有含有 $M_H + K$ 的项，但是分子含有 $M_H + K$ 项的系数为负值 $-(P_1 + P_2 - P_1 P_2)$，分母含有 $M_H + K$ 项的系数为正值 $(1-P_1)(1-P_2)P_3$，并且 P_1、P_2、P_3 共同影响 M_H 及 K 对政府监管机构主动监管决策的概率 x^{**} 的影响效果。当食品生产商生产合格食品所获得的收益 M_H 越大或政府对生产不合格食品处罚 K 越大时，食品生产商会主动选择生产合格食品，较少的食品安全风险会降低政府监管机构监管的概率，从而使监管压力减少，有利于食品安全。

(2)食品生产商生产合格食品成本 C_1 与食品生产商生产不合格食品成本 C_2。$C_1 - C_2$ 与 x^{**} 正相关，即当生产合格食品成本与生产不合格食品成本之差越大时，食品生产商会为获得更多的利润而选择生产不合格食品，从而使得监管压力增大，此时需加强监管。

(3)对食品生产商的无形激励 M_2。M_2 与 x^{**} 负相关。含 M_2 的项在式(11-5)的分母中，系数为正，即 M_2 带来政府监管机构主动监管的概率 x^{**} 减小，说明无形激励有积极效果，可以有效降低监管压力，从而降低监管成本。

(二)政府监管部门的博弈分析

由表11-3，从政府的角度考虑实施监管的期望收益为：

$$U_3^{**} = -yC + (1-y)(E_2 + E_4 + E_6)$$

政府不实施监管的期望收益为：

$$U_4^{**} = (1-y)E_8$$

根据博弈均衡理论，运用期望收益相等法，在政府监管和不监管条件下期望收益相等，即 $U_3^{**} = U_4^{**}$。则有：

$$-yC + (1-y)(E_2 + E_4 + E_6) = (1-y)E_8$$

整理得：

$$y^{**} = \frac{C - 2P_3(1-P_2)(1-P_1)K - P_1P_3(1-P_2)M_1}{-2P_3(1-P_2)(1-P_1)K - P_1P_3(1-P_2)M_1} \tag{11-6}$$

在加入担保制度和检查机制后，我们得到食品生产商主动生产合格食品的概率 y^{**} 如式(11-6)所示。

令 $D = 2P_3(1-P_2)(1-P_1)K + P_1P_3(1-P_2)M_1$，则式(11-6)化为：

$$y^{**} = \frac{C - D}{-D}$$

将上式整理得：

$$y^{**} = 1 - \frac{C}{D} \tag{11-7}$$

由式(11-6)、式(11-7)可看出食品生产商主动生产合格食品的概率主要影响因素有：

(1)政府监管机构的监管成本 C。C 与 y^{**} 成负相关。由式(11-6)可看出，假设其他变量不变的情况下，引入同业担保制度和检查机制后，C 的增加会使得生产合格食品的概率减小。说明政府监管部门对监管费用的提升体现在监管程度的加强上，付出更多的人力、物力、财力，受成本的影响会减少监管的次数，对食品生产商震慑作用有所下降，使得合格食品生产的概率减小。

(2)食品监管部门对企业生产不合格食品的惩罚 K 和消费者举报后的奖励 M_1。K、M_1 均与 y^{**} 成正相关。在式(11-6)中分子和分母含有相同的含 K 和 M_1 的项，由整理后的式(11-7)可以看出随着 K 和 M_1 的增加，D 增加，y^{**} 增大，总体而言两者之和与生产合格食品的概率 y^{**} 正相关。这说明罚金 K 及奖励 M_1 的增加会提高安全生产，有利于食品安全。较高的处罚力度能够有效地震慑食品生产商,让其生产不合格食品获利的风险增大从而选择生产合格食品;消费者举报后的奖励会提高消费者举报积极性,意味着监管的加强,让食品生产商更倾向于生产合格食品。这一点上看与前文的分析具有一致性。除此以外变量 K 和 M_1 的系数还与 P_2(被同业查出的概率)、P_3(政府机构监管查出生产不合格食品企业的概率)相关,且 P_2、P_3 不影响各项对 y^{**} 影响的相关性,而是修正了对概率 y^{**} 的影响效果。

(三)同业的博弈分析

由表11-3,从同业的角度考虑,同业在政府实施监管时的期望收益为:

$$U_5 = x(E_9 + E_{10} + E_{11})$$

同业在政府不实施监管时的期望收益为:

$$U_6 = (1-x)E_{12}$$

作为制度的推行者,在实施同业担保检查制度时要考虑各方的利益,当同业在实施同业担保检查制度期望收益非负的情况下,同业才有足够的动力与积极性参与进来。故我们假设 $U_5 + U_6 \geq 0$ 来讨论同业担保实施的条件。于是由:

$$x(E_9 + E_{10} + E_{11}) + (1-x)E_{12} \geq 0$$

解得:

$$x^{***} \leq \frac{C_3 - C_4 - P_1(1-P_2)K}{P_3(1-P_2)(1-P_1)K} \tag{11-8}$$

同业是担保检查机制中重要一环,同业的积极参加直接影响着担保检查机制的实施和推广。在式(11-8)中当政府监管的概率低于一定水平时同业才有动力参与进来,式(11-8)给出了政府监管的上限。由式(11-8),可看出影响同业主动参与的因素有以下几个方面:

(1)付出担保的成本 C_3 与同业参与检查的成本 C_4。在式(11-8)中 C_3 和 C_4 共同存在于分子,$C_3 - C_4$ 可以看成是企业提供担保检查的收益,$C_3 - C_4$ 与同业参加担保检查的条件 x^{***} 的上限正相关。即 C_3 与 C_4 的差越大,在式(11-8)中表现为提高 x^{***} 的上限,此时同业担保实施的条件区间扩大,有利于同业担保制度的实施与推广。合理制定 C_3 与 C_4 是同业担保制度能否实施的关键之一。

(2)食品监管部门对企业生产不合格食品的惩罚 K。K 与 x^{***} 上限负相关。

在式(11-8)中分子分母均含有变量为 K 的项,系数分别为 $-P_1(1-P_2)$ 和 $P_3(1-P_2)(1-P_1)$,说明惩罚 K 的增加导致 x^{***} 上限降低,不利于同业担保制度的实施与推广。原因是过高的罚金 K 不仅会对食品生产商产生震慑作用,还会对同业担保的企业产生震慑作用,担保者会由于害怕自己受到连带责任而不愿意为别的食品生产商担保。惩罚 K 的增加不利于同业担保制度的实施,合理制定连带责任惩罚力度是同业担保制度实施的另一关键点。

三、模型结果的比较

通过第 2 节和第 3 节结论的比较,不难发现:从只引入有形和无形激励模型的结果式(11-3)、式(11-4)到加入担保检查制度后的政府监管的结果式(11-5)、式(11-6),各影响因素与概率之间的相关性并没有变化,变化的只有系数大小。而系数大小的变化会影响到政策的效果,不会影响到各变量之间的相关关系。也就是说,在引入担保制度与检查机制之后,各种查出概率(P_1、P_2、P_3)对政策效果有一定的影响。

食品监管部门对企业生产不合格食品的惩罚 K 增加是食品监管中重要一项。K 增加既有利于政府监管,也有利于食品生产商生产合格食品;政府监管机构的监管成本 C 减少、政府的有形激励 M_1 增加有利于食品生产商对合格食品的生产;无形激励 M_2 增加、食品生产商以生产合格食品价格卖出食品的收入 M_{II} 增加、食品生产商生产合格食品的成本 C_1 减少和食品生产商生产不合格食品的成本 C_2 增加均有利于政府监管部门的监管。可见在引入担保检查制度前后,各影响因素对于合格食品生产概率、政府监管概率的相关性是一致的。不同的是通过对担保制度和检查机制的引进,我们将监管通过同业之间相互担保并且检查的方式,调动了政府部门以外的监管力量,拓展了政府的监管范围,从而有利于降低政府监管压力,在加强监管力量的同时,有效降低食品安全风险防控的成本。

第四节 总结及建议

一、内容总结

在以往从制度上对监管体系进行激励和解决办法的讨论中,大多数研究缺乏对食品生产者这一重要参与者参与监管的考量。本章利用博弈论分析方法，在基本博弈模型的基础上，进行了更为贴近现实的改进和拓展，讨论了引入政府激励制度的模型。结论为政府的激励能够有效缓解政府监管机构的监管压力，有效提高食品安全水平。更进一步的，在含有激励机制模型的基础上，引入同业担保制度和检查机制与政府激励制度相结合进行分析。研究结果表明，引入担保制度与检查机制后，在不影响现有变量间相关关系的情况下，不仅拓展了监管范围，而且有效利用了行业的专业知识和技术，调动了食品生产商参与食品安全监管，真正做到政府、企业、消费者三方共同参与监管，有效补充了在政府监管缺位的情况下，只依靠消费者举报这种单一的监督手段，同时有效降低了监管的制度成本。

二、相关建议

基于本章的研究结论，从食品安全风险防控制度上提出以下具体建议：

(一)积极推动同业担保和检查制度实施

从博弈模型分析结果可以看到，引入同业担保检查机制使食品生产商从被监管者到参与监管这一角色的转变。有利于行业知识在监管中发挥作用，弥补了政府监管在人员、资金、技术上的不足，是政府监管的有力补充，有利于监管以及风险防控成本的降低。除此以外，同业担保制度与检查机制的实施会在政府监管不力之处提供一定的监管。引入同业担保检查机制可以加强行业协会的作用，对企业担保资质的评定可以强化行业协会的公信证明职能，同业检查可以发挥行业协会在监督、咨询、培训、研究等方面的功能，从而有利于保护消费者权利，推动食品行业良性运转。

(二)科学确定对生产不合格食品的惩罚及连带责任

根据本章的分析，食品监管部门对生产不合格食品的惩罚的增加能提高食品生产商生产合格食品的概率和降低政府监管机构监管的概率，从而降低政府监管的压力。但另一方面，对企业的处罚的不合理，不仅不能起到警示作用，甚至还起副作用。因为罚款并不是越多越好，高额罚款会导致企业害怕被重罚而不愿意进入食品行业，从而影响行业景气度，不利于食品行业的长久发展和繁荣；同时，担保的连带惩罚 K 的增加亦不利于同业担保制度的实施，因为高额的担保连带惩罚 K，使得担保者会因为害怕连带责任风险过高而不愿为同业担保，导致同业担保制度和检查机制难以推广和实施。由此可见，制定不合格食品的惩罚力度及连带责任的重要性和复杂性。所以政府部门应权衡利弊，科学合理制定对生产不合格食品的惩罚力度及连带责任，防止过或不及。

第十二章　降低食品安全风险防控制度
成本路径之六
——实行绩效评价制度，提高职能部门有效监管

第一节　监管绩效评价机制

食品安全问题的治理需要政府作为主导力量，在充分利用有限资源的情况下，不断提高食品安全水平。食品安全风险防控既要保证相关的投入，又要尽量降低职能部门的制度成本，这就需要权衡两个方面的矛盾，解决矛盾的一个基本途径是提高职能部门食品安全风险防控的绩效，方法是进行食品安全监管的绩效评价。通过建立科学的绩效评价体系，对监管主体的监管行为进行客观评估，发现监管行为的优缺点，以创新监管方式、提高监管效率，从而兼顾到监管效果和成本两方面。

在食品安全风险防控方面，由于很多方面的条件限制，造成政府监管部门存在监管不到位的问题，进而影响到风险防控的绩效。对比国内和国外食品监管部门的权责和相关法律法规，影响我国食品安全监管绩效的主要原因有：权责划分不明确、法律体系不健全、缺乏专业人才与设备等。

首先，监管部门权责划分不明确。由于食品市场的复杂性，单一食品安全监督管理部门难以独自完成对食品全产业链的监督与管理，这就需要借助相关领域职能部门的力量。由于食品生产经营链条的复杂性，导致相关政府部门难以明确划分各部门的职权范围，造成食品安全监督管理工作的监管效率较低。我国已于2018年成立了市场监督管理总局，以协调各部门的工作，有利于明确责权划分和提高监管绩效。

其次，相关法律法规实施存在问题。现阶段，食品安全监督与管理工作的开展，大多是在《食品安全法》的指引下进行，这部法律的颁布虽然在一定程度上为食品安全监督与管理人员的工作提供了法律支持，但是由于其制定时间较早，在内容上难免有其不足之处。同时，为深化《食品安全法》在食品安全监督与管理工作中的应用，政府部门同步颁布了《食品安全法实施条例》。实施条例的颁发是对《食品安全法》的一次补充与完善，但在细节方面仍存在一些不足之处，影响了食品安全监管工作的顺利进行。另外，部分地区食品安全监管人员对《食品安全法》的认知不够，导致食品安全监管人员在实施监管过程中的不规范。

再次，缺少专业人才与设备。对于世界标准规定的所有检测指标，我们还无法做到或者无法准确做到有效检测，这也造成了我国近几年出口退货问题频发。例如，我国缺乏同时可以分析上百种农药残留的检测技术，这也是我国农产品出口退货问题频发的原因之一。

目前，我国关于食品安全监管绩效评价的方法主要有数据包络模型、层次分析法、模糊综合评价法和平衡记分卡等，而只有数据包络模型以实际监管数据为基础，构建监管体系进而得出监管绩效具体数值，该方法可对各监管主体进行排名，是近年来最常用的绩效评价模型，且广泛应用于金融、能源、教育等领域。张红凤、赵胜利[1]运用 BCC 模型和超效率 SBM-DEA 模型，引入非期望产出和 Malmquist 指数，从静态和动态两个角度对我国省级食品安全监管效率进行了评价；王能、仁运河[2]运用 DEA 的规模可变报酬模型对我国部分省份食品安全监管绩效进行了横向和纵向的对比。有些学者从不同角度综合研究食品安全问题，采用计量经济学和统计学的相关方法以数据和理论模型为基础研究食品安全监管绩效问题。

上述文献为本章提供了研究思路，在研究相关文献的基础上，本章采用最新的三阶段 DEA 模型和超效率 SBM 模型研究我国食品安全监管的绩效问题。首先选取我国 15 个省(直辖市)运用三阶段超效率模型进行食品安全监管绩效测评，

①　张红凤，赵胜利. 我国食品安全监管效率评价——基于包含非期望产出的 SBM-DEA 和 Malmquist 模型[J/OL]. 经济与管理评论，2020(01)：46-57.

②　王能，任运河. 食品安全监管效率评估研究[J]. 财经问题研究，2011(12)：35-39.

其次根据测评结果讨论我国食品安全监管中存在的问题，最后提出针对性建议，为提高政府职能部门食品安全监管绩效提供参考。

第二节　食品安全监管绩效评价理论及方法

一、三阶段超效率 SBM 模型概述

数据包络分析，简称 DEA，是运筹学的一个热门研究领域，在 1978 年由 A. Charnes 和 W. W. Cooper 等人首次提出，是用来测量决策部门生产效率的一种方法，常用于多输入-多输出的有效性综合评价问题，它的优点是没有任何权重的假设也不受数据量纲的影响。经过对传统 DEA 模型的不断改良，Fried 等人提出了将环境因素和随机性因素加以考虑的三阶段 DEA 模型，Tone 等人进一步提出了 SBM 模型(非径向 DEA 模型)和超效率 SBM 模型。SBM 模型以传统 DEA 模型为原型，更加全面地考虑了松弛变量和非期望产出后形成的优化模型，有效地解决了传统模型中的径向和角度问题。超效率 SBM 模型是超效率模型和 SBM 模型的结合，继承了 SBM 模型的优点，同时能够突破测算结果只局限于[0，1]之间、无法比较多个测算值为 1 的决策单元的缺陷。

三阶段超效率 SBM 模型是将三阶段 DEA 模型的第一、第三阶段的 DEA 模型换成超效率 SBM 模型，从而在解决了径向和角度问题的基础上，全面地考虑了松弛变量和非期望产出问题，实现了在决策单元之间进行更加客观的比较。

二、模型原理

第一阶段：超效率 SBM 模型。设有 n 个决策单元，每个决策单元有 p 个投入变量，e 个期望产出变量，u 个非期望产出变量。X、Y^d、Y^t 为矩阵，$X = [x_1, \cdots, x_n] \in R^{p \times n}$，$Y = [y_1^d, \cdots, y_n^d] \in R^{e \times n}$，$x_i \in R^P$，$y^d \in R^{s_1}$，$y^t \in R^{s_2}$。超效率 SBM 模型可表示为式(12-1)：

$$min = \frac{\dfrac{1}{p} \sum_{i=1}^{p} \left(\dfrac{\overline{x}}{x_{ik}} \right)}{\dfrac{1}{(e+u)} \times \left(\sum_{r=1}^{e} \dfrac{\overline{y^d}}{y_{rk}^d} + \sum_{q=1}^{u} \dfrac{\overline{y^t}}{y_{qk}^t} \right)} \tag{12-1}$$

$$s.t. \begin{cases} \overline{x} \geqslant \sum_{j=1 \neq k}^{n} x_{ij}\lambda_j, \ i=1, \ \cdots, \ p; \\[2mm] \overline{y^d} \leqslant \sum_{j=1 \neq k}^{n} y_{rj}^d \lambda_j, \ r=1, \ \cdots, \ s_1; \\[2mm] \overline{y^d} \geqslant \sum_{j=1 \neq k}^{n} y_{qj}^t \lambda_j, \ q=1, \ \cdots, \ s_2; \\[2mm] \overline{x} \geqslant x_k, \ k=1, \ \cdots, \ p; \\[2mm] \overline{y^d} \leqslant y_k^d, \ d=1, \ \cdots, \ e; \\[2mm] \overline{y^t} \geqslant y_k^t, \ t=1, \ \cdots, \ u; \\[2mm] \lambda_j \geqslant 0, \ j=1, \ \cdots, \ n, \ j \neq 0 \end{cases}$$

第二阶段：SFA 模型的构建。设有 n 个决策单元，每个决策单元有 p 个投入变量，环境变量个数为 g，对每个决策单元的投入松弛变量做 SFA 回归分析。回归方程可表示为公式（12-2）：

$$s_{ik} = f^i(z_k; \ \beta^i) + v_{ik} + \mu_{ik} \tag{12-2}$$

上式中，i 为投入变量数，$i=1, \ \cdots, \ p$；k 为决策单元数，$k=1, \ \cdots, \ n$；s_{ik} 为第 i 个投入变量在第 k 个决策单元的松弛量。z_k 为 g 个环境变量，β^i 为它们的待估计参数。v_{ik} 为随机误差项，μ_{ik} 为管理无效率项。该模型基本假设 $v_{ik} \sim N(0, \sigma_{ik}^2)$，$\mu_{ik} \sim N^+(\mu^i, \sigma_{iu}^2)$。若求出的 v 值趋近于 1，说明随机误差项影响较大，若 v 值趋近于 0，表明管理无效率项所占比重较大。未知参数 β^i 采用极大似然函数方法进行估计。各决策单元的投入数据根据公式（12-3）进行调整，公式为：

$$\hat{x_{ik}} = x_{ik} + [\max_k \{ f^i(z_k; \ \hat{b}^i) \} - f^i(z_k; \ \hat{b}^i)] + [\max_k \{ \hat{v_{ik}} \} - \hat{v_{ik}}] \tag{12-3}$$

上式中，$\hat{x_{ik}}$ 为第 i 个投入变量在第 k 个决策单元的调整值，x_{ik} 为第 i 个投入变量在第 k 个决策单元的原始值。$\hat{\beta^i}$ 为环境变量参数的估计值，$\hat{v_{ik}}$ 为随机误差项的估计值，$\hat{\mu_{ik}}$ 为管理无效率项的估计值。

第三阶段：剔除环境因素和随机扰动项的超效率 SBM 模型计算。将经过式（12-3）调整后的投入产出变量运用式（12-1），再次进行超效率 SBM 模型的运算，计算出各决策单元的最终效率值。

三、模型优点

传统 DEA 模型不能充分考虑投入产出松弛变量的影响，三阶段超效率 SBM 模型结合了三阶段 DEA 模型与超效率 SBM 模型的优点，实现了对环境和随机性因素、松弛性变量、非期望产出、径向和角度等问题的考虑和完善处理。

第三节　我国食品安全监管绩效评价实证研究

一、指标体系构建

（一）指标选取

查阅食品安全绩效评价相关文献，从投入产出角度对于指标选取的文献中，学者们意见不尽相同，总结如下：

表 12-1　　　　　　　　　　　指标选取文献总结

作者	方法	指标设置	指标数量
刘录民等	德尔菲法	监管人员数量、经费等投入指标，食品中毒事故发病人数、食品产业 GDP 等产出指标	12
王能等	DEA 模型	食品安全监管频次、抽检率等投入指标，食品中毒率、合格率等产出指标	5
王珍等	层次分析法	监管人员数量、经费等投入指标，食品中毒事故发病人数、食品产业 GDP 等产出指标	12
杨卫等	超效率 DEA 模型	平均罚款金额和食品抽检力度为投入指标，食品抽检合格率为产出指标	3
张红凤等	SBM-DEA 模型	监管经费、车辆拥有率等投入指标，食品检合格率和食源性疾病患者数为产出指标	5

由表 12-1 可以看出，大多数文献的投入角度是从人力、物力、财力出发，

产出角度主要为食品质量。本章充分借鉴前人的研究，投入变量选取为：以监管人员工资方面支出代表人力方面的投入；以资本性支出，如专业仪器购买支出等代表物质方面的投入；以食品安全监管事务支出表示财力方面的投入。产出方面除考虑食品质量指标外，还考虑了非期望产出，即食源性疾病爆发患者数，并对该项数据进行取倒数处理。另外考虑到外部环境的因素，将食品工业企业数、地区生产总值和环境污染治理投资三个因素，新加入指标体系中，研究外部环境变量对于食品安全监管绩效可能的影响。综上所述，构建了食品安全监管绩效评价指标体系，如表 12-2 所示。

表 12-2　　　　　　　　　　**食品安全监管绩效评价指标体系**

目标	维度	类型	评估指标	单位
食品安全监管绩效评价指标	投入	人力投入	监管人员工资福利支出	万元
		物质投入	资本性支出	万元
		财力投入	食品安全事务支出	万元
	产出	期望	食品抽检合格率	%
		非期望	食源性疾病爆发患者数	人
	外部环境变量	食品工业企业数		个
		地区生产总值		亿元
		环境污染治理投资		万元

（二）数据来源

本章所用数据从各省、直辖市食品药品监督管理局、人民政府网站及国家统计局公开数据中查询获得，具体来源于《中国卫生与健康年鉴》、《中国食品工业年鉴》、《全国卫生事业发展统计公报》、各省直辖市食药监局部门决算和统计报告等，由于政府机构在不断地改革，公布数据需要不断迁移，数据统计口径不尽相同，公布数据也受到公布期限的限制，使得数据获取存在较大困难。

课题组根据数据的代表性及可得性，最终选取了 2015—2017 为研究时间段，选择 15 个省（直辖市）作为研究对象，并分为东中西三个地区，每个地区 5 个省，虽然未涵盖所有省(直辖市),但样本数据对于进行地区间的对比具有一定的合理性和代表性。

二、基于三阶段超效率 SBM 模型的食品安全监管绩效评价

(一)第一阶段超效率 SBM

运用 MyDEA 软件进行超效率 SBM 模型测算,首先将数据导入 MyDEA 软件,DMU 设置为各省(直辖市),Input 设置为监管人员工资福利支出、资本性支出、食品安全事务支出;Output 设置为食品抽检合格率、食源性疾病爆发患者数。接着选择模型为 Super Efficiency、SBM,选择 Input 导向,运行模型,计算结果如表 12-3 所示。监管效率排名如图 12-1 所示。

表 12-3　　　　　　　　　　　超效率 SBM 模型第一阶段效率值及排名

地区	2015	2016	2017	均值	排名
北京	0.164	0.942	0.495	0.534	13
天津	1.394	0.158	0.103	0.552	10
福建	0.492	0.519	0.318	0.443	14
广东	0.151	3.046	0.254	1.150	5
海南	0.397	2.391	0.257	1.015	6
山西	1.181	1.116	2.384	1.560	3
吉林	0.576	0.707	1.230	0.838	7
江西	0.482	0.725	0.396	0.534	12
河南	6.312	1.907	0.314	2.844	1
湖北	0.702	0.472	0.462	0.545	11
四川	0.371	0.845	0.488	0.568	9
重庆	0.174	0.872	0.071	0.372	15
云南	0.614	0.790	0.669	0.691	8
甘肃	1.762	1.715	1.911	1.796	2
广西	1.578	1.438	1.518	1.511	4

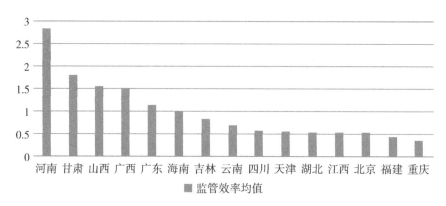

图 12-1 超效率 SBM 模型第一阶段效率排名

各地区 2015—2017 年间超效率值可由图 12-1 直观看出，排名以三年的均值为依据。从均值来看，福建、重庆、江西、湖北、四川等 9 个地区处于非有效状态，说明该地区食品监管工作还存在很多问题，有较大的提升空间。在所有决策单元中，重庆市的监管绩效最低，得分为 0.372，河南省的监管绩效最高，得分为 2.844，最大值与最小值之间相差较大。纵观各决策单元得分，少有重复，说明该模型能较好地区分不同决策单元的效率值，有效避免了得分必须分布在 0~1 之间所造成的效率值重复、无法比较的问题。按东中西三个地区划分，西部效率值较为稳定，围绕效率有效值 1 上下波动，中部总体均值最大，东部波动较大，结果如图 12-2 所示。

（二）第二阶段 SFA 回归

运用软件 Frontier 4.1 对第一阶段投入变量冗余值与环境变量进行随机前沿分析。首先将监管人员工资福利松弛量和对应的环境变量数据复制到 EG1. DTA 文本中，接着在 EG1. INS 文本中选择相应的模型，填写数据文件名、存放结果文件名、单元个数和环境变量个数，然后在应用程序中输入 EG1. INS 运行模型，这样就得到了监管人员工资福利支出冗余项的回归结果，该结果在存放结果的文件 EG1. OUT 中。资本性支出松弛和食品安全事务支出松弛的回归步骤重复以上操作。对三个投入松弛项的回归结果进行整理，如表 12-4 所示。

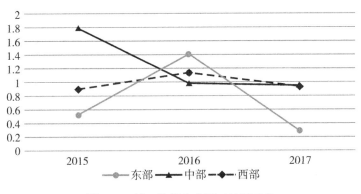

图 12-2　第一阶段东中西三地区对比

表 12-4　　　　　　　　　　　第二阶段 SFA 回归结果

项　　目	监管人员工资冗余	资本性支出冗余	食品安全事务支出冗余
常数	−4299.00(***)	−723.35	−4487.97(***)
食品工业企业数	−12.65(***)	−0.023	−0.66
地区生产总值	0.34	0.06	0.184(***)
环境污染治理投资	13.67(***)	0.735	−0.115
σ^2	1207008900	5853475	99843798
γ	0.999	0.999	0.999
单边误差的 LR 检验	9.54(**)	12.5(***)	10.49(***)

注：(***)表示在 1%的水平下显著；(**)表示在 5%的水平下显著。

从回归结果可以看出，环境变量对于投入变量的松弛值存在一定的影响；同时 LR 值都通过了显著性检验，说明了进行 SFA 回归的必要性，三个 γ 值均接近于 1，说明了回归模型的有效性、影响食品安全监管绩效的主要因素是管理方面而非随机误差。综上，环境变量会影响监管绩效。

从横向来看，食品工业企业数对于各项投入变量冗余值系数均为负值，说明两者呈负相关，即企业数量越多，监管对象越多，越有利于改善监管投入冗余过大的现状，进而提高绩效水平；地区生产总值对于各项投入变量冗余值的回归系数均为正值，但系数整体较小，说明虽然地区经济发展水平对监管绩效有一定影响，但是系数较小，影响较小；环境污染治理投资额对监管人员工资冗余、资本性支出冗余回归系数为正值，说明环境污染治理的重视程度会增加人员、资本支出的冗余，影响到监管绩效；环境污染治理投资额对食品安全事务支出冗余回归系数为负值，说明环境污染治理的重视程度会降低食品安全事务支出冗余，从而提高监管绩效。分析原因，可能是因为环境污染治理提高了食品原材料生产环境，相对较好的生产环境会提高农业、畜牧业产品的质量，导致投入冗余值的变化，进而影响食品监管效率。

从纵向看，对于监管人员工资福利投入的回归结果来看，食品工业企业数、环境污染治理投资对监管人员工资冗余影响显著，地区生产总值对监管人员工资冗余影响不显著；食品工业企业数、地区生产总值、环境污染治理投资对资本性支出冗余影响均不显著；地区生产总值对食品安全事务支出冗余影响显著，而食品工业企业数、环境污染治理投资对食品安全事务支出冗余影响不显著。

综上所述，通过第二阶段 SFA 回归分析，可得到相关环境因素对食品安全监管投入要素的影响，为第三阶段的超效率 SBM 模型提供依据。

（三）第三阶段超效率 SBM

通过第二阶段 SFA 回归，得到了各投入变量松弛值对应的回归系数、σ^2、γ 值，根据公式（12-4）计算环境值，接着根据公式（12-5）（12-6）计算出每个投入松弛值对应的 σ_μ 与 σ_v 值，然后根据公式（12-7）分离出随机扰动项 v_{ik}，其中 φ 表示正态分布密度函数，Φ 表示正态分布累计密度函数。最后根据公式（12-3）对原始投入值进行调整，形成剔除环境因素和随机扰动项的投入值，运用软件 MyDEA 计算超效率 SBM 模型，步骤与第一阶段相同，结果如表 12-5 所示。修正后的监管效率排名如图 12-3 所示。

$$f^i(z_k;\ \beta^i) = \beta^0 + \beta^1 z_1 + \beta^2 z_2 + \beta^3 z_3 \tag{12-4}$$

$$\sigma_\mu = \sqrt{\sigma^2 \gamma} \tag{12-5}$$

$$\sigma_v = \sqrt{\sigma^2 - \sigma_\mu^2} \tag{12-6}$$

$$\begin{cases} v_{ik} = \sigma_* \left[\dfrac{\phi\left(\lambda\dfrac{\varepsilon}{\sigma}\right)}{\varPhi\left(\dfrac{\lambda\varepsilon}{\sigma}\right)} + \dfrac{\lambda\varepsilon}{\sigma} \right] \\ \varepsilon_i = s_{ik} - f^i(z_k;\ \beta^i) \\ \sigma_* = \dfrac{\sigma_\mu \sigma_v}{\sigma} \\ \lambda = \dfrac{\sigma_\mu}{\sigma_v} \end{cases} \tag{12-7}$$

表 12-5　　　　　　　　　　**超效率 SBM 模型第三阶段效率值及排名**

地区	2015	2016	2017	均值	排名
北京	0.667	1.04	1.14	0.95	3(↑10)
天津	0.717	0.18	0.30	0.40	14(↓4)
福建	0.622	0.20	0.35	0.39	15(↓1)
广东	0.637	5.76	2.55	2.98	1(↑4)
海南	0.708	0.39	0.70	0.60	10(↓4)
山西	1.244	1.17	0.63	1.02	2(↓1)
吉林	0.843	0.34	1.06	0.75	8(↓1)
江西	0.61	0.38	0.49	0.49	12(-)
河南	1.19	0.47	1.05	0.90	5(↓4)
湖北	1.114	0.39	1.12	0.88	6(↑5)
四川	0.733	0.20	1.01	0.65	9(-)
重庆	0.599	0.53	0.22	0.45	13(↑2)
云南	0.788	0.28	0.50	0.52	11(↓3)
甘肃	1.079	0.53	1.13	0.91	4(↓2)
广西	1.079	1.01	0.50	0.86	7(↓3)

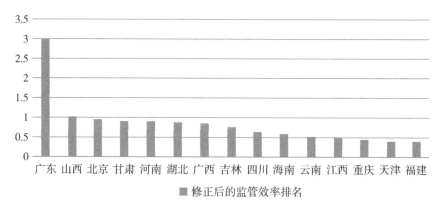

图 12-3　修正后的监管效率排名

从整体上看，第三阶段效率均值与第一阶段相比有所下降，各省(直辖市)的排名变化较大，这种变化说明了环境因素对于监管绩效的影响显著，必须将其从投入变量中剔除才能客观的反映出监管绩效的真实值。

从第三阶段的超效率 SBM 模型得分可看出，共有 13 个省份处于非 DEA 有效状态，与第一阶段相比有所增加，除了第一阶段处于非有效状态的 9 个省份，增加了海南、河南、甘肃和广西这四个省份。在所有决策单元中，广东省得分最高，为 2.98，福建省得分最低，为 0.39，两者相差 2.59，与第一阶段相比差距稍有增加。与第一阶段相比，第三阶段的各单元效率值在 0.6 与 1 之间的省份较多，但不重复，有较强的区分度。

按东中西地区划分，得分变化如图 12-4 所示。与第一阶段相比，存在较大变化，总体来看东部均值高于其他两个地区，且 2016—2017 年均值都处于 DEA 有效状态，但波动较大，趋势为先增后减，与第一阶段相同。中部和西部地区效率值大部分处于非有效状态，波动较小，与第一阶段结果有很大差异，尤其是中部地区，中部地区总体好于西部地区。2017 年中部、西部的效率值有所上升，是因为近年来不仅是政府部门，全社会对于食品安全问题都更加重视，所以不论是从监管角度还是从生产、消费甚至社会舆论角度都把食品安全提升到了全所未有的高度。总体来说我国食品安全监管绩效正在不断提高，还有很大的进步空间。

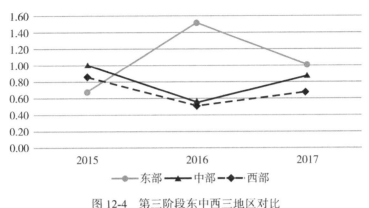

图 12-4 第三阶段东中西三地区对比

第四节 总结及建议

一、本章总结

本章在搜集食品安全风险防控政府部门投入与产出相关原始数据的基础上，建立食品安全监管绩效评价指标体系，采用三阶段超效率 SBM 模型，并应用 My-DEA 和 Frontier4.1 软件，对我国的 15 个省(直辖市)食品安全监管绩效进行了定量分析。研究结果表明：大部分省份处于非有效状态，各省份之间差异较大，环境因素对食品安全监管绩效有较为显著的影响。具体结论如下：

(1)我国食品安全监管绩效整体水平偏低，样本省份(直辖市)绩效测评结果是大多为非有效状态。导致这种结果有很多原因，其中包括各领域部门监管协调成本较高、制度标准不统一不完整、风险管理体系不完善等，说明我国食品安全监管绩效有很大的提升空间。

(2)监管绩效差异较大。不论是各省之间的差异，还是东、中、西三地区之间的差异，都比较大，造成这种差异原因既包含主观人为因素又包含客观环境因素，如食品工业企业数、地区经济与财政、环境污染治理投资等。

(3)运用第二阶段的 SFA 回归对第一阶段投入及产出指标进行调整，结果表明食品工业企业数量、环境污染治理投资等环境因素对大部分监管投入变量有较大影响，对资本性投入变量影响不显著，其原因可能是食品安全监管的资本性的投入并非一次性投入，具有长期性。

(4)对比第一阶段与第三阶段，大部分省份排名变化较大，证明环境变量对于监管绩效确实影响显著，也说明了运用三阶段超效率 SBM 模型的合理性及效果。

二、相关建议

结合实证分析结果，对政府部门食品安全风险防控提出如下的建议：

(1)实行绩效评价制度，提高职能部门有效监管。食品安全监管以及风险防控是一个复杂的系统工程，涉及的部门多，领域广，需要多部门、跨领域的多元主体协同完成。国家市场监督管理总局的成立将食品安全监管集中到一个部门，进行统一管理，组织协调其他部门的工作，实现了权力的相对集中，很大程度上提高了监管效率。但是各级监管部门仍然存在效率低下的问题，如投入的人力物力财力不能够有效利用，机构配置倒三角，管理人员大大多于实际工作人员等。实行定期绩效评价制度，及时改进，提高效率，才能提高职能部门的有效监管，从而降低监管的制度成本。

(2)发现食品安全监管的非效率方面，进行针对性的改进。由于食品产业链复杂，涉及原材料生产、食品生产加工、运输和销售的每一个环节，所以监管工作不仅要全面，而且要抓重点。由于人力、物力、财力等条件的限制，食品安全监管不可能不计成本地无限投入，所以需要精打细算，在保证监管效果的前提下，尽量降低成本。通过定期和不定期的工作检查和市场调研，包括主观人为因素和客观环境因素，发现漏洞和薄弱环节，有重点的监管和风险防控，有利于提高风险防控的投入效率。

(3)应用现代化信息技术和手段，提高食品安全监管效率。例如完善食品追溯体系、食品安全网络平台等。食品安全信息公开是政府食品安全监管的重要组成部分，构建和完善信息公开平台，将有关食品生产经营的监管信息在各职能部门间流通，加强沟通与协作，不仅有利于督促政府工作，而且还能提高政府的公信力，实现各部门资源共享、信息共享、动态管理，从而有利于食品安全问题的快速发现和解决，切实形成监管合力，提高监管效率。

第十三章　降低食品安全风险防控制度成本路径之七

——分析监管成效的影响因素，寻找防控有效途径

第一节　监管成效影响机制

食品安全风险防控既要保证食品安全监管成效，又要尽量降低职能部门的制度成本，权衡两方面矛盾的一个基本的思路是从食品安全风险防控效果的主要影响因素着手，抓住主要矛盾，寻找途径，以提高职能部门食品安全风险防控的成效。本章将对食品安全风险防控绩效的影响因素进行机制分析和定量研究。

在对食品安全监管效果的众多研究中，国外学者侧重于研究食品安全监管的有效性以及监管的效率，而大多数国内学者倾向于构建评价体系，研究存在主观性过强或者评价指标片面的问题，而对于食品安全监管效果的实证分析却很少。

现有文献中，王能等①从投入产出的角度，选取食品安全抽检率、监督的频率以及行政处罚率作为投入指标，产出指标选取食品中毒率和产品合格率，利用数据包络分析法进行效率分析，认为我国食品安全监管投入还需完善，且大部分还未达到规模有效。李中东等②以博弈论为分析工具，以食品抽检合格率为指标来衡量食品安全监管效果，以食品工业企业全员劳动生产率、食品工业总产值、

---

①　王能，任运河. 食品安全监管效率评估研究[J]. 财经问题研究，2011(12)：35-39.

②　李中东，张在升. 食品安全规制效果及其影响因素分析[J]. 中国农村经济，2015(06)：74-84.

监督频次以及处罚次数等指标作为影响因素，采用 VAR 模型进行监管成效的研究。研究发现，除食品工业总产值外，其它三个指标对食品安全监管效果都呈现正向相关关系。王冀宁等①运用系统集成法以及德尔菲法构建食品安全监管绩效指标体系，并建立网络层次分析—模糊综合评价模型对抽样调查的数据进行分析。研究结果表明，监管水平与地区经济发展水平并无正相关关系，但事中监管有待加强，并且食品安全监管绩效水平随着行政级别下降也呈现下降趋势；影响食品安全监管效果的一级指标中，相关环节的监管对监管效果的影响最大，学习与成长的监管对监管效果的影响最小。

以上文献多是对监管效果的静态研究，本章将构建动态分析模型，定量分析食品安全监管效果与其影响因素之间的动态关系。在对食品安全风险防控影响因素机制分析的基础上，研究食品安全风险防控的效果及其各影响因素之间的动态关系，并通过脉冲响应和方差分解来研究各影响因素对食品安全风险防控效果冲击的方向和大小，最后基于研究结果提出增成效、降成本的对策建议。

本章的创新点：首先，在方法上，本章没有采用主观性过强的评价模型，而是从实证分析的角度构建向量自回归模型定量地分析食品安全监管效果与其影响因素之间的动态关系，并且借助脉冲响应分析和方差分解技术研究各影响因素对食品安全监管效果冲击的方向和大小；其次，在指标选取上，目前大多数论文研究倾向于考虑收益性指标，对研究变量造成负影响的成本性指标较少考虑，忽略了成本性指标对问题研究的重要作用，本章考虑到重金属污染以及环境污染造成的农药和化肥的超标使用对食品安全性的影响，故加入反映生态环境的自变量来衡量其对食品安全监管效果的影响。与此同时，从整个产业链角度选取食品安全监管效果的影响因素指标，全方位研究整个食品产业链的风险防控效果，使指标体系更加完善。

本章研究思路大致如下：首先对食品安全监管效果的影响因素进行机制分析，提出合理的假设；然后进行实证分析，选取食品卫生抽检合格率为因变量，选取工业固体废物排放量、食品安全抽检率、食品安全监督频次、食品安全国家

---

①　王冀宁，王帅斌，郭百涛. 中国食品安全监管绩效的评价研究——基于全国 688 个监管主体的调研[J]. 现代经济探讨，2018(08)：17-24.

制定标准以及行政处罚率等指标为自变量，建立向量自回归模型，研究食品卫生抽检合格率与影响因素之间的动态关系，运用脉冲响应分析来判断各影响因素对食品卫生抽检合格率冲击的方向，运用方差分解来判断各影响因素对食品卫生抽检合格率冲击的大小，得到影响食品安全监管效果的主要因素；最后，根据研究结果提出相关的对策建议。

第二节　监管成效的概念及影响因素分析

一、食品安全监管成效的概念

根据 WHO 和 FAO 的定义，食品安全监管是指："由国家或地方政府机构实施的强制性管理活动，旨在为消费者提供保护，确保食品从生产到人类食用整个过程中的食品安全，同时按照法律规定诚实而准确地贴上标签。"

食品安全监管效果是指："国家行政机关对其所主管事物相应事项的全过程依法监视、督促和管理好坏程度的一个有效评价，是对相关监管人员是否依法尽职尽责对质量不过关、不符合生产销售标准的食品进行严格处罚的一个衡量标准。"

食品安全监管效果的分析和研究，可以对食品安全监管的各个机构、组织及相关部门工作的成果进行一个有效的衡量和评估，对其各个机构是否按要求将投入的人力、物力、财力合理利用进行监督，并从中发现存在的隐患与问题，找到亟需改进的地方，从而形成"食品安全监管—食品安全监管效果欠佳—审视监管过程问题—进一步加强食品安全监管"的良性循环。

本章从食品安全问题的根源出发，研究影响食品安全监管效果的主要因素，从而通过调整或加强相应的影响因素达到更好的监管效果，为食品安全风险防控提供增成效、降成本的依据和途径。

二、食品安全监管效果影响因素分析

近年来，我国食品安全监管效果不断提高，但仍有进一步提升空间。食品安全监管机构从最初的中介角色，即只检测出厂食品，到后来开始对食品生产过程

进行监管，并且通过检测结果促进生产改进等，形成循环管理的模式。但仍然存在一些弊端，如未将消费环节纳入考虑范围等。现行的监管模式虽将监管活动延伸到与食品相关的其他领域，但存在着各领域部门之间不能很好地协作、许多监管活动停留在表层、一些企业对食品安全法和国际惯例知之甚少等问题。

为进一步提高食品安全监管效果，本节从食品产业链角度对食品安全监管效果的影响因素进行分析。考虑到数据可量化性以及可获得性，这里选择食品卫生抽检合格率来反映食品安全监管效果，其数值越大代表监管效果越好。在食品安全监管效果影响因素的选择上，我们分别从食品产业链的生产、加工、消费三个环节，选取工业固体废物排放量、食品安全监督频次、食品安全国家制定标准，食品安全抽检率以及行政处罚率五个指标，进行监管效果的评价。食品安全监管效果的指标体系，如表 13-1 所示。

表 13-1 **食品安全监管效果指标体系**

因变量	食品安全抽检合格率(QS)	
自变量	生产环节	工业固体废物排放量(EP)
		食品安全国家标准制定(LAW)
	加工环节	监督检测频次(SF)
	消费环节	食品安全抽检率(SS)
		行政处罚率(AS)

注：工业固体废物排放量=工业固体废物产生量-工业固体废物消耗量，其中工业固体消耗量包括工业固体废物综合使用量、处置量以及贮藏量；监督检测频次=实施监督户次数/实际监督户数；行政处罚率=案件查处情况/投诉举报情况；后文中的实证分析用括号中的内容代替各指标。

首先，在生产环节，选取工业固体废物排放量来代表自然环境遭受污染的程度，用以衡量自然生态环境污染对食品安全监管效果的影响，食品安全国家标准制定来代表法律完善程度。工业固体废物如不加以妥善收集、利用和处置将会污染水体和土壤，进而流入农田，污染食品原材料，从根源上对食品安全造成隐患。食品安全相关的法律法规越具体、越规范，越有利于监管的效果，故我们选取食品安全国家制定标准数量作为我国食品安全相关法律完善程度的量化指标。

其次，在加工环节，我们选取监督检测频次来代表食品行业执法人员的监管力度，监督检测越频繁，则侧面说明监管部门越重视，监管的力度越大，我们预期监管力度与监管效果呈正相关关系。

第三，在消费环节，本章选取食品安全抽检率、行政处罚率来分别代表抽检力度与执法力度，根据之前的机理分析，抽检力度和执法力度将会影响食品卫生抽检合格率，直接影响食品安全监管效果。

第三节 食品安全监管成效的实证分析

一、变量选择与数据获取

在阅读大量文献和考虑数据可获得性的基础上，结合表13-1，本章选取食品卫生抽检合格率为因变量，反映食品安全监管效果；选取工业固体废物排放量、食品安全国家标准制定、食品安全监督检测频次、食品安全抽检率以及行政处罚率五个指标为自变量建立向量自回归模型，对食品安全监管效果进行动态、定量分析。

本章所有指标均采用1995—2018年的数据。食品安全抽检合格率以及食品安全抽检率来源于《中国卫生统计年鉴》，其中2009年至2012年的数据来自国家质量监督检验检疫总局网站对外公布的《产品质量抽查公告》；工业固体废物排放量来源于《中国环境统计年鉴》；食品安全国家标准制定来源于《中国卫生健康统计年鉴》以及国家市场监督管理总局发布的《国家标准全文公开系统公告》；监督检测频次以及行政处罚率来源于《中国卫生统计年鉴》、《中国食品卫生监督检测统计报告》。为了消除实证分析过程中异方差以及数量级不同产生的影响，我们对收集到的数据进行规范化处理，线性归一化方法的计算如公式13-1：

$$X_{\text{norm}} = \frac{X - X_{\min}}{X_{\max} - X_{\min}} \tag{13-1}$$

依据前文的机理分析，在实证分析之前，提出如下假设，在后续实证分析中将对这些假设加以验证：

假设1：工业固体废物排放量与食品卫生抽检合格率存在负相关关系；

假设2：食品安全国家标准制定与食品卫生抽检合格率存在正相关关系；

假设3：监督检测频次与食品卫生抽检合格率存在正相关关系；

假设4：食品安全抽检率与食品卫生抽检合格率存在正相关关系；

假设5：行政处罚率与食品卫生抽检合格率存在正相关关系。

二、向量自回归（VAR）模型简介

向量自回归模型（VAR）与常规的结构化模型不同，其为非结构模型，常用来研究多个变量之间的动态关系。基于 VAR 模型的实证分析与传统的回归模型有很大差别，它不关心模型参数的显著性以及参数的可解释性，而是侧重于检验模型整体的稳定性，并进一步通过方差分解和脉冲响应量化变量之间冲击的大小和方向。

VAR 模型的数学表达式为：

$$Y_t = A_o + A_1 Y_{t-1} + A_2 Y_{t-2} + \cdots + A_p Y_{t-p} + \beta X_t + \varepsilon_t \qquad (13\text{-}2)$$

其中，Y_t 是所关注的变量，即 n 维内生向量，A_0 是截距项，X_t 是 m 维外生向量，$A_i(i=1, 2, \cdots, p)$ 与 β 为自回归系数，ε_t 为独立同分布的随机扰动项，它们可以同期相关，但是不能与自己的滞后期以及 Y_t 相关，p 为滞后阶数[1]。脉冲响应分析用来揭示 ε_t 一个标准差大小的冲击对 Y_t 产生影响的时间和路径变化，可以观察冲击的方向，在平稳条件下，冲击产生的累积效果都是收敛的；方差分解则是研究序列由于自身冲击和其他冲击而导致的变动情况，可通过方差分解观察各个影响因素对于食品安全监管效果的相对贡献程度，即冲击的大小。

三、VAR 模型的适用性检验

VAR 实证分析的具体操作步骤如下：（1）为了避免虚假回归，需要检验所有变量的稳定性，并对非平稳的序列进行处理，多采用差分的形式，直至所有变量

---

[1]　黄红梅. 应用时间序列分析［M］. 北京：清华大学出版社，2016：189-204.

平稳；（2）根据信息准则确定模型的滞后阶数，在此基础上对食品安全卫生抽检合格率与其影响因素做 Granger 因果检验，判断它们之间存在的相互关系；（3）由于脉冲响应分析和方差分解必须在模型平稳的条件下进行，故需对最终的 VAR 模型再进行一次单位根检验。

（一）变量平稳性检验

在进行 VAR 建模之前，为保证所有变量的平稳性，需要进行单位根检验。本章选取最常用的 ADF 统计量进行检验，具体结果如表 13-2 所示。

表 13-2　　　　　　　　　　　　　变量平稳性检验

变量	ADF 检验统计值	检验类型 (T, I, N)	不同显著性水平下的临界值			P 值	结论
			1%	5%	10%		
QS	−3.87	(1, 1, 0)	−4.42	−3.62	−3.25	0.031	平稳
LAW	−4.36	(1, 1, 0)	−4.53	−3.67	−3.28	0.014	平稳
SF	−6.60	(0, 1, 0)	−3.75	−2.99	−2.64	0.000	平稳
AS	−4.18	(1, 1, 0)	−4.42	−3.62	−3.25	0.017	平稳
SS	−5.15	(0, 1, 0)	−3.75	−2.99	−2.64	0.000	平稳
EP	−4.43	(0, 0, 1)	−2.69	−1.96	−1.61	0.000	平稳

注：T 代表包含时间趋势项，I 代表包含截距项，N 代表既不包含趋势项也不包含截距项。

我们对既不包含趋势项也不包含截距项、只包含截距项以及同时包含截距项和趋势项的三种形式模型的 ADF 统计量进行检验，观察其在 1%、5% 以及 10% 显著性水平下的临界值，与其统计量值进行比较。由于 ADF 检验为左单侧检验，故当三种形式的模型中只要存在 ADF 检验的统计量值小于各显著性水平下临界值的情况，我们就可以拒绝原假设，即认为序列中不存在单位根，趋势平稳。通过上述的 P 值，我们可得在 5% 的显著性水平下，变量都是平稳的。

（二）滞后阶数检验

向量自回归模型中，滞后阶数的选择对于确定较优的模型形式以及后续的分析至关重要。我们分别对滞后阶数为0~3阶的模型计算相应的信息准则统计量，通过比较不同滞后阶数信息准则统计量数值大小来确定模型的最终滞后长度，通常选择检验统计量数值较小的滞后阶数。由表13-3所示的结果，可知当滞后阶数为3时FPE、AIC、SC以及HQ等统计量均最小，根据多数原则，最终确定为VAR（3）模型。

表13-3　　　　　　　　　不同滞后阶数模型的相关统计量

Lag	LogL	LR	FPE	AIC	SC	HQ
0	−452.01	NA	5.50e+12	43.53	43.77	43.58
1	−434.26	25.37	1.19e+13	44.22	45.71	44.54
2	−420.12	13.46*	5.50e+13	45.25	47.99	45.84
3	−288.91	62.48	1.36e+10*	35.13*	39.11*	35.99*

（三）格兰杰因果关系检验

在构建VAR模型之前，需要对食品安全监管效果的影响因素与食品抽检合格率之间是否存在因果关系进行验证，即进行Granger因果检验。Granger因果检验是在VAR模型的基础上进行的，其结果受滞后期的影响，我们通过上述信息准则判定最终的滞后长度为3。

表13-4　　　　　　　　模型变量Granger因果关系检验

原　假　设	F统计量	P值	结论
LAW不是QS的格兰杰原因	10.152	0.093*	拒绝原假设
QS不是LAW的格兰杰原因	1.265	0.510	接受原假设
SF不是QS的格兰杰原因	4.086	0.057*	拒绝原假设

续表

原　假　设	F 统计量	P 值	结论
QS 不是 SF 的格兰杰原因	0.000	0.989	接受原假设
AS 不是 QS 的格兰杰原因	62.157	0.016**	拒绝原假设
QS 不是 AS 的格兰杰原因	1.041	0.572	接受原假设
SS 不是 QS 的格兰杰原因	3.998	0.038**	拒绝原假设
QS 不是 SS 的格兰杰原因	0.387	0.685	接受原假设
EP 不是 QS 的格兰杰原因	11.085	0.085*	拒绝原假设
QS 不是 EP 的格兰杰原因	1.465	0.464	接受原假设

注：** 表示在 5% 的显著性水平下存在因果关系，* 表示在 10% 的显著性水平下存在因果关系。

检验结果如表 13-4 所示：在 5% 的显著性水平下，AS、SS 是 QS 的 Granger 原因；在 10% 的显著性水平下，LAW、SF 以及 EP 是 QS 的 Granger 原因；反之均不成立。说明食品安全监督频次、工业固体废物排放量、食品安全抽检率、食品安全国家标准制定以及行政处罚率的历史信息有助于对当前的食品抽检合格率进行预测，即自变量会引起因变量的变动。

（四）VAR 模型平稳性检验

为保证后续脉冲响应和方差分解的顺利进行，需要再一次检验 VAR(3) 模型的平稳性。结果如图 13-1 所示，所有特征根倒数的模均小于 1，即方程所有特征根的倒数均在单位圆内。据此确定所建立的 VAR(3) 模型是稳定的，可以进一步分析。

表 13-5　　　　　　　　　　　　　　VAR 模型平稳性检验

特征根的倒数	特征根倒数的模长
0.970 341	0.970
−0.766 473	0.767
−0.203 699−0.688 112i	0.718

续表

特征根的倒数	特征根倒数的模长
$-0.203\ 699+0.688\ 112i$	0.718
$0.523\ 854-0.434\ 433i$	0.681
$0.523\ 854+0.434\ 433i$	0.681
$-0.013\ 003-0.640\ 416i$	0.641
$-0.013\ 003+0.640\ 416i$	0.641
$-0.446\ 950-0.437\ 765i$	0.626
$-0.446\ 950+0.437\ 765i$	0.626
$-0.219\ 012-0.352\ 842i$	0.415
$-0.219\ 012+0.352\ 842i$	0.415

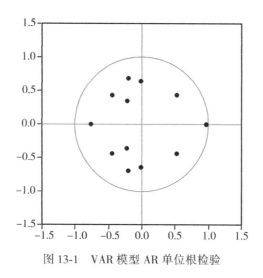

图 13-1　VAR 模型 AR 单位根检验

四、食品安全监管成效的定量分析

(一)向量自回归模型构建

建立 VAR 模型的所有前提条件都得以满足，可以进一步分析食品安全抽检合格率及其影响因素的动态关系。滞后期为 3 的 VAR 模型表达式如下：

$$
\begin{bmatrix} AS_t \\ EP_t \\ LAW_t \\ QS_t \\ SF_t \\ SS_t \end{bmatrix} = \begin{bmatrix} 0.337408 \\ 1.787343 \\ 0.055532 \\ 0.311222 \\ 1.732223 \\ 1.771971 \end{bmatrix} + \begin{bmatrix} 0.623128 & -0.072600 & -0.185259 & 0.474378 & -0.761841 & 0.493867 \\ -0.058825 & -0.491627 & -0.509354 & -0.306356 & -1.099208 & 1.376404 \\ -0.104662 & -0.291934 & -0.427683 & 1.600541 & 0.141522 & 0.184514 \\ -0.211830 & -0.079252 & 0.069525 & 0.033291 & 0.522771 & 0.057379 \\ -0.116387 & 0.300518 & 0.100992 & 0.160799 & -1.315069 & 0.736662 \\ 0.170035 & -0.386549 & -0.726915 & -1.213743 & -1.680657 & 1.228904 \end{bmatrix} \begin{bmatrix} AS_{t-1} \\ EP_{t-1} \\ LAW_{t-1} \\ QS_{t-1} \\ SF_{t-1} \\ SS_{t-1} \end{bmatrix}
$$

$$
+ \begin{bmatrix} -0.270242 & -0.499897 & -0.128079 & -0.155516 & -0.583766 & -0.645029 \\ -0.147817 & 0.002510 & -0.119525 & -0.228708 & -0.303471 & 0.104679 \\ 0.874004 & 0.954316 & -0.506861 & -0.254460 & 0.911420 & 1.602123 \\ -0.775462 & 1.010419 & -0.488026 & -0.029657 & 0.798440 & 2.794186 \\ 0.879574 & 0.559826 & -0.267903 & 0.149494 & -0.006876 & 1.322566 \\ -1.116106 & -0.093063 & -0.270939 & 0.158513 & -0.471438 & -0.653867 \end{bmatrix} \begin{bmatrix} AS_{t-2} \\ EP_{t-2} \\ LAW_{t-2} \\ QS_{t-2} \\ SF_{t-2} \\ SS_{t-2} \end{bmatrix}
$$

$$
+ \begin{bmatrix} 0.176122 & -0.233270 & 0.114976 & 0.004917 & -0.526924 & -0.162107 \\ 0.034001 & -0.291070 & -0.057750 & -0.293317 & -0.072507 & -0.325610 \\ -2.883090 & -3.760337 & -0.687017 & 0.482484 & -2.891532 & -5.675236 \\ 0.521212 & -1.630963 & -0.296861 & -0.443779 & 0.478453 & -1.330591 \\ 1.124220 & -0.696879 & -0.262725 & 0.050353 & -0.484503 & -0.793100 \\ -0.494206 & -0.550559 & 0.501652 & 0.296348 & -0.260526 & -1.329561 \end{bmatrix} \begin{bmatrix} AS_{t-3} \\ EP_{t-3} \\ LAW_{t-3} \\ QS_{t-3} \\ SF_{t-3} \\ SS_{t-3} \end{bmatrix} + \begin{bmatrix} \varepsilon_{1t} \\ \varepsilon_{2t} \\ \varepsilon_{3t} \\ \varepsilon_{4t} \\ \varepsilon_{5t} \\ \varepsilon_{6t} \end{bmatrix}
$$

计算结果显示模型的拟合程度较好，拟合优度高达 0.954。说明在食品安全抽检合格率不断变化的过程中，食品安全抽检合格率及其所有的影响因素在整体上是平稳的，基于此模型可以进一步测算各变量的冲击响应。

（二）脉冲响应

VAR 模型单个方程系数只能反映局部动态关系，为了能够全面反映各个变量之间动态影响，形象地刻画一个变量的冲击对另一个变量产生影响的时间和路径，我们引入脉冲响应函数来进行分析。这里采用 Cholesky 分解法来识别原始冲击的影响方式。

图 13-2 为食品安全监管效果影响因素的脉冲响应组合曲线，其追溯期为 10，直观地描述了行政处罚率（AS）、工业固体废物排放量（EP）与食品抽检合格率（QS）长期呈现负相关关系，而国家安全标准制定（LAW）、监督频次（SF）与食品抽检合格率长期呈现正相关关系，而且全部在 10 期后仍有影响，但食品安全抽检率（SS）随着时间的推移，在第 10 期对食品卫生抽检合格率的影响趋于 0。这与我们之前的预期大致相同，完善的法律法规、严格的监督管理都会使监管效果更佳，而行政处罚率高说明监管效果较差，生态环境的破坏会影响监管效果。

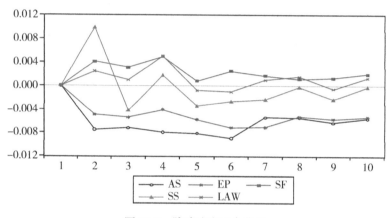

图 13-2　脉冲响应组合曲线

图 13-3 到图 13-7 给出了各影响因素冲击引起食品抽检合格率的脉冲响应函数，实线为脉冲响应函数，虚线为其加或减两倍标准差所得到的置信区间，我们可以得到如下结论：

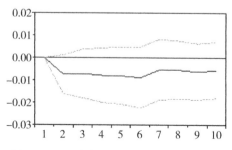

图 13-3　AS 冲击引起 QS 的脉冲响应函数

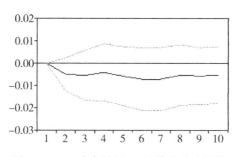

图 13-4　EP 冲击引起 QS 的脉冲响应函数

（1）由图 13-3 可看出，在食品抽检合格率对行政处罚率的脉冲响应中，对于行政处罚的一个冲击，食品抽检合格率在初期没有反应，之后快速下降，在第 6 期达到最大负响应，并有缓慢的上升，在第 8 期趋于稳定，但仍然为负响应，说明行政处罚率的增加会降低食品抽检合格率，这与我们之前对增强处罚力度会使监管效果变好的假设有所不同，这可能是由于投诉举报的食品安全案件情节较轻，多为警告和没收违法所得，较轻的处罚不能够提高抽检合格率。

（2）由图 13-4 可看出，在食品抽检合格率对工业固体废物排放量的脉冲响应中，对于工业固体废物排放量的一个冲击，食品卫生抽检合格率处于不断的波动变化中，波动幅度较小，但始终为负响应，说明工业固体废物排放量增加会降低食品抽检合格率，这也符合之前对工业固体废物排放量会使监管效果变差的假设。

（3）由图 13-5 可看出，在食品抽检合格率对监督频次的脉冲响应中，对于监督频次的一个冲击，食品抽检合格率在初期没有响应，之后出现上升趋势，并逐步趋于稳定，说明随着监督频次的增加会提高食品抽检合格率，食品抽检合格率对监督频次的长期响应为正，这也符合之前对监督频次增加会使监管效果变好的假设。

（4）由图 13-6 可看出，在食品抽检合格率对食品安全抽检率的脉冲响应中，对食品安全抽检率的一个冲击，食品卫生抽检合格率经历了快速上升又快速下降的阶段，并逐步趋向于 0，说明食品安全抽检率增加在短期内会提高食品抽检合格率，但长期看这种影响很小，随着时间的持续推移，可忽略不计。

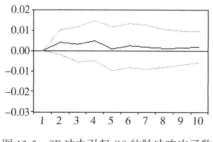 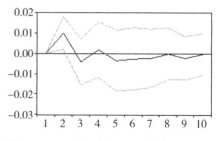

图 13-5　SF 冲击引起 QS 的脉冲响应函数　　图 13-6　SS 冲击引起 QS 的脉冲响应函数

（5）由图 13-7 可看出，在食品抽检合格率对国家安全标准制定的脉冲响应中，食品抽检合格率对国家安全制定标准的长期响应不明显。对国家安全标准制定的一个冲击，食品抽检合格率在第 4 期达到最大正响应，之后长期稳定于 0 附近，说明国家安全标准制定增加会在一定时期内提高食品抽检合格率，但长期效应不明显。

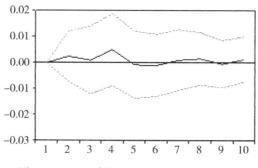

图 13-7　LAW 冲击引起 QS 的脉冲响应函数

（三）方差分解

方差分解技术从另一个角度进行分析，描述一个序列变量的变化有多少源于自身的冲击，还有多少是来源于其他影响因素的冲击。为了确定各影响因素对食品安全监管效果的作用大小，我们计算了各影响因素的方差贡献率，结果如表 13-6 所示。

表 13-6　　　　　　　　　食品安全监管效果影响因素方差分解

预测期	标准误差(S.E.)	QS	LAW	SF	AS	SS	EP
1	4.28	100.00	0.00	0.00	0.00	0.00	0.00
2	4.92	54.55	0.02	9.96	20.65	13.58	1.24
3	5.12	53.74	0.49	7.41	15.96	10.82	11.58
4	5.27	53.85	2.19	7.92	16.84	7.59	11.60
5	5.48	53.91	1.71	6.26	15.58	8.01	14.53
6	5.59	50.11	1.65	5.94	15.67	8.28	18.35
7	5.60	49.55	1.47	5.47	14.55	7.78	21.17
8	5.67	49.40	1.41	5.24	14.43	7.39	22.12
9	5.70	49.11	1.33	5.01	14.26	7.26	23.03
10	5.72	49.01	1.26	4.97	14.21	6.94	23.60

结合表 13-6 和图 13-8 可以看出，第 1 期食品卫抽检合格率仅受自身波动的冲击，之后自身贡献率有所波动，但依旧发挥主要作用；从第 2 期开始，除了受自身的冲击，还受到各影响因素的冲击，国家安全标准制定(LAW)在所有影响因素中贡献率最低，但变化相对平稳，第 4 期的贡献率达到最大值 2.19%，随后呈现下降趋势；监督频次(SF)的贡献率呈现下降趋势，第 10 期达到最小值 4.97%，

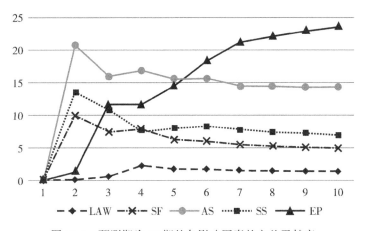

图 13-8　预测期为 10 期的各影响因素的方差贡献率

即食品抽检合格率变动的 4.97% 可以由监督频次来解释；行政处罚率(AS)在第 2 期解释方差的贡献率达到最大值 20.65%，之后缓慢递减，但均保持在 14% 以上，影响相对较大；食品安全抽检率(SS)在第 2 期方差贡献率最大，之后逐渐下降且下降幅度最大，工业固体废物排放量(EP)的贡献率在第 3 期发生了迅速增长，随后一直保持上升趋势，从第 6 期开始，工业固体废物排放量对食品抽检合格率的影响在所有影响因素中已达最大。

第四节 总结及建议

一、本章小结

本章建立了食品安全监管效果向量自回归模型，对我国食品安全监管效果进行了定量的动态分析。首先在国家质量监督检验检疫总局、国家市场监督总局及国家统计局等官方网站查询到相关数据，然后运用 Eviews7.2 软件，构建 VAR 模型进行实证分析，并通过脉冲响应分析判断各影响因素对监管效果影响的方向，通过方差分解技术判断各影响因素对监管效果影响的大小。具体的结论总结如下：

(1)行政处罚率、工业固体废物排放量与食品安全监管效果长期呈负相关关系，而国家安全标准制定、监督频次、食品安全抽检率与食品安全监管效果呈正相关关系。由此可得，完善的法律法规、严格的监督管理会使食品安全监管效果更好，而生态环境的破坏则会影响监管效果，这说明在食品安全监管过程中，我们不仅要完善国家安全标准、加强抽检力度，还需要注意生态环境的保护。

(2)执法力度和生态环境状况对食品安全监管效果的冲击远远大于其它因素，其方差贡献率最高可达到 37.81%。从长期看，各个变量的方差贡献率有所波动，但变化较为稳定，其中执法力度、生态环境的状况对食品安全监管效果影响最大，法律法规完善程度、监管力度的影响较小；从短期看，执法力度和抽检力度对食品安全监管效果影响较大，而法律法规完善程度以及生态环境影响较小。这说明，要想提高食品安全监管的效果，不仅需要增加违法犯罪成本，更需要注重生态环境保护，从根源上杜绝食品安全问题的发生。

二、相关建议

通过对食品安全监管效果及其影响因素的机制分析和实证研究，为进一步提高食品安全风险防控效果，降低相关制度成本，提出以下建议：

(1)完善食品安全相关标准以及风险防控相关法律法规。有法可依，有法必依才能对食品安全违法犯罪行为进行处罚和打击。食品安全风险防控相关法律法规的制定是风险防控的前提与方向。只有制定了相关标准，才能够让企业照章执行，监管和风险防控才能有依据。虽然在初期需要一定的人力参与调研和规制的制定，但从长远看，这些投入带来的是长期的食品交易秩序的稳定，能够有效较低食品安全风险防控过程中的制度成本。

(2)加强对食品安全违法行为的监督、检查和行政处罚。我国对食品安全违法行为惩罚手段比较单一，大多采取警告或者没收违法所得，这种形式不仅违法成本低，而且不易控制。仅采用口头警告的方式，对违法犯罪行为不具有威慑作用；而没收违法所得处罚程度轻，由于一些消费者没有索要发票的习惯，所以缺乏明确的证据证明违法所得收入，造成违法所得收入的界定范围模糊不清。因此，可采用多种形式加强监管效果，如相关执法部门对违反食品安全的商家实施行政处罚可根据具体情节采取多倍或高额罚款，或按其违法严重程度不同采取分层定额罚款，情况严重者还可以停业整改并向大众公示，以此达到警示效果。

(3)注重生态环境保护，从源头上避免食品安全事件的发生。近年来，由于生态环境的破坏加大了食品安全风险，直接导致食品安全事件的增加。例如工业上的废水废气废渣通过各种形式进入农田、汽车尾气排放导致的局部酸雨、化肥及农药等的过量使用使土地及地表水中氮磷含量超标等，都会对食品原材料造成污染。国家相关部门应加大环境监管力度，对不符合规定排放"三废"的工厂从严管理和处罚；要求厂商严格用法律法规约束自身行为，提高社会责任意识，不为小利而做违反社会公德的事情；鼓励广大消费者加入到监督的行列之中，积极向执法部门举报此类行为，社会多方携手以减轻政府部门的监管压力，降低监管成本，提高食品安全监管效果。

(4)优化食品安全相关监管部门资源配置，降低监管制度成本。要提高食品安全监管效果，人力、物力、财力的投入是必不可少的。不仅需要加强监督、检

测等人员的技能培训，提升技术水平，还要使用现代化技术手段提升监管与检测
的效率，使食品安全监管逐渐向数字化、现代化转型升级。另外，政府组织合理
配置各个监管部门之间资源，实现资源的充分利用，使各部门、各领域之间实现
横向、纵向的有效沟通与合作，减少重复监管或监管空白的情况，实现有效协同
监管。只有通过优化资源配置，才能在保证监管效果的同时，有效降低监管的制
度成本。

第十四章　降低食品安全风险防控制度成本路径之八

——构建社会共治耦合系统，加强多元协同治理

第一节　社会协同共治机制

李克强总理在政府工作报告中多次提出"推进社会治理创新""实行多元主体共同治理"，各级地方政府也在不断探索治理方式和体系的改革与创新，"社会共治"是主要的治理创新之一。食品安全社会共治要依靠政府、市场、社会多方合力，发挥多主体的协同。从社会参与角度看食品安全风险防控，食品安全社会共治是解决食品安全风险防控投入不足、降低制度成本的有效方法。当前食品安全社会共治在实施过程中，存在多元主体之间缺乏协同合力的问题。所以，如何解决由于多主体间协同性差而产生的"割裂化治理"被认为是社会共治中的主要问题。

如何实现社会多方主体的信息共享、高效协同，是社会共治的关键问题。十九大报告中提出要建设"数字中国"，实施大数据战略，推进国家治理体系和治理能力的现代化。信息化、数字化转型为食品安全社会共治带来了新的发展契机。信息的充分利用是实现多元共治的基础与前提，现代信息技术是突破食品安全社会多元共治的现实局限性、整合碎片化信息的必要手段，只有充分利用信息技术，才能实现信息共享，才有可能实现食品安全风险防控社会共治系统的高效协同。

在此背景下，本章从我国食品安全社会共治的现存问题出发，研究食品安全社会共治耦合系统的构建，分析食品安全社会共治各主体间的耦合机制，研究食

品安全风险防控社会共治耦合平台的架构与实施，并进一步分析该系统相关的制度成本问题，以探索实现社会多方主体的信息共享、高效协同，从而降低食品安全风险防控制度成本的有效方法，最后提出相关的对策建议。

第二节　食品安全社会共治现存问题分析

我国十八届三中全会正式提出食品安全社会共治模式，《食品安全法》也将食品安全社会共治思想纳入其中，例如第 9 条①、第 10 条②与第 115 条③分别就食品行业协会、新闻媒体、公众举报等做出了明确的规定，这些都是社会共治理念在食品安全监管领域的重要体现，种种举措引起了人们的广泛关注。

现行的食品安全社会共治，过于依赖政府管制而忽视了对治理主体多元参与的促进。许多城市都在针对食品安全问题展开行动，但社会力量在参与食品安全社会共治过程中普遍存在的问题是力量分散、难以凝聚，分散化的社会力量导致社会治理的分散化和碎片化。在食品安全社会共治过程中，政府是领导者和支配者，是食品安全社会共治过程中最基本、最重要的治理主体，但由于人力、物力、财力等条件限制，往往力不从心，在政府与其他社会多元主体的合作关系中，信息不透明且往往滞后。

企业是食品生产经营的主体，其行为决定着食品的质量和安全。企业作为

---

① 《食品安全法》第九条：食品行业协会应当加强行业自律，按照章程建立健全行业规范和奖惩机制，提供食品安全信息、技术等服务，引导和督促食品生产经营者依法生产经营，推动行业诚信建设，宣传、普及食品安全知识。消费者协会和其他消费者组织对违反本法规定，损害消费者合法权益的行为，依法进行社会监督。

② 《食品安全法》第十条：各级人民政府应当加强食品安全的宣传教育，普及食品安全知识，鼓励社会组织、基层群众性自治组织、食品生产经营者开展食品安全法律、法规以及食品安全标准和知识的普及工法规以及食品安全标准和知识的公益宣传，并对食品安全违法行为进行舆论监督。有关食品安全的宣传报道应当真实、公正。

③ 《食品安全法》第一百一十五条：县级以上人民政府食品安全监督管理等部门应当公布本部门的电子邮件地址或者电话，接受咨询、投诉、举报。接到咨询、投诉、举报，对属于本部门职责的，应当受理并在法定期限内及时答复、核实、处理；对不属于本部门职责的，应当移交有权处理的部门并书面通知咨询、投诉、举报人。有权处理的部门应当在法定期限内及时处理，不得推诿。对查证属实的举报，给予举报人奖励。

制度执行的中间环节，应保持与政府和消费者之间密切联系，但由于企业缺乏社会责任感，不能积极配合政府做好信息的透明和可追溯。消费者本应是食品安全社会共治的核心功能主体，虽然不参与制度的制定，但作为制度承担者，消费者未在食品安全社会共治下发挥其应有的作用，由于食品安全信息的供给不足，导致消费者极度缺乏安全感，以至于出现过度缺乏自我保护或过度反应的情况。

综上所述，食品安全社会共治体系多方主体在制度制定、执行和维护过程中，都未能明确自身地位和责任，缺乏信息的共享和交流，所以急需建立明确有效的机制以保证食品安全社会共治的高效实施。

第三节　食品安全社会共治耦合系统构建

食品安全社会共治系统是一个复杂的系统工程，多元主体之间通过多元协同开展食品安全社会共治，其中多元协同和有效协同是关键。其中，"多元"是指政府、企业、公众(包括消费者和第三方监督力量)，"协同"是指社会多方主体互相沟通、协调合作、形成合力，共同保障食品安全。首先，食品安全社会共治的基本要求是各社会主体做好自身工作，即企业自律、政府监管、公众参与，在此基础上，加强各主体间的协同，包括政府监管部门与企业之间的协同、企业与消费者之间的协同、政府与消费者之间的协同，此外，还包括社会整体协同，以及法律保障、制度保障等。

如何加强社会共治系统的整体协同，是提高食品安全社会共治的重要问题。如果各主体都各自为战，那就谈不上"协同"和"高效"。只有加强各方主体的沟通与联动，才有可能实现高效协同共治。本章提出食品安全社会共治耦合系统，旨在提高各主体间以及整个共治系统的协同性，解决食品安全社会共治中的信息不对称问题，最大发挥社会力量，防控食品安全风险。从经济学角度来说，当系统中各组成部分耦合性好、协调度较高时，系统的运行成本也相对较低。

"耦合"原本是一个物理概念，是指两个事物之间的相互作用、相互影响。

事物之间的关联协调程度越强，耦合性就越高。"耦合系统"是指两个或多个事物相互联接的系统，在各事物主体正常发挥各自功能的同时，多方协同合作，以共同完成一项或多项任务。各事物主体之间的联接越顺畅，则系统的效率越高，能够达到 1+1>2 的效果。而要实现系统的高效，需要在事物主体之间加入"耦合剂"，这个"耦合剂"的作用是最大发挥事物主体与耦合系统的功能。譬如在医院做 B 超检查，B 超仪器和人体之间需要涂抹耦合剂，才能够通过仪器探头看到人体内部的影像；如果没有耦合剂，B 超仪器就发挥不出它的功能，也就无法完成人体检查的任务。

为了更好地实现食品安全社会共治，就需要建立社会共治耦合系统，这个系统中的各主体之间要加强耦合连接，才能够发挥高效的治理。在食品安全社会共治耦合系统中，需要耦合的主体包括政府、企业、消费者和第三方监督力量等，而这个系统的"耦合剂"就是现代信息技术，包括大数据技术、云计算、区块链等，这些技术的应用能够更好地发挥各主体之间信息沟通和协同治理。例如将大数据技术引入食品安全社会共治，可以整合碎片化的食品安全信息，并对碎片化治理予以协同优化。

第四节　食品安全社会共治耦合机制分析

食品安全社会共治系统耦合的前提是信息共享，只有获得较为及时、全面的信息才有可能采取正确的决策。政府信息的公开与共享，企业信息的透明化与可追溯性，消费者对信息的认知与反馈，第三方监督力量对信息的传达与风险解读，都可以促进信息的交流与共享，从而解决食品安全社会共治中的信息不对称问题，消除食品安全社会共治中的失灵现象。

为构建基于耦合机制的食品安全社会共治系统，以下从五个方面分析食品安全社会共治系统的耦合机制，包括精准快速识别、信息追溯与共享、公众舆情分析、精准规制、协同共治，如表 14-1 所示，图 14-1 为食品安全社会共治耦合机制简图。

表 14-1   **食品安全社会共治耦合机制**

机制类型	功能作用	耦合对象	优势
数据监控耦合	食品安全风险精准快速识别	政府⇔企业 政府⇔市场	精度高、速度快
数据追溯耦合	信息追溯与共享	政府⇔市场 政府⇔产业链	保证食品全产业链安全、无遗漏
舆情风险预警耦合	公共舆情风险监测与控制	政府⇔公众 企业⇔公众	拓展对话通道、提高风险预警能力
数据驱动规划耦合	精准规划	政府⇔产业 企业⇔消费者	更新完善产业政策、产品规制、生产计划
数据关联协同耦合	协同共治	政府⇔企业⇔消费者 政府⇔市场⇔产业链	实现有效协同和整体把控

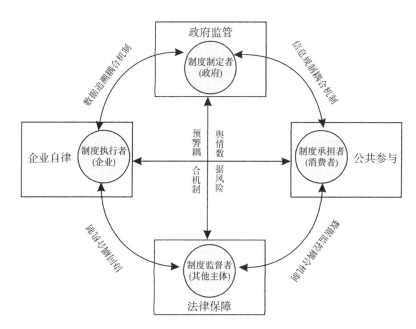

图 14-1 食品安全社会共治耦合机制简图

一、数据监控耦合，实现食品安全风险精准快速识别

精准快速识别食品安全风险是食品安全风险防控的首要环节，识别结果将直接影响食品安全治理的成效。运用大数据技术加强政府与企业、政府与市场的数据监控耦合，实现精准快速食品安全风险识别，以及每个食品安全社会主体的风险识别。首先，明确需要分析的产品对象，开展有针对性的数据搜集，数据包括食品安全事件、食品抽检预警通报和行政处罚信息等；其次，对收集到的数据进行整理，并依据最新标准修订的主要指标要求，整合与各种风险因子相关的食品安全的报道信息与数据，构建食品安全精准识别模型，对各种来源的数据进行综合分析，快速识别食品安全风险。通过对食品安全信息的精准快速识别，实现对食品安全状况的数字化监管，比传统的食品监管模式识别精度更高、速度更快，效率更高。

二、数据追溯耦合，实现食品信息追溯与共享

借助现代信息技术，加强政府与市场、政府与产业链的数据追溯耦合，可实现对食品生产、加工、销售全过程的信息追溯与共享。传统的食品安全信息追溯仅限于用条形码、二维码等记录食品的名称、品牌和规格等基本信息。当前食品安全事件层出不穷，食品信息的碎片化特征越发明显，其弊端也逐渐显露。现有数据无法实现对食品从生产到消费整个供应链的有效监管。因此，信息共享极为关键。应用区块链等现代信息技术，扩充条形码、二维码等包含的食品信息，包括原料来源、生产信息及质量信息等，实现食品信息完整化并方便可查。共享之后的数据可以通过大数据技术实现食品安全档案管理，通过数据的有效分类，明确食品安全事件发生的具体环节、责任边界、监管主体，从而可以实现基于信息追溯与共享的食品全产业链、无遗漏的安全监管。

三、舆情数据风险预警耦合，实现公众舆情风险预警

加强政府与公众、企业与公众的耦合，可实现公众舆情风险预警。舆情信息的快速传播是一把"双刃剑"：一方面，它拓展了政府和社会公众之间的对话通道；另一方面，由于消费者对网络信息的认知不足和反馈不当，负面消息容易引

发公众不必要的恐慌，产生对政府监管部门的质疑，还有可能对相关食品产业造成巨大的负面影响。因此，舆情风险预警在互联网高速发展的今天显得格外重要。发挥政府与市场、政府与消费者、新闻媒体等社会主体的耦合机制，需要应用大数据技术，发挥网络舆情大数据的预测功能，针对具体的食品安全问题，将网络舆情数据与政府监管数据相结合，构建网络舆情分析预测模型和决策支持模型，提高政府食品安全风险的预测及决策能力，针对不同食品安全风险问题情境进行及时的舆情回应与处理，降低风险造成的危害。

四、数据驱动的信息规制耦合，实现精准规制

加强政府与产业、企业与消费者之间的耦合，可实现精准规制。更新完善产品规制，制定合理的产业政策以及生产计划对于食品安全风险防控具有重要意义。行政规制是应对食品安全等社会问题的常规路径，在信息规制方面我国现阶段还处于起步阶段。因此，进行信息规制是解决食品安全治理中信息不对称问题的重要手段。食品安全风险防控的最大问题在于条件有限以及信息匮乏导致的风险防控欠缺"精准"，解决这一问题的关键就在于信息的公开与共享。信息的共享包括两个方面：一是政府机构内部之间的信息共享，二是政府与普通民众之间的信息共享，三是政府与企业、产业的信息共享。只有掌握了最新、最全的信息，才能制定出符合实际情况的制度与标准，实现精准规制与风险防控。

五、数据关联的协同耦合，实现有效协同共治

加强政府⇔企业⇔消费者、政府⇔市场⇔产业链之间的耦合，可实现整体把控和有效协同。在食品安全社会共治中，存在着"市场失灵""监管困局"等现象，其根源就在于食品安全社会共治各主体间的耦合性差。这种"不耦合"也造成了共治系统的协同治理效率低下。食品安全社会共治耦合系统应用大数据技术实现对多元主体数据的整体把控。通过系统中各主体之间的相互沟通与联动，提高协同度，最大程度发挥食品安全风险的事前预防、事中处理、事后补救等一系列工作，使得社会共治系统成为有机的整体实现高效协同。

第五节　食品安全社会共治耦合机制实现的路径

基于上述对食品安全社会共治耦合机制的分析，本节研究实现食品安全社会共治耦合机制的路径，即构建食品安全社会协同治理平台，以加强社会主体间的耦合性，实现社会多主体间的数据采集、鉴别评估、融合共享以及协同治理。食品安全社会协同治理平台是实现耦合机制的工具和桥梁，为实现有效协同治理提供技术保障，同时可以有效降低食品安全风险防控的制度成本。食品安全社会共治耦合平台系统如图 14-2 所示。

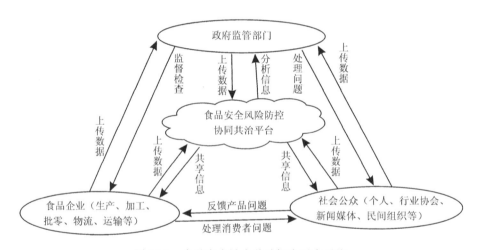

图 14-2　食品安全社会共治耦合平台系统

基于耦合机制的食品安全社会协同治理平台具有以下功能：

一、智能化数据采集

高效快捷的智能化数据采集是社会协同治理的前提条件。政府可以通过云平台从企业和消费者处收集食品安全数据，结合食品安全监测数据，精准快速识别食品安全风险；消费者可以通过扫描条形码、二维码等食品标识码，不仅了解到食品名称、品牌、规格，还可以得到食品原料、生产加工、物流运输等与食品安全相关的信息，并可以通过平台的消费者入口向企业和政府举报假冒伪劣等食品安全问题；企业可以通过平台了解政府规章制度、市场信息以及消费者对产品的评价及需求。

二、融合共享多方主体信息

政府各级食品安全大数据管理机构，通过协同治理平台，横向整合不同政府部门的食品监管信息，纵向融合政府、企业、市场、消费者、新闻媒体等主体间的食品安全信息，形成跨部门、跨层级、多主体、多来源的互联互通信息共享机制，实现食品安全的全面信息融合利用，为实现高效的协同治理提供技术支撑。

三、鉴别评估食品安全信息

互联网上舆情信息真伪混杂难辨，信息的价值性评估在公众舆情风险控制中就显得尤为重要。协同治理平台汇集多主体多层面的信息，应用大数据技术对食品安全舆情信息进行鉴别评估，可以实时监控舆情动态：一方面识别出真实的食品安全风险信息，加以及时处理和防范；另一方面，规避信息传递中的"误传"和风险解读中的"误解"，避免舆情发酵。

四、督促多方主体协同治理

食品安全社会共治是一个复杂的系统工程，多元主体之间实现多元协同和有效协同是关键。平台为协同治理提供了技术保障，但是要使协同治理平台真正的发挥效用还需要各主体发挥主观能动性，积极进行协同行动。如果只是进行了信息共享，后续不采取行动，等于没有达到协同的效果。协同治理平台会及时搜索各主体行为，督促没有采取行动的相关主体尽快行动，检查已经行动的主体行动的进度与效果，并及时反馈到系统平台，及时发布信息以公开协同治理的信息与效果。

第六节　食品安全社会共治制度成本分析

传统的制度制定和监管都需要大量的人力物力财力的投入，而由于条件限制，往往监管工作力不从心。食品安全社会耦合系统和协同治理平台实现了监管与风险防控的数字化转型，短期看需要投入一定的资金和人力，但从长远看，势必为食品安全风险防控节约大量的人力和成本。

一、从降低制度成本的内容上分析

首先，政府部门要重视现代化、信息化的改造升级，先进的设备能够有效提升监管人员的办公效率，也能弥补监管人员的不足，从而降低了人员成本；

其次，通过大数据、云计算等现代信息技术，对海量数据进行实时分析，实现更加准确有效的风险防控，从而降低了信息成本和时间成本；

第三，智能化系统平台节约了人员培训成本。食品安全专职监管人员在数量上还不能够满足现阶段食品安全防控的基本要求，在质量上也并非全员达标，相关部门可通过平台定期开展相关业务培训，以提升监管人员的数量和质量，从而降低了培训成本；

第四，在制度改革方面，通过平台集思广益，收集制度相关的反馈信息，反思制度中的不合理之处，做出适当调整，有效降低制度的变迁与更新成本。

二、从利益相关者角度分析

以下具体从制度制定者、制度执行者、制度承担者、利益相关者角度讨论制度成本问题。

（一）降低制度制定者的制度成本

对于食品安全风险防控制度的制定者和监督者——政府而言，利用食品安全社会协同治理平台，能够有效降低政府的制度成本。首先，通过平台进行全方面信息搜集，运用大数据分析技术保证信息的准确度和及时性，降低了政府搜集信息的成本，为制度的制定降低了时间成本；其次，平台通过大数据分析技术实现食品安全相关信息的精准识别，对信息进行细致的剖析，从国家制定的法律法规入手，快速精准定位食品安全事件防控的着手点，发现安全隐患，迅速做出反应，实现有效管理和防控，提高了风险防控的效率，节约了人工成本；第三，平台通过互联网，发布食品安全法律法规、行业标准、食品检测信息及风险预警信息，降低了制度推广与宣传的成本，降低了与协同治理社会各方的信息交流与反馈的成本。在降低制度成本的同时，平台还能够从各方主体的角度进行利益剖析，尽可能在顾全整体利益的情况下平衡食品安全风险带来的损害，实现风险防控的全局效用最优。

（二）降低制度执行者的制度成本

对于制度执行者——企业而言，建立食品安全社会共治耦合系统能够降低制度执行者责任分配、舆情管理等制度成本。首先，通过现代信息技术能够对产品的生产链进行全方位监控，细究产品生产的每一个环节，方便生产部门实现信息的精准追溯，在企业内部实现信息透明化；信息共享有利于企业各部门之间沟通和协作，监管部门也能够对产品运作细节进行严格把控，将食品安全事件防患于未然，从而降低了企业内部、企业之间、政府与企业间的沟通成本；其次，面对已经突发的安全事件，需要在最短的时间内落实责任，协同治理平台能够缩短责任查询的时间，以最快的速度将责任落实，面对公众情绪做出合理应答，及时给公众一个交代；通过掌握舆情发展情况，减少食品安全事件对企业带来的伤害，同时由相关责任人出面承担责任，担负部分相关成本，能够缓解企业负担。

（三）降低制度承担者的制度成本

对于制度承担者——消费者而言，食品安全社会协同治理耦合系统能够降低制度承担者的投诉与维权成本。作为食品安全事件的波及者，无论是否受到切实伤害，都会为此付出一定的成本代价，直接受害者更是需要付出高昂的经济代价和精神代价，甚至还有健康代价。协同治理平台的建立为此提供了有效途径，消费者可以通过互联网等多种手段及时捕捉产品信息，对食品情况有一个清晰认知，降低了信息获取成本；在进行维权时，可以通过大数据技术迅速追溯产品问题源头，确定投诉对象；平台提供消费者投诉渠道，通过网络举报和投诉，维护自身利益，降低了不必要的投诉和维权成本，有效提高了消费者的共治参与度和投诉满意度。

第七节　总结及建议

本章研究了基于耦合机制的食品安全社会协同治理系统，并构建了食品安全社会协同治理平台框架，以现代信息技术为"耦合剂"，从信息追溯与共享、风险快速识别、公众舆情监控、精准规制、协同治理五个层面，分析了系统的耦合机制，以激发社会多元主体协同治理的联动性，提高食品安全风险防控的成效。另外，通过平台可关注到社会各方的利益与诉求，关注到制度实施过程中的每个环节，推进社会多元协同、高效治理。

基于上述分析，从保证风险防控效率、降低风险防控制度成本角度，提出食品安全风险防控的相关对策建议：

一、强化社会主体间的耦合机制，推动协同治理

对于制度的制定者和监管者而言，政府职能部门要切实发挥上层的引领作用，应用现代技术、不断创新管理模式，将社会的各方力量耦合起来，联合多方力量劲往一处使，共同做好食品安全这件关乎国计民生的大事。为了降低食品链安全风险防控的制度成本，需要有效发挥食品安全社会共治耦合机制的作用，不断加强政府与企业、政府与市场、政府与消费者等相关主体之间的联系与沟通，掌握最新的信息，及时调整政策、制度、法律法规，理顺各方的利益关系，同时不断完善政府监管，从监管工作基础条件的完善到监管制度、方式的改革都做到切实推进。充分发挥协同治理平台的作用，建立专门的平台管理部门，及时搜集整理社会各方提供的信息，进行分析研判，并采取正确的风险防控策略。

二、加强产业链耦合机制，增强全产业链的协同治理

对于制度执行者——食品企业而言，要有产业意识，加强产业链耦合机制，增强全产业链的协同治理。食品产业链是从农场到餐桌的长链条，产业链上的每一个企业对全产业链都会产生影响，具有风险共担的特点。企业在不断增强自身能力的同时，需要与产业链的上游、下游企业加强交流与沟通，互通有无，协同进行风险防控行动。以产业链龙头企业为中心，无论是大企业还是"小作坊"，

都需要防微杜渐，做到精益求精。

对于大企业而言，要明白自身地位和责任，在企业中要体现榜样作用，重视科学技术研究，应用大数据和区块链等新技术，发展新质生产力，实现高质量管理；对于"小作坊"，要重视规范经营，积极配合政府的整改措施，对食品来源、食用环境和使用餐具进行严格控制，在政府的指导下，小企业之间可以进行联合发展，把握地方性的独特优势，实现品牌经营。通过协同治理平台，产业链上的企业之间实现高效协同生产和风险信息交流，可以有效降低交易成本与风险防控成本。

三、加强多元风险防控组织耦合，提高社会协同度

对于制度承担者——社会公众者而言，要加强多元风险防控组织耦合，提高社会协同度。消费者在市场交易中是弱势群体，社会参与度低，投诉、维权力量零散。通过耦合协同治理平台，实现社会公众组织的多元发展，提高社会参与度与协同度。民间组织包括行业协会、新闻媒体、消费者协会等第三方组织。在相关法律的支持下，集聚各方社会力量，发挥投诉维权、信息追溯、企业监督等作用。各民间组织通过协同治理平台，从组织结构上进行功能强化，在组织内部以及组织间加强信息共享、协同行动，维护消费者权益；同时，注意管理人员与技术人员的配比，避免出现失衡局面，导致组织难以正常运转；在资金方面，保证其合法性和透明性，突出公益组织的性质和特点，资金运作过程做到公开透明，防止资金滥用。

通过协同治理平台，消费者或各种民间组织在平台上加强交流与协作，集聚零散力量；加强与政府的沟通，及时举报食品安全问题并督促及时处理；加强与企业的沟通，及时反映食品安全问题并督促其整改。消费者与各种民间组织要秉持公正原则，通过企业调查等多种方式，在保护消费者权益的同时尊重食品企业利益。通过平台，提高社会公众的社会参与度与协同度，以降低信息成本、投诉和维权成本等制度成本。

第十五章　降低食品安全风险防控制度
成本路径之九
——应用大数据技术，加强食品安全风险监控

第一节　大数据风险监控机制

我国从 2002 年开始对于食品安全的报道数量显著增加。食品安全信息高效率地传播所带来的影响是双面的：若是正面的消息，则可以提升公众对于食品安全的信心，从而促进消费；但若是频繁曝光食品安全负面消息，则会使公众对于食品问题的担忧不断增加，公众的不信任会加剧食品安全所带来的社会风险。研究表明，媒体对于食品安全防控与治理起到重要作用，并且当食品安全事件发生时，社会媒体传播的信息对于民众具有很强的情绪引导作用①。由于信息化时代的到来，信息量呈现爆炸式增长，当食品安全事件发生时，由于公众以及各种社会媒体的传播行为，网络上各种相关消息层出不穷，大量冗余信息的发布导致政府对于公众舆情难以有效把握。若政府无法在短时间内区别显著突发事件与冗余信息，那么食品安全问题将会通过网络快速传播和渲染，势必会对政府、企业及不明真相的公众产生相当大的影响。

由于食品安全直接关系到公众的健康与生命安全，所以食品安全问题一旦爆发，就会立即处于舆论的风口浪尖，而且公众对于食品安全问题的负面情绪较高。由于信息的不对称性，大多数公众对于食品安全问题缺乏专业的认知，当某

---

① 史波，翟娜娜，毛鸿影．食品安全危机中社会媒体信息策略对受众态度的影响研究 [J]．情报杂志，2014，33(10)：59-65.

一食品安全事件被报道后，经过网络、微博等社交媒体的发酵，食品安全舆情被无限扩散，同时会伴随产生一些不理智的群体抢购、停购等事件，对社会经济造成不利影响。

传统的食品安全风险防控体系，是通过对食品在生产、流通、交换以及消费等环节的监管，发现问题，再向公众发布信息。随着时代的进步，这种传统模式已经无法满足公众对于信息传达效率的需求。因此，食品安全风险防控面临信息化的改革。2013年，国家提出了"社会共治"作为新的监管模式，社会共治需要社会公众参与对食品安全的监管，加强政府与社会公众的交流。在信息时代下，网络舆情能够反映公众对于食品安全事件的反应程度，是政府了解公众态度与诉求的一个很好的途径，因此政府对于网络舆情的监测具有重要意义。

大数据技术可以在冗杂数据中挖掘出极具价值的潜在信息，如数据挖掘、关联规则分析、神经网络、文本挖掘等技术被广泛地运用于各种数据分析。应用大数据技术，可以实现对食品安全风险相关数据、信息的快速搜集与分析，从而提高食品安全风险监控的时效性，同时降低食品安全风险的防控成本。例如通过大数据追踪技术，完善食品安全追溯系统，可有效降低食品生产经营企业、政府部门、社会公众之间的信息不对称，从而降低风险防控成本。

在信息化时代，社会公众对食品安全事件的关注可直接体现在网络舆情上，食品安全舆情很容易被扩散放大，对社会经济造成不良影响。因此，对于食品安全舆情发展分析与预测，从而找到适合的策略解决食品安全事件舆情所带来的影响具有重要意义。对食品安全事件舆情热度进行监测与分析，及时做好应对之策，控制食品安全风险后果，从而降低风险防控的事后成本。因此应用大数据技术对食品安全舆情热度进行监测与分析，可有效降低食品安全风险防控的成本。

基于以上分析，本章以搜集到的2011年至2019年食品安全热点舆论事件为例，定量研究食品安全网络舆情的发展趋势，从而为政府部门及时掌握食品安全舆情提供思路和方法。首先运用文本挖掘方法对食品抽检不合格的通报进行分析，找出食品安全问题频繁发生的原因，从新闻事件中提炼出食品安全风险因素及其分布特征，为食品安全风险防控工作提供参考。

由于食品安全舆情事件具有突发性、随机性、多变性、灰色性等特征，传统时间序列分析难以对舆情过程中的变化做到准确预测，而大数据技术可以实现对网络舆情的监控。本章采用神经网络技术对食品安全事件舆情热度进行分析。舆情热度预测是在文本挖掘的基础上，进一步识别公众对于食品安全事件反应的激烈程度。政府相关部门及时掌握社会舆论变化，从而做好舆情导向，对食品安全事件进行应急管理，以防止在社会公众中出现恐慌。

第二节　食品安全舆情监测相关的大数据技术

一、神经网络分析

本章主要采用神经网络算法实现对食品安全舆情的监控与预测。神经网络分析与人类大脑的神经元非常相似，如神经元的树突接收信号，传递给细胞核处理，最后由轴突发出信号；神经网络分析也可分为三个部分：输入神经元、隐藏神经元、输出神经元。

神经网络算法可简述为：一个完整的学习过程可以分为输入信号的正向传播和误差的逆向传播两个过程。正向传播需要输入样本数据，经过网络分析的权重、阈值和响应函数作用后输出。在对输出结果的检验中，神经网络的准则为误差函数最小化，如果未能达到最小，则对误差进行修正，进入反向传播阶段，也就是网络的训练过程，一般采用梯度下降法，进行迭代优化。给定一个微调量（学习率），对输入向量的权重向量进行调整，调整步骤多次反复，权重不断修改，直到达到最优。

二、弱化缓冲算子

通过对舆情事件的分析，发现舆情热度的变化并不是简单的平滑拟合曲线，舆情热度的发展在前期具有爆发性增长的特征，后期变化又较为平缓，因此，若直接进行建模分析，数据拟合效果必然不佳，需要对数据进行预处理。弱化缓冲算子能够有效剔除含有扰动因素的原始数据，弱化原时间序列数据的随机性，因此本章采用弱化缓冲算子对数据进行预处理。弱化缓冲算子已被学者们广泛运用，但对于不同数据，不同的弱化缓冲算子得到的结果不同。叶璟等①在对常用的六种弱化缓冲算子的分析中，得出在短序列数据条件下，加权平均弱化缓冲算子、几何平均弱化缓冲算子的处理结果较好。

三、马尔可夫链改进的神经网络分析

1906 年，俄罗斯数学家安德烈·马尔可夫首先发表关于马尔可夫链的相关研究，旨在通过事件的现状来分析其演变趋势，目前已被广泛应用。马尔可夫链是用来描述一个系统的随机演变过程，过程的特点是未来的状态仅与当前状态有关，而与过去的状态无关，即具有无后效性。马尔可夫链改进的神经网络分析步骤如下：

(1)将弱化缓冲算子作用于原始数据进行状态划分，得到新序列；

(2)将新序列划分为训练集与测试集，训练集用于神经网络分析求解，得到预测结果后，与原始数据进行比较，得到灰色拟合精度 H；

(3)因为拟合精度的变化呈现非规律的变动，将其划分为不同状态，通过查询文献，对于舆情状态的预测一般分为四个区间，因此本章按照四分位数进行状态分割；

(4)构建马尔可夫链状态转移概率矩阵；

(5)求解 K 期状态，依次计算多期转移概率；

(6)舆情热度预测：在确定 K 期灰色拟合所在状态后，将其所在状态区间的平均拟合精度作为预测精度，再根据缓冲算子修正后的神经网络求出在 $t+1$ 时刻的预测值。

应用经过马尔可夫链改进后的神经网络模型进行舆情分析与预测，具有更高的预测精度。

四、文本挖掘

文本挖掘是从文本文件中抽取有效、新颖、有用、可理解的、有价值的信息，并分析这些信息的过程。文本挖掘将非结构性数据转化为结构性数据，利用

---

① 叶璟，李炳军，刘芳. 弱化缓冲算子对 GM(1，1)模型的预测效应及适用性[J]. 系统工程理论与实践，2014，34(09)：2364-2371.

智能算法，如神经网络、基于案例的推理、可能性推理等，抽取或标记关键字概念、文字间的关系，获取有用的知识和信息。

　　本章运用文本挖掘方法找出食品安全问题频繁发生的原因。首先运用文本挖掘的分词与停词处理以及文档词频矩阵的构建等技术，将非结构性数据转化为结构性数据，导入通过文献查询等方式总结的食品风险词库，进行统计分析，并通过在国家市场监督管理局爬取的通报文章将食品风险因素进行归类；其次对食品抽检不合格的通报、食品安全新闻事件进行分析，提炼出食品安全风险因素及其分布特征，为食品安全风险防控工作提供参考。

第三节　食品安全关注度分析

　　将 2010—2021 年的食品安全关注度的百度指数画出时间序列图，如图 15-1 所示。由图可知：公众对于食品安全的关注情况呈现不规律性变化，关注度的波动多与食品安全事件的发生有关。在 2011—2013 年之间，我国食品安全事件发生较为频繁，公众对于食品安全的关注度也远高于其他时间段。

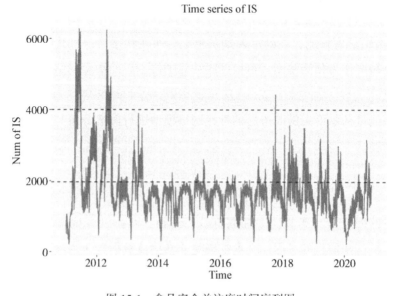

图 15-1　食品安全关注度时间序列图

一、食品安全关注度地理分布

华东、华北与华中地区的公众对于食品安全的关注度明显高于其他地区。为了了解食品安全关注度是否与地区经济水平有关，我们对食品安全关注度与地区GDP 水平进行了方差分析，提出原假设：

H_0：不同地区食品安全关注度与经济发展程度无关；

H_1：不同地区食品安全关注度与经济发展程度有关。

方差分析的结果为：在 0.05 的显著性水平下，拒绝原假设，即不同的地区经济发展水平下，公众的食品安全关注度具有显著差异。

二、食品安全关注度人群属性

TGI（Target Group Index）指数，是反映目标群体在特定研究范围（如地理区域、人口统计领域、媒体受众、产品消费者）内的强势或弱势的指数。

对关注群体进行年龄段分析，得到结果如图 15-2 所示：对于食品安全的关注主要集中于中青年群体，而老年人对于食品安全的关注度较低。需要注意的是，由于各年龄段的人群上网程度不同，所以从网络上统计的数据会存在较大偏差。例如，老年人对食品安全的关注并不一定低，有可能是因为老年人不经常上网，网络统计数据就不能反映真实的关注度。所以这是应用网络数据进行统计分析时要特别注意的问题。

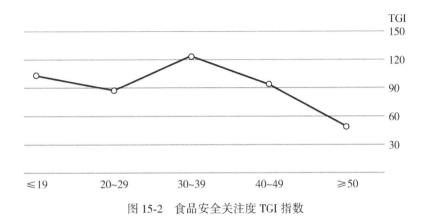

图 15-2　食品安全关注度 TGI 指数

267

第四节　食品安全网络舆情分析与预测

一、数据来源

本章数据来源分为两个部分：

第一部分数据来源于百度指数。百度指数(Baidu Index)是以百度海量网民行为数据为基础的数据分析平台，是当前互联网乃至整个数据时代最重要的统计分析平台之一，自发布之日便成为众多企业营销决策的重要依据，并广受学者喜爱，是一种可信度较高的数据来源。本章将 2011—2019 年重大食品安全事件的关键词作为搜索引擎，获取百度指数数据，得到有效数据 42 份，每份数据都为食品安全事件发生后的两周内的舆情热度(百度指数)，搜集事件名称及其发生年份如表 15-1 所示。

表 15-1　　　　　　　　　　　**食品安全事件表**

年份	食品安全事件
2011	瘦肉精、毒豆芽、毒韭菜、雪碧汞中毒、亚硝酸盐中毒、染色馒头、牛肉膏、塑化剂事件、回炉面包、荧光增白剂、墨汁粉条、染色紫菜、毒花椒、豆浆门
2012	金浩茶油、毒胶囊、注胶虾事件、蜜饯涂蜡、螺旋藻铅超标、立顿奶茶有毒、双汇蛆虫门、伊利奶粉汞超标、南山奶粉、勾兑门
2013	镉大米、新西兰牛奶、假羊肉事件
2014	广琪、转基因大米、福喜事件、亨氏米粉、病死猪事件、吸血鬼饮料、口水肉
2015	僵尸肉事件
2016	发光猪肉、金箔入酒
2017	脚臭盐
2018	非洲猪瘟、咖啡致癌
2019	黑松露事件、天使之橙

第二部分数据来源于国家市场监督管理局以及新闻报道。通过爬取国家市场监督管理局从 2018 年开始关于食品检验未合格的通报，以及关于食品安全相关的新闻报道，作为文本分析的数据来源。

二、弱化缓冲处理

将百度指数数据截取至事件发生之后的两周之内，用弱化缓冲算子进行处理。这里先分别采用几何平均算法和加权平均算法处理，通过结果的拟合发现加权平均弱化缓冲算子处理结果较为理想。即：

$$x(k)^d = \frac{kx(k)+(k+1)x(k+1)+\cdots+nx(n)}{(n+k)(n-k+1)/2}, \quad k=1, 2, \cdots, n \qquad (15\text{-}1)$$

三、基于马尔可夫链修正的神经网络分析

（一）神经网络分析

为了防止出现过拟合的现象，将经过弱化缓冲算子处理的时间序列数据划分为训练集与测试集，将训练集数据输入神经网络模型进行分析。采用 R 语言进行分析，加载 nnet 数据包，在控制阈值、迭代次数等基础上，编写循环程序，对42 个食品安全事件舆情热度进行分析和预测。

（二）马尔可夫链的修正

将每个测试集的灰色拟合度 $H=\{h1, h2, \cdots, hn\}$ 按照四分位数划分状态，构建状态矩阵，计算状态转移概率。将测试集最后一个数据作为初始状态，构建初始状态向量，采用最大转移概率确定下一期灰色拟合度所在的状态区间。根据状态空间所在的平均灰色拟合精度，由(15-2)对神经网络预测结果进行修正，得到最终结果。

$$\hat{x}(k+1) = \hat{H}(k+1) * x(k+1) \qquad (15\text{-}2)$$

（三）结果分析

通过程序运行，得到的结果如表 15-2 所示。可以看到经过修正的预测结果，

绝大部分相对误差低于未经过修正的预测结果；求其平均相对误差，得知未修正的预测平均相对误差为 0.1255，修正后的预测平均相对误差为 0.0958，说明采用马尔可夫修正方法可以提高对于舆情热度预测的准确性。

　　需要说明的是，由于本章所使用的方法主要体现在对食品安全事件末端的预测上，而食品安全事件难以象一般性舆论事件可以完全消退于公众心中，而有可能会出现反复的现象，在这种情况下此该方法无法保证预测的精准性。另外，本章所用方法较适用于短期预测，不适用于较长时期的预测，因此监管机构在舆情监测的过程中，需要随时观察和分析，及时捕捉舆情信息并快速预测，才能做到对食品安全舆情的精准监控。

表 15-2　　　　　　　　　　预测结果对比表

序号	神经网络初步预测相对误差	马尔可夫修正后结果相对误差	序号	神经网络初步预测相对误差	马尔可夫修正后结果相对误差
1	0.1399	0.0369	17	0.1700	0.1738
2	0.3115	0.3085	18	0.3877	0.1538
3	0.0448	0.0369	19	0.3725	0.2198
4	0.0117	0.0057	20	0.0465	0.0286
5	0.1565	0.1755	21	0.1107	0.1006
6	0.0369	0.0255	22	0.0235	0.0150
7	0.0637	0.0720	23	0.0235	0.0175
8	0.1344	0.1262	24	0.0274	0.0395
9	0.0693	0.0600	25	0.0677	0.0574
10	0.1699	0.1088	26	0.1203	0.1167
11	0.0091	0.0127	27	0.0725	0.0712
12	0.0449	0.0298	28	0.1076	0.0538
13	0.0204	0.0174	29	0.0286	0.0065
14	0.0225	0.0369	30	0.1251	0.1064
15	0.2010	0.1831	31	0.0808	0.0859
16	0.0673	0.0758	32	0.2643	0.2787

序号	神经网络初步预测相对误差	马尔可夫修正后结果相对误差	序号	神经网络初步预测相对误差	马尔可夫修正后结果相对误差
33	0.1000	0.0666	38	0.7456	0.4689
34	0.0202	0.0201	39	0.0203	0.0213
35	0.1815	0.0826	40	0.0271	0.0235
36	0.0947	0.1010	41	0.2078	0.2114
37	0.0134	0.0126	42	0.3282	0.1796

四、食品安全事件文本分析

对食品安全事件文本分析的步骤如下：

（一）将从 2018 年开始，国家市场监督管理局关于食品检验未合格的通报，以及关于食品安全相关的新闻报道等，通过爬虫获取的数据进行预处理，剔除无效信息后，运用文本挖掘分词与停词处理以及构建文档词频矩阵，将非结构性数据转化为结构性数据，用于统计分析；

（二）通过文献查询等方式总结出食品风险词库，将结构化数据导入食品风险词库；从国家市场监督管理局爬取的通报文章，分析食品风险因素，并进行归类处理。归类后得到 15 种风险因素，包括农兽药残留、重金属超标、原料不合格、添加剂的超量超范围使用、质量指标不符合标准、有害投入品污染、微生物污染、卫生条件不合格、物理性污染、加工工艺问题、包装不合格、生产日期问题、无证无照生产经营、假冒伪劣或欺诈等，如表 15-3 所示。

表 15-3　　　　　　　　　　食品安全事件主要风险因素

风险因素	词　　频
农兽药残留	残留（170）、恩诺沙星（39）、氟苯尼考（6）、腐霉利（14）、抗生素（56）、氯霉素（8）、农药（187）、兽药（121）、饲料（126）
重金属超标	重金属（66）

续表

风险因素	词 频
原料不合格	边角料(9)、地沟油(91)、废弃(26)、回收(223)、水质(31)、下脚料(7)、原料(442)
添加剂的超量超范围使用	苯甲酸(14)、二氧化硫(23)、防腐剂(174)、色素(54)、糖精钠(1)、香精(13)、亚硝酸盐(43)
质量指标不符合标准	国家标准(813)、果糖(40)、含量(475)、酒精度(46)、葡萄糖(18)、酸价(8)
有害投入品污染	工业(455)、化学(53)、甲醛(1)、硫磺(136)、硼砂(2)、染色(2)、瘦肉精(16)
微生物污染	变质(151)、大肠菌群(105)、腐烂(45)、霉菌(89)、沙门氏菌(45)、微生物(296)、细菌(214)、致病菌(92)
卫生条件不合格	苍蝇(24)、刺鼻(6)、恶心(20)、垃圾(625)、呕吐(36)、污染(887)、污水(194)、蟑螂(2)
物理性污染	玻璃(25)、掺杂(10)、虫子(8)、漂浮(7)、塑料(329)、头发(3)、异物(41)、杂质(27)、注水(1)
加工工艺问题	熬制(1)、高温(491)、工艺(96)、灌装(35)、浸泡(37)、冷冻(557)、烧烤(31)、设备(405)、腌制(33)、油炸(62)
包装不合格	包装(847)、标签(422)、标注(358)、分装(18)、密封(20)、散装(50)、商标(70)、外包装(336)、注册商标(7)、注明(23)
生产日期问题	保存(168)、保质期(190)、储存(282)、篡改(34)、到期(27)、过期(102)、期限(54)、生产日期(197)、早产(31)
无证无照生产经营	合格证(6)、侵犯(131)、侵权(146)、许可证(3709)、营业执照(66)、证件(13)
假冒伪劣或欺诈	仿冒(5)、勾兑(8)、假冒伪劣(65)、劣质(29)、冒充(38)、欺诈(125)、人造(7)、伪造(25)
生物毒素和寄生虫	病毒(1238)、毒素(146)、河豚(4)、寄生虫(23)、食物中毒(79)、误食(30)、野菜(3)、野生(88)

将数据进行描述性分析，可知目前我国食品安全问题主要集中在包装不合格、生产卫生条件不合格、生物毒素与寄生虫以及加工工艺不合格四个方面，其后依次为生产日期问题、质量指标不符合标准、微生物污染、原料不合格、农兽药残留、有害投入品污染、物理性污染、添加剂的超量超范围使用、无证无照生产经营、假冒伪劣或欺诈、重金属超标，按频次排序后如图 15-3 所示。

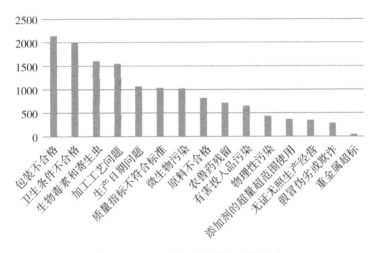

图 15-3 食品安全事件风险因素排序

第五节 总结及建议

一、本章小结

受数据的可获得性限制，本章查询了 2011—2019 年的食品安全事件，得到 42 个有关食品安全事件的网络舆情数据，运用 R. Studio 软件，通过编程对食品安全事件的舆情热度进行了定量分析：首先运用弱化缓冲算子对数据进行预处理，然后构建基于马尔可夫误差修正的神经网络分析模型对舆情热度进行监测与分析，有效地提高舆情预测精度；其次，运用文本挖掘技术对爬虫获取的报告进行食品安全风险因素识别和归类，并对我国食品安全事件的原因进行了因素分析。具体研究结论如下：

（一）经济发展水平的不同，对于食品安全的关注度有显著差异，经济越发达的地区，对于食品安全问题越重视，食品安全关注度较高的地区主要分布在华东、华北与华中地区。

（二）由于食品安全舆情问题具有突发性与灰色性，本章在应用弱化缓冲算子对数据进行处理的基础上，应用马尔可夫链修正的神经网络分析对舆情热度进行预测，通过比较，本章所提出的预测方法具有较低的相对误差，说明该方法具有可行性和准确性。

（三）通过文本挖掘，将食品安全事件的原因进行了因素分析，将风险因素归为 15 类，分析结果是我国食品安全问题主要表现在包装不合格、生产卫生条件不合格、生物毒素与寄生虫以及加工工艺不合格四个方面，而对于其他方面如重金属超标等问题则管控的相对较好。

二、相关建议

基于以上研究结果，从如何应用大数据技术，实现降低食品安全风险防控成本的角度，提出几点对策建议：

（一）构建和完善食品安全大数据平台，实现数据实时共享。目前关于食品安全的数据没有一个较为全面的获取方式，使得食品安全问题信息获取与分析难以有效进行。由政府牵头，构建和完善食品安全大数据平台，将政府监管部门、食品生产企业、物流公司、销售平台以及网络舆情的数据进行整合，实现数据实时共享，才能做到快速精准监控，有效提高食品安全监管效率，从而有利于降低食品安全风险防控成本，提高食品安全整体水平。

（二）运用大数据相关技术，降低食品安全风险防控制度成本。信息不对称是食品安全监管与风险防控的主要障碍，而大数据相关技术在信息获取和分析上具有强大的功能，为解除信息不对称提供了技术支撑。例如，通过大数据追踪技术，完善食品安全追溯系统，可有效降低食品生产经营企业、政府部门、社会公众之间的信息不对称。食品安全追溯系统通过追溯码对食品从生产到消费的全过程进行记录，保证食品安全事件发生时有迹可循，对食品市场的违规交易方起到震慑作用，从而有效降低食品市场交易者的信息成本和损失。另外，人工智能技术、区块链技术的开发和利用，在食品安全风险防控方面大有用武之地，需要政府相关部门牵头组织，聚合社会各方力量，发挥新技术的效力，进一步降低风险防控成本，提高食品安全风险防控水平。

（三）及时监测和分析食品安全舆情，正确引导舆论走向。运用大数据舆情分析技术，实时监测与分析舆论走向，及时发现风险事件，正确引导公众理性看待和处理问题，从而降低食品安全事件造成的不良影响。建立食品安全舆情数据库，当有相似的风险事件发生时，应用大数据技术，通过类比，实现快速的舆情分析和预测。政府可设置专门的食品安全网络监管部门，通过建立官方公众号来及时传达消息，如央视新闻可在热门网站上建立官方账号，保证信息发布的权威性和真实性，及时辟谣，防止出现公众被误导、负面事态被无限夸大的现象，正确引导舆论走向，稳定公众情绪，避免对社会经济造成冲击，从而降低事中处理、事后补救的社会成本。

第十六章　总结与展望

第一节　总　　结

社会分工使得食品产业链的结构复杂且具有动态化特征，这些特征决定了食品安全风险防控是一个复杂的系统工程。一方面，食品安全风险防控不是一个"点"的问题，而是由"点"到"链"，再由"链"到"网"的复杂管理问题，对于复杂的食品产业链进行食品安全风险防控，需要投入大量的人力、物力、财力；而另一方面，风险防控又不能不计成本地无限投入，需要考虑成本的效益。

从新制度经济学的视角来看，制度的实施是需要付出成本的，制度成本的核算能更科学地衡量制度效率与制度变革的意义。加强食品安全风险的防控是需要增加政府、企业相关成本的，很多食品经营企业对风险防控不重视、不愿意投入，这就需要对加强食品安全风险防控和降低防控成本两方面进行权衡，提出科学的解决方案，以保障经济的稳定发展和社会的长治久安。

因此，基于制度成本的视角，研究食品产业链安全风险防控的制度成本问题，具有现实和创新意义。本书从防范食品产业链安全风险的角度，研究风险防控的制度成本问题，即加强食品安全风险防控的同时，兼顾制度成本的问题：一方面，需要加强风险防控，无论是政府部门还是企业本身都需要增加各方面的资金投入，以保障各个环节的食品安全；另一方面，又需要减轻企业、政府的压力，降低成本提高效率。

为了平衡两方面矛盾，本书深入研究食品安全风险防控中的制度成本，进行影响因素研究，找到在保证风险防控效果的前提下，降低制度成本、提高防控效率的针对性方案。研究脉络如下：

首先，在对制度成本相关理论进行梳理后，剖析了食品安全问题的经济学根源，对食品产业链安全风险防控制度成本做了界定和影响因素分析；其次，从宏观上对食品安全风险防控的制度成本进行了统计监测研究，以及从微观上研究了食品企业制度性交易成本的测度问题。在理论分析的基础上，研究了降低风险防控制度成本的机制，包括企业信誉评价机制、产业链风险共担机制、产业链风险防扩散机制、产业链风险预警机制、同业担保及检查机制、风险防控的绩效评价机制、社会协同共治机制，以及大数据技术应用等。

在机制分析的基础上，本书重点研究了我国食品产业链安全风险防控制度成本的降低路径，具体包括九条路径：

路径之一，构建食品企业信誉评价体系，提高企业自律水平；

路径之二，合理化产业链利益配比，实现产业链风险共担；

路径之三，降低产业链风险扩散效应，防止风险扩大化；

路径之四，完善食品产业链风险预警体系，降低风险发生率；

路径之五，加大违法成本，实行同业担保及检查制度；

路径之六，实行绩效评价制度，提高职能部门有效监管；

路径之七，分析风险防控成效的影响因素，寻找防控的有效途径；

路径之八，构建社会共治耦合系统，加强多元协同治理；

路径之九，应用大数据技术，加强食品安全风险监控。

以上的九条路径基本实现了对于复杂的食品产业链由"点"到"链"，再由"链"到"网"的食品安全风险防控，按照企业、产业链、政府部门、社会及消费者不同层面依次展开，探讨了降低风险防控相关制度成本的问题，以期能够为政府在食品安全的监管、企业在生产经营、消费者在消费过程中降低不必要的成本，为实现安全放心且高效的食品消费环境做出微薄贡献。

第二节　讨论与展望

我国的食品安全问题虽与过去相比有了较为明显的改善，但与发达国家相比仍存在不小的差距。企业的生产经营自律、产业链成员间的合作共赢、监管体制及监管效率等诸多方面还存在着进一步改善的空间。

首先，食品生产经营企业是保障食品安全的第一关，加强企业自身的生产管理，保证食品质量与安全是根本。例如，食品原材料、加工流程与环境的管理是保证食品安全的重点，企业必须要严格按照食品加工规范要求对生产加工环节进行优化改进，规范食品加工流程，提高食品生产质量，保证生产全程符合国家的相关标准。在大数据技术的推动下，食品加工中的流程化、自动化技术越来越规范，但是仍然离不开人工的参与，为了避免人为因素造成的质量问题，企业必须建立严格的安全生产规范，提高对食品加工流程的管理；同时，建立食品安全预警体系，强化食品安全检验工作。

其次，产业链上相关企业之间要加强合作，风险共担，提升食品产业链的整体竞争力。现代产业分工要求产业链上相关企业加强合作，荣辱与共。因为某一个环节出现问题，就可能会导致整个产业链受到影响。所以只有联合起来，才能提高本产业的抗风险能力和整体竞争力。可以充分发挥行业协会的作用，加强凝聚力。同时，产业链上下游之间互相信任、契约化稳定交易、完善一体化经营模式等，有利于降低交易成本。例如可以构建基于产业链的网络平台，形成信息交流系统，整合食品产业链网络中的商流、物流、资金流与信息流，确保网络各环节的信息能够高效安全流转，提高网络中各环节信息的透明度，降低食品安全风险的发生与扩散，从而有利于降低风险防控的成本。

第三，政府部门应加强服务意识，制定合理的风险防控制度，降低制度成本。政府部门的作用不仅仅是检查和罚款，而应是为企业服务的角色。例如制定食品行业扶持政策、食品安全标准、风险监管制度的制定和实施等。政府牵头，积极探索大数据背景下的食品安全监管模式，通过数据共享平台整合食品产业链的各个主体，通过数据监管平台对食品产业链的各个环节进行实时监测。构建大数据检测系统，以及食品安全预警系统，通过现代信息技术、大数据分析等，追踪产品质量责任人以及原材料的来源等信息，实现对食品加工全过程的监控，从而有效保证食品质量，降低食品安全风险。

现代科学技术，包括大数据技术在我国食品安全风险防控方面的应用还远远不够，应加快新技术应用。在互联网+时代，依托大数据、云计算、物联网和人工智能等前沿科技，实现信息共享与数据分析，进一步推进食品产业链安全风险控制的有效策略和机制研究，增强食品产业链的协调能力与执行能力，全面促进我国食品安全风险防控水平的提高。

大数据背景下的食品产业链要想稳定地运行，需要产业链上各参与者共同配合。运行模式的升级给产业链上的主体提出了较大的挑战，要求企业也必须进行现代化、数字化转型升级。不久的将来，随着信息技术应用的不断成熟、食品安全相关人员的高技术应用水平不断提高，我国大数据应用在食品安全领域将会快速发展，逐步实现在现代信息技术环境下高效的食品安全风险防控模式，有效降低风险防控的相关成本。

综上所述，降低食品安全风险防控的制度成本，政府应当充分发挥市场"无形的手"的作用和有形的各种途径和方法，合理调动、优化一切社会资源，完善机制，提高制度效率。可以想象，如果全社会的生产经营者都诚信生产合格食品，各种监管、检查制度成为人们的行为规范，食品交易规范顺畅，食品安全放心，此时无需投入大量食品安全风险防控的制度成本，最终达到"无为而治"的理想境界。

参 考 文 献

［美］彼得·M·布劳. 社会生活中的交换与权力［M］，李国武译. 北京：华夏出版社，1988.

［美］道格拉斯·C·诺斯. 制度、制度变迁与经济绩效［M］，刘守英译. 上海：上海三联书店，1994.

［美］凡勃伦. 有闲阶级论［M］，蔡受百译. 北京：商务印书馆，1981.

［美］康芒斯. 制度经济学（上卷）［M］，于树生译. 北京：商务印书馆，1962.

白宝光，解敏，孙振. 基于科技创新的乳制品质量安全问题监控逻辑［J］. 科学管理研究，2013，31（04）：61-64.

白宝光，朱洪磊，范清秀. BP 神经网络在乳制品质量安全风险预警中的应用［J］. 中国乳品工业，2020，48（07）：42-45+57.

蔡文. 物元模型及其应用［M］. 北京：科学技术文献出版社，1994.

曾文革，肖峰，黄艳. 论我国食品安全风险防控制度构建的系统化进路［J］. 东北师大学报（哲学社会科学版），2014（05）：88-94.

常乐，刘长玉，于涛等. 社会共治下的食品企业失信经营问题三方演化博弈研究［J］. 中国管理科学，2020，28（09）：221-230.

常耀中. 企业制度性交易成本的内涵与实证分析［J］. 现代经济探讨，2016（08）：48-52.

陈福集，史蕊. 基于残差修正的多因素灰色模型的网络舆情预测研究［J］. 情报科学，2017，35（09）：131-135.

陈嘉惠，杨巧玲，钮冰，陈沁. 乳制品质量安全风险评估及预警的研究进展［J］. 自然杂志，2020，42（06）：494-498.

陈秋玲，马晓姗等. 基于突变模型的我国食品安全风险评估［J］. 中国安全科学学报, 2011, (02): 152-158.

陈庭强, 曹冬生, 王冀宁. 多元利益诉求下食品安全风险形成及扩散研究[J]. 中国调味品, 2020, 45(09): 184-189.

陈曦, 谭翔, 欧晓明. 小农生产是保障食品安全的障碍吗?——基于参与主体之间的博弈分析[J]. 农村经济, 2018(10): 23-29.

陈秀君, 董花. 完善农产品质量安全的风险分析与评估[J]. 农业科技与信息, 2016, (16): 33+35.

陈怡俊, 汪丁丁. 社会公共服务领域的协同治理研究——基于地方政府与社会组织策略互动的动态演化视角[J]. 中山大学学报(社会科学版), 2020, 60(03): 163-179.

程波辉, 陈玲. 制度性交易成本如何影响企业绩效: 一个制度经济学的解释框架[J]. 学术研究, 2020(03): 70-75.

程波辉. 降低企业制度性交易成本: 内涵、阻力与路径[J]. 湖北社会科学, 2017(06): 80-85.

程铁军, 冯兰萍. 大数据背景下我国食品安全风险预警因素研究[J]. 科技管理研究, 2018, 38(17): 175-181.

褚汉, 陈晓玲. 我国食品安全预警信息平台构建研究[J]. 蚌埠学院学报, 2019, 8(04): 44-47.

达古拉, 韩柱. 乳制品质量安全问题的经济学解析[J]. 经济纵横, 2015(04): 57-60.

笪凤媛, 张卫东. 交易费用的含义及测度: 研究综述和展望[J]. 制度经济学研究, 2010(01): 225-241.

笪凤媛, 张卫东. 我国1978—2007年间非市场交易费用的变化及其估算——基于MIMIC模型的间接测度[J]. 数量经济技术经济研究, 2009, 26(08): 123-134.

代文彬, 慕静, 马永军. 食品安全风险防控策略体系研究——食品供应链核心企业视角[J]. 企业经济, 2014(06): 63-67.

戴化勇. 产业链管理对蔬菜质量安全的影响研究[M]. 2版. 北京: 科学出版社, 2010.

戴眉眉、楚岩枫. 基于复杂网络的产业链风险传播研究综述[J]. 工业技术经济, 2011, 30(09): 14-19.

杜波, 宋云. 论我国食品安全强制责任保险制度的构建[J]. 食品安全质量检测学报, 2013(01): 298-302.

樊博, 呼家财, 洪佳玉. 基于博弈推演分析的 G2B 信息共享研究——以食品安全追溯系统为背景[J]. 情报资料工作, 2014(6): 71-75.

樊纲, 王小鲁, 张立文, 朱恒鹏. 中国各地区市场化相对进程报告[J]. 经济研究, 2003(03): 9-18+89.

方湖柳, 李圣军. 大数据时代食品安全智能化监管机制[J]. 杭州师范大学学报(社会科学版), 2014, 36(06): 99-104.

高阔, 江康. 基于风险考量的有机农产品供应链利益分配问题[J]. 江苏农业科学, 2018, 46(19): 363-367.

高翔, 袁凯华. 中国企业制造业服务化水平的测度及演变分析[J]. 数量经济技术经济研究, 2020, 37(11): 3-22.

高晓鸥, 宋敏, 刘丽军. 基于声誉模型的乳品质量安全问题分析[J]. 中国畜牧杂志, 2010, 46(10): 30-34.

耿弘, 童星. 从单一主体到多元参与——当前我国食品安全管制模式及其转型[J]. 湖南师范大学社会科学学报, 2009, 38(03): 97-100.

龚强, 张一林, 余建宇. 激励、信息与食品安全规制[J]. 经济研究, 2013, 48(03): 135-147.

顾振华, 邱从乾. 上海市食品安全监管改革发展 40 年回顾与展望[J]. 上海预防医学, 2019, 31(03): 193-199.

韩薇薇, 王殿华. 中国食品安全风险防控成本理论研究[J]. 学术交流, 2013(07): 111-114.

韩薇薇. 生产链视角下的我国食品安全风险防控成本控制研究[J]. 食品研究与开发, 2014(18): 235-238.

韩柱, 麦拉苏. 食品安全的经济理论及其研究动态[J]. 当代经济, 2012, (23): 152-154.

郝世绵, 汪伟忠, 申慢慢. 食品全产业链三维风险评价[J]. 统计与决策,

2017(11)：38-41.

何安华．基于产业链的乳品质量安全控制的博弈分析[J]．农业经济与管理，2012(01)：71-78+84.

何春梅，蔡春生，陈冠林等．浅谈我国食品安全问题的原因及对策[J]．食品工业，2016，37(04)：263-265.

洪巍，吴林海．中国食品安全网络舆情发展报告[M]．北京：中国社会科学出版社，2015：229.

候茂章．中国乳业产业链与价值链分析[J]．中国乳品工业，2012，38(9)：32-34.

胡冰川，董晓霞．乳品进口冲击与中国乳业安全的策略选择：兼论国内农业安全网的贸易条件[J]．农业经济问题，2016，(1)：84-94.

胡虎林．当前食品安全存在的问题、原因及对策——以浙江省为主要视角[J]．法治研究，2012(05)：62-69.

胡伟娟．中国食品安全与政府监管问责之间的关系[J]．经营管理者，2014，(31)：308-309.

黄红梅．应用时间序列分析[M]．北京：清华大学出版社，2016：189-204.

黄音，黄淑敏．大数据驱动下食品安全社会共治的耦合机制分析[J]．学习与实践，2019(07)：26-33.

蒋国俊，蒋明新．产业链理论及其稳定机制研究[J]．重庆大学学报(社会科学版)，2004(01)：36-38.

金玉国．中国政治型交易费用的规模测算与成因分解——一个基于分位数回归模型的实证研究[J]．统计研究，2008，25(12)：46-52.

靳景，张耀坤，宋昱晓，余江．我国生产性服务业对产业关联与创新传导的影响分析[J]．科学学与科学技术管理，2020，41(02)：3-18.

兰月新，刘冰月，张鹏，夏一雪，李昊青．面向大数据的网络舆情热度动态预测模型研究[J]．情报杂志，2017，36(06)：105-110+147.

雷勋平，邱广华．基于前景理论的食品行业行为监管演化博弈分析[J]．系统工程，2016，34(2)：82-88.

雷勋平．基于供应链的我国农产品质量安全风险治理问题研究[M]．合肥：

中国科学技术大学出版社，2020.

雷志梅. 基于知识元的产业经济风险扩散复杂网络模型研究［D］. 大连理工大学，2018.

李建德. 论"制度成本"［J］. 南昌大学学报（社会科学版），2000（01）：44-49.

李洁. 食品安全保障系统 HACCP 简介［J］. 上海预防医学杂志，2001（01）：41-42.

李静，谢耘耕. 网络舆情热度的影响因素研究——基于 2010—2018 年 10600 起舆情事件的实证分析［J］. 新闻界，2020（02）：37-45.

李静. 中国食品安全"多元协同"治理模式研究［M］. 北京：北京大学出版社，2016.

李军鹏，傅贤治. 基于市场失灵的食品安全监管博弈分析［J］. 中国流通经济，2007，21（7）：52-55.

李先国. 发达国家食品安全监管体系及其启示［J］. 财贸经济，2011（07）：91-96+136.

李雪，刘传江. 新冠疫情下中国产业链的风险、重构及现代化［J］. 经济评论，2020（04）：55-61.

李治，胡志全. 基于 Shapley 值法的奶牛产业链利润分配机制研究［J］. 干旱区资源与环境，2019，33（1）：77-83.

李中东，张在升. 食品安全规制效果及其影响因素分析［J］. 中国农村经济，2015（06）：74-84.

林文声，姚一源，王志刚. 食品安全事件网络舆情热度评价研究：基于 BP 神经网络的方法［J］. 现代管理科学，2016（09）：30-32.

刘畅，张浩，安玉发. 中国食品质量安全薄弱环节、本质原因及关键控制点研究——基于 1460 个食品质量安全事件的实证分析［J］. 农业经济问题，2011，32（01）：24-31+110-111.

刘华楠，徐锋. 我国食品安全信用评估运行模式的选择与分析［J］. 农村经济，2007（01）：9-12.

刘勘，李晶，刘萍. 基于马尔可夫链的舆情热度趋势分析［J］. 计算机工程与应用，2011，47（36）：170-173.

刘录民，侯军歧，董银果．食品安全监管绩效评估方法探索［J］．广西大学学报（哲学社会科学版），2009，31（04）：5-9.

刘鹏．省级食品安全监管绩效评估及其指标体系构建——基于平衡计分卡的分析［J］．华中师范大学学报（人文社会科学版），2013，52（04）：17-26.

刘任重．食品安全规制的重复博弈分析［J］．中国软科学，2011（9）：167-171.

刘彤．基于供应链视角的乳制品质量风险评价及预警研究［D］．河北经贸大学，2020.

刘永胜，王荷丽，徐广姝．食品供应链安全风险博弈分析［J］．经济问题，2018（01）：57-64+90.

刘永胜．食品供应链安全风险防控机制研究——基于行为视角的分析［J］．北京社会科学，2015（07）：47-52.

卢现祥，李慧．制度性交易成本对产业结构升级的影响研究——基于空间溢出的视角［J］．经济纵横，2021（09）：53-69.

吕越，罗伟，包群．企业上游度、贸易危机与价值链传导的长鞭效应［J］．经济学（季刊），2020，19（03）：875-896.

毛薇，夏利君，吴画斌．食品安全信息需求服务与信息保障对策研究［J］．情报科学，2017，35（04）：133-137.

缪仁炳，陈志昂．中国交易费用测度与经济增长［J］．统计研究，2002（08）：14-21.

倪国华，郑风田．媒体监管的交易成本对食品安全监管效率的影响——一个制度体系模型及其均衡分析［J］．经济学（季刊），2014，13（02）：559-582.

彭向刚，周雪峰．企业制度性交易成本：概念谱系的分析［J］．学术研究，2017（08）：37-42+177.

钱贵霞，张一品，吴迪．液态奶产业链利润分配研究：以内蒙古呼和浩特为例［J］．农业经济问题，2013（7）：41-47.

乔丽娟，申书兴，赵帮宏．我国蔬菜产业风险水平实证量化分析［J］．南方农业学报，2018，49（05）：1032-1038.

邱蔻华.管理决策与应用熵学[M].北京：机械工业出版社，2002.

权聪娜.乳制品质量安全风险评价与监管研究[D].河北农业大学，2014.

全世文，曾寅初.我国食品安全监管者的信息瞒报与合谋现象分析——基于委托代理模型的解释与实践验证[J].管理评论，2016，28(02)：210-218.

热比亚·吐尔逊，宋华，等.供应链安全管理、食品认证和绩效的关系[J].管理科学，2016，29(04)：59-69.

桑秀丽，肖汉杰，王华.食品市场诚信缺失问题探究——基于政府、企业和消费者三方博弈关系[J].社会科学家，2012(6)：51-54.

沈伯平，陈怡.政府转型、制度创新与制度性交易成本[J].经济问题探索，2019(03)：173-180.

史波，翟娜娜，毛鸿影.食品安全危机中社会媒体信息策略对受众态度的影响研究[J].情报杂志，2014，33(10)：59-65.

宋祺楠，童毛弟，王冀宁.基于供应链视角的食品安全风险研究述评[J].中国调味品，2018，43(01)：184-188.

宋亚辉.食品安全风险的规制体制设计[J].学术研究，2018(09)：53-60.

孙兴权，姚佳，韩慧等.中国食品安全问题现状、成因及对策研究[J].食品安全质量检测学报，2015，6(01)：10-16.

孙瑜.中国农村金融制度交易成本的测度[J].南方金融，2013(04)：9-15+57.

孙裕增.制度性交易成本演变与改革路径[J].浙江经济，2016，(23)：10-12.

晚春东，秦志兵，吴绩新.供应链视角下食品安全风险控制研究[J].中国软科学，2018(10)：184-192.

万强.中粮基于全产业链的食品安全风险管理实践[J].食品安全质量检测学报，2017，8(08)：3268-3270.

汪丁丁.从"交易费用"到博弈均衡[J].经济研究，1995(09)：72-80.

汪玉凯.降低企业制度性交易成本[J].中国中小企业，2016(08)：16.

王辉，王斌，徐静，赵艳.基于BP神经网络的乳制品质量预测研究[J].农机化研究，2013，35(03)：218-220+241.

王辉霞. 食品产业链安全控制法律机制研究[J]. 西北工业大学学报(社会科学版), 2013(01): 20-27.

王冀宁, 王帅斌, 郭百涛. 中国食品安全监管绩效的评价研究——基于全国688个监管主体的调研[J]. 现代经济探讨, 2018(08): 17-24.

王康, 孙健, 周欣. 不完全信息动态博弈视角下的食品安全责任保险问题研究——基于参与主体之间的 KMRW 声誉博弈[J]. 江西财经大学学报, 2017(2): 70-76.

王娜, 何忠伟, 王琛, 等. 基于京津冀消费者对乳制品质量认知及影响因素研究的调研[J]. 中国乳业, 2018(04): 17-23.

王能, 任运河. 食品安全监管效率评估研究[J]. 财经问题研究, 2011(12): 35-39.

王天思. 大数据中的因果关系及其哲学内涵[J]. 中国社会科学, 2016(05): 22-42+204-205.

王孝钢. 食品安全认证问题研究[J]. 现代农业科技, 2010(10): 354-355.

王妍, 唐滢. 我国食品安全大数据平台构建的基本逻辑与行动方案——基于共建共治共享视角[J]. 南京社会科学, 2020(02): 75-80.

王志涛, 梁译丹. 交易成本、风险交流与食品安全的治理机制[J]. 科技管理研究, 2014, 34(24): 204-210.

王志涛, 苏春. 风险交流与食品安全控制: 交易成本经济学的视角[J]. 广东财经大学学报, 2014, 29(01): 35-43.

王志文, 王筱涵. 制度性交易成本产生原因与降低途径[J]. 沈阳师范大学学报(社会科学版), 2021, 45(05): 51-56.

王中亮, 石薇. 信息不对称视角下的食品安全风险信息交流机制研究——基于参与主体之间的博弈分析[J]. 上海经济研究, 2014(5): 66-74.

吴洪涛, 高润国, 马安宁等. 我国食品安全领域问题重要性研究[J]. 中国卫生事业管理, 2016, 33(10): 753-756.

吴华清, 唐辉, 周亚芳等. 基于区域产业链治理机制的我国食品安全监管模式研究——以奶制品产业为例[J]. 云南师范大学学报(哲学社会科学版), 2014, 46(01): 87-96.

吴林海，王淑娴，徐玲玲．可追溯食品市场消费需求研究——以可追溯猪肉为例［J］．公共管理学报，2013，10（03）：119-128+142-143.

武靖州．企业制度性交易成本的表现、成因及其治理［J］．财务与金融，2017（06）：62-68.

夏杰长，刘诚．行政审批改革、交易费用与中国经济增长［J］．管理世界，2017（04）：47-59.

肖霄，褚小菊．食品生产加工企业引入风险评估质控体系的理论探究［J］．农业工程技术，2012（06）：40-43.

肖小虹．当前我国农业产业链的契约风险及其防范［J］．农业经济，2012（11）：112-114.

肖宜轩．基于网络舆情的企业信誉评价研究［D］．哈尔滨工业大学，2017.

谢康，赖金天，肖静华等．食品安全、监管有界性与制度安排［J］．经济研究，2016，51（04）：174-187.

谢康，肖静华，赖金天等．食品安全"监管困局"、信号扭曲与制度安排［J］．管理科学学报，2017，20（02）：1-17.

徐蔼婷，李金昌．中国未被观测经济规模——基于 MIMIC 模型和经济普查数据的新发现［J］．统计研究，2007（09）：30-36.

徐国冲．从一元监管到社会共治：我国食品安全合作监管的发展趋向［J］．学术研究，2021（01）：50-56.

徐田江．着力降低企业制度性成本——基于陕西大中型企业的调查［J］．宏观经济管理，2016（09）：80-83.

许民利，王俏，欧阳林寒．食品供应链中质量投入的演化博弈分析［J］．中国管理科学，2012，20（5）：131-141.

颜波，石平，丁德龙．物联网环境下的农产品供应链风险评估与控制［J］．管理工程学报，2014，28（03）：196-202+173.

杨朝慧，文晓巍．食品安全风险识别、评估与管理研究综述［J］．食品工业，2019，40（01）：224-227.

杨贵军，王航，刘燕．基于 MIMIC 模型的我国未观测经济规模分析［J］．统计与决策，2014（02）：112-116.

杨嵘均. 论中国食品安全问题的根源及其治理体系的再建构[J]. 政治学研究，2012(05)：44-57.

杨伟民. 中国乳业产业链与组织模式研究[D]. 中国农业科学院，2009.

杨卫，万广珠. 我国食品安全监管效率研究——基于超效率 DEA 模型和 Malmquist 指数分析[J]. 食品工业，2018，39(10)：260-264.

杨艳，车明. 行政审批改革与制度性交易成本——基于效率评价的视角[J]. 经济体制改革，2020(01)：13-20.

杨艳涛. 食品质量安全预警与管理机制研究[M]. 北京：中国农业科学出版社，2010：108-110.

杨正勇，侯熙格. 食品可追溯体系及其主体行为的演化博弈分析[J]. 山东社会科学，2016(4)：132-137.

姚梅洁，宋增基，张宗益. 制度负外部性与市场主体的应对——来自中国民营企业的经验证据[J]. 管理世界，2019，35(11)：158-173.

叶璟，李炳军，刘芳. 弱化缓冲算子对 GM(1，1)模型的预测效应及适用性[J]. 系统工程理论与实践，2014，34(09)：2364-2371.

尹世久，高杨，吴林海. 构建中国特色食品安全社会共治体系[M]. 北京：人民出版社，2017.

尹相荣，洪岚，王珍. 网络平台交易情境下的食品安全监管——基于协同监管和信息共享的新型模式[J]. 当代经济管理，2020，42(09)：46-52.

余从田，姜启军，熊振海. 食品安全"模式"构建的理论基础与路径选择[J]. 农业经济，2011(01)：9-11.

余建宇. 诺贝尔经济学家给中国食品安全问题的启示[J]. 经济资料译丛，2014(04)：71-75.

张炳江编著. 层次分析法及其应用案例[M]. 北京：电子工业出版社. 2014.

张峰，殷西乐，丁思琪. 市场化改革与企业创新——基于制度性交易成本的解释[J]. 山西财经大学学报，2021，43(04)：32-46.

张锋. 信息不对称视角下我国食品安全规制的机制创新[J]. 兰州学刊，2018(09)：160-168.

张广利，陈丰. 制度成本的研究缘起、内涵及其影响因素[J]. 浙江大学学报(人文社会科学版)，2010，40（02）：110-116.

张国兴，高晚霞，管欣．基于第三方监督的食品安全监管演化博弈模型［J］．系统工程学报，2015，30（02）：153-164.

张和平，陈齐海．基于灰色马尔可夫模型的网络舆情预测研究［J］．情报科学，2018，36（01）：75-79.

张红凤，吕杰，王一涵．食品安全监管效果研究：评价指标体系构建及应用［J］．中国行政管理，2019（07）：132-138.

张红凤，赵胜利．我国食品安全监管效率评价——基于包含非期望产出的SBM-DEA 和 Malmquist 模型［J/OL］．经济与管理评论，2020（01）：46-57.

张红霞，安玉发，张文胜．我国食品安全风险识别、评估与管理——基于食品安全事件的实证分析［J］．经济问题探索，2013（06）：135-141.

张曼，唐晓纯，普蓂喆等．食品安全社会共治：企业、监管者与第三方监管力量［J］．食品科学，2014，35（13）：286-292.

张明华，温晋锋，刘增金．行业自律、社会监管与纵向协作——基于社会共治视角的食品安全行为研究［J］．产业经济研究，2017（01）：89-99.

张素智，陈小妮，李鹏辉等．食品安全大数据的融合及分类技术综述［J］．计算机技术与发展，2020，30（02）：159-165.

张五常．交易费用的范式［J］．社会科学战线，1999（01）：1-9.

张晓琳．财务管理视角下的食品安全风险防控成本的研究［J］．经营管理者，2016，（01）：65.

张晓毅．产业链风险传递理论及其应用研究［D］．华北电力大学（北京），2011.

张欣，郁佳亮，IRENA Vodenska．新冠肺炎疫情影响下区域产业网络风险传导效应研究［J］．电子科技大学学报，2020，49（03）：415-424.

张旭昆．制度演化分析［M］．杭州：浙江大学出版社，2007.

张毅，金江军．食品安全信息失灵问题及其化解方法研究［J］．中国食品药品监管，2020（03）：60-65.

张云华，孔祥智，杨晓艳，罗丹．食品供给链中质量安全问题的博弈分析［J］．中国软科学，2004（11）：23-26.

张之君．乳制品行业社会责任指标体系分析[D]．安徽工业大学，2016．

郑晓敏，田富俊．基于大数据的食品安全应急管理多源信息融合治理研究[J]．科技管理研究，2021，41(06)：173-178．

周德翼，杨海娟．食物质量安全管理中的信息不对称与政府监管机制[J]．中国农村经济，2002(06)：29-35+52．

周洁红，刘青，李凯，鄢贞．社会共治视角下猪肉质量安全治理问题研究——基于 10160 个猪肉质量安全新闻的实证分析[J]．农业经济问题，2016，37(12)：6-15+110．

周开国，杨海生，伍颖华．食品安全监督机制研究——媒体、资本市场与监管者协同治理[J]．经济研究，2016，51(09)：58-72．

周柯，曹东坡．食品质量安全的经济学分析[J]．河南社会科学，2014，22(06)：77-80．

周雪峰．降低企业制度性交易成本的实证研究[D]．对外经济贸易大学，2018．

周雪巍，郑楠，韩荣伟等．国内外农产品质量安全风险预警研究进展[J]．中国农业科技导报，2014，16(03)：1-7．

周业付．基于改进 Shapley 值模型的农产品供应链利益分配机制[J]．决策参考，2017，(23)：52-54．

朱迪．供给侧改革背景下制度性交易成本测度及降低成效差异比较[J]．金融发展研究，2021(08)：51-56．

朱明．信用评级与企业内部控制评价[J]．金融经济，2017(24)：183-184．

祝合良，王明雁．基于投入产出表的流通业产业关联与波及效应的演化分析[J]．中国流通经济，2018(1)：75-84．

A. J. (Tony) Dunne. Organisational learning in an Australian food industry chain[J]. Journal on Chain and Network Science, 2007, 7(1)：55-69.

Agnès Rortais et al. MedISys：An early-warning system for the detection of (re-) emerging food and feed-borne hazards[J]. Food Research International, 2010, 43(5)：1553-1556.

AL Pieternel, J M Willem. A Conceptual Model of Food Quality Management

Functions Based on a Techno-managerial Approach [J]. Trends in Food Science & Technology, 2007, 18: 159-166.

Arrow K J. The organization of economic activity: issues pertinent to the choice of market versus nonmarket allocation[J]. The analysis and evaluation of public expenditure: the PPB system, 1969, 1: 59-73.

Arrow K. Benefits cost Analysis in Environmental Health and Safety Regulation: A Statement of Principles[M]. Washington D. C. : The AEI Press, 1996, 23-27.

Arrow KJ, Cropper ML, Eads G C, etal. Benefit-cost analysis in environmental health and safety regulation: A statement of principles [M]. Washington DC: AEI Press, 1996.

Coase R H . The Nature of the Firm[J]. Economica, 1937, 4.

David A. Hennessy, Jutta Roosen, John A. Miranowski. Leadership and the Provision of Safe Food, American Journal of Agricultural Economics, 2001, 83(4): 862 – 874.

F. X. Sligo, Claire Massey. Risk, trust and knowledge networks in farmers' learning[J]. Journal of Rural Studies, 2006, 23(2): 170-182.

Frey B S, Weck-Hanneman H. The hidden economy as an 'unobserved' variable [J]. European economic review, 1984, 26(1-2): 33-53.

Ghertman, Michel, 1998, Measuring Macro-economic Transaction Costs: A comparative Perspective and Possible Policy Implications[C], (June), Second Annual Meeting of the International Society New Institutional Economics, September, Paris.

Henrik Vetter, Kostas Karantininis. Moral Hazard, Vertical Integration, and Public Monitoring in Credence Goods. European Review of Agricultural Economics, 2002, 29, (2): 271- 279.

John M Antle. Benefits and costs of food safety regulation[J]. Food Policy, 1999, 24(6): 605-623.

Furubotn E G, Richter R . Institutions and Economic Theory: The Contribution of the New InstitutionalEconomics[J]. 2010, 2(2): 165-169.

O. E. Williamson. The Economic Institutions of Capitalism[M]. New York: The

Free Press, 1985.

Pant R R, Prakash G, Farooquie J A. A Framework for Traceability and Transparency in the Dairy Supply Chain Networks. Social and Behavioral Sciences, 2015, 189: 385-394.

Papademas P, Bintsis T. Food safety management systems (FSMS) in the dairy industry: A review. International Journal of Dairy Technology, 2010, 63 (4): 489-503.

Pinior B, Conraths F J, Petersen B, etc. Decision support for risks managers in the case of deliberate food contamination: The dairy industry as an example. Omega-International Journal of Management Science, 2015, 53 : 41-48 .

Prakash, S. , Soni, G. , Rathore, A. etc. Risk analysis and mitigation for perishable food supply chain: a case of dairy industry[J]. Benchmarking: An International Journal, 2017, 24(1): 2-23.

Richards T J, Acharya N . Public Goods, Hysteresis, and Under investment in Food Safety [J]. Journal of Agricultural & Resource Economics, 2009, 34 (3): 464-482.

Shapley L. S. A value for n-person games. Contribution to the Theory of Games, vol. 2 (Princeton, NJ: Princeton University Press), 1953: 307-317.

Stapleton D C. Analyzing political participation data with a MIMIC Model[J]. Sociological Methodology, 1978, 9: 52-74.

Starbird S A. Benefits and costs of food safety regulation[J]. Food Policy, 2007, 24(6): 19-26.

Wallis and North, 1986, Measuring the Transaction Sector in the American Economy, 1870-1970[C]. In Long-term Factorsin American Economic Growth, Edited by Stanley L. Engerman and Robert E. Gallm University of Chicago Press. pp. 95-161.

Yan, Y. , Food Safety and Social Risk in Contemporary China, The Journal of Asian Studies, 2012, 71(3): 705-729.